中國學術思想 研究輯刊

十　編

林　慶　彰　主編

第 3 冊

墨學之「義」之考察

湯　智　君　著

花木蘭文化出版社

國家圖書館出版品預行編目資料

墨學之「義」之考察／湯智君 著 — 初版 — 台北縣永和市：
花木蘭文化出版社，2010〔民99〕
目 2+238 面；19×26 公分
（中國學術思想研究輯刊 十編；第3冊）
ISBN：978-986-254-332-0（精裝）
1. 墨家
121.4   99016443

ISBN - 978-986-2543-32-0

9 789862 543320

中國學術思想研究輯刊
十 編 第三 冊   ISBN：978-986-254-332-0

墨學之「義」之考察

作　　者　湯智君
主　　編　林慶彰
總 編 輯　杜潔祥
出　　版　花木蘭文化出版社
發 行 所　花木蘭文化出版社
發 行 人　高小娟
聯絡地址　台北縣永和市中正路五九五號七樓之三
　　　　　電話：02-2923-1455／傳真：02-2923-1452
網　　址　http://www.huamulan.tw 信箱 sut81518@ms59.hinet.net
印　　刷　普羅文化出版廣告事業
封面設計　劉開工作室
初　　版　2010 年 9 月
定　　價　十編 40 冊（精裝）新台幣 62,000 元

墨學之「義」之考察

湯智君　著

作者簡介

湯智君，臺灣省苗栗縣人。國立臺灣大學中國文學系、東海大學中國文學研究所畢業，現任國立聯合大學華語文學系助理教授。著有：〈墨家義利相容論〉、〈墨、韓二子思想關係研究〉、〈墨子的施教與影響析論〉、〈先秦墨子喪葬思想初探〉、〈孔、墨「命」說之異同研究 從「知天命」和「非命」二說談起〉、〈韓非子法治思想述評〉、〈韓非子參驗論芻議〉、〈前期墨家論證法則之形式、蘊義與影響 以「三表法」為主的觀察〉、〈從《墨子‧非儒》探析墨家與儒家論辯的焦點議題〉等墨學與法家韓非子學相關論文。

提　　要

　　先秦諸子學術皆為救時之弊而興起，墨家亦不例外。根據《淮南子‧要略篇》的記載，墨子「學儒者之業，受孔子之術」，但墨子認為儒門弟子並不能發揚孔學大端，為因應時代變革需求，於是另創學說。墨子根據國家各項情況「擇務而從事」地提出理治之方，表現在軍事行動上的是「兼愛」、「非攻」；表現在政治行為上的是「尚賢」、「尚同」；表現在社會經濟上的是「節用」、「節葬」、「非樂」；表現在宗教信仰上的是「天志」、「明鬼」、「非命」。墨子非常重視「義」，他又看重實際，因此墨家義、利並講，二者並不衝突。前述「十論」的宗旨在「興天下之利，除天下之弊」，也就是說它們既是正當又是有利於百姓的作為，因此我們可以說「十論」是墨子「為義之學」的主張。

　　「三表法」是墨子研判是非利害的論證法則，也是墨子知行合一邏輯的具體應用。第一表「本之者」是「義，正也。」的論證。第二表「原之者」充分可見墨子的主張完全從實際、實利的觀點出發。第三表「用之者」強調理論結合現實的實施效果。「三表法」是推演墨學之義包涵「政」與「利」兩面意義的哲學方法，「十論」均可用「三表法」證明。至於墨門集團汲汲於救世的行動，就是「義」的具體應用表現。墨家為「義」事蹟甚夥，無論是在楚、在齊、在魯、在衛、在宋，均可見墨子與墨家門徒自苦利公、不計毀譽、不惜身殉等感人至深的為義行動與精神。

　　墨家集團是一群具有知識，願意為理想獻身的勇士。墨家雖然在秦、漢之後衰微，甚至銷聲匿跡。這個曾經和儒家並稱為「顯學」的學派，無論在當代或現代，均有足以發揚者。本書是一本墨學入門的書，至盼這本書的付梓出版，能為昔日的顯學略獻爬梳之功，使現代人也能一窺墨家學術之堂奧。

目

次

前　言

　　春秋戰國之際，周王朝政權衰歇，諸侯紛起割據，戰亂頻仍，兼併盛行，行之已久的封建制度面臨崩潰瓦解的命運，社會瀰漫一股殺戮爭奪紛亂的現象。孔子生當春秋之世，提倡禮治主義，標榜周公，想藉禮儀規範社會，重拯日益混亂的社會，但孔子雖然主張恢復周制，却未力求改革。及其歿後，儒門弟子不但不能發揚孔學大端，反倒一味注重繁文褥節，淪爲形式主義。墨子批評當時的儒家說：

　　　　儒之道，足以喪天下者四政焉：儒以天爲不明，以鬼爲不神，天神
　　　　不說，此足以喪天下。又厚葬久喪，重爲棺槨，多爲衣衾，送死若
　　　　徙；三年哭泣，扶後起，杖後行，耳無聞，目無見，此足以喪天下。
　　　　又弦歌鼓舞，習爲聲樂，此足以喪天下。又以命爲有，貧富壽夭，
　　　　治亂安危，有極矣，不可損益也。爲上者行之，必不聽治矣；爲下
　　　　者行之，必不從事矣，此足以喪天下。（〈公孟篇〉）〔註1〕

墨子眼見儒家過份重視禮樂及厚葬久喪，專講形式，漸漸腐敗，遂毅然起而反對儒家，另創學說。《淮南子・要略篇》云：

　　　　墨子學儒者之業，受孔子之術，以爲其禮繁擾而不說，厚葬靡財而
　　　　貧民，〔民〕服傷生而害事，故背周道而用夏政。〔註2〕

〔註1〕《墨子・公孟篇》。見清・孫詒讓：《定本墨子閒詁》（臺北：世界書局，1986
　　　　年），頁277。以下《墨子》書引文皆據此書。
〔註2〕「禹之時天下大水，禹身執虆臿，以爲民先，剔河而道九岐，鑿江而通九路，
　　　　辟五湖而定東海。當此之時，燒不暇撌，攍不暇抾；死陵者葬陵，死澤者葬
　　　　澤。故節財、薄葬，閒服生焉。」清儒汪中於《述學》墨子後序中云：「墨子
　　　　質實，未嘗援人以自重。其則古昔，稱先王，言堯舜禹湯文武者六，言禹湯

他效習夏禹刻苦實踐的精神，積極推展鼓吹，念茲在茲的是「仁人之所以為事者，必興天下之利，除天下之害。」因此他對社會混亂現狀，提出十個針砭的主張：「乃察乎亂事之所起，故倡兼愛以濟之，言交利以杜之，談貴義以匡之，主非攻以塞之，尊尚賢以靖之，明尚同以正之；且論天志以傳其善，述明鬼以佈其教，後主杜刻鏤之文當宜非樂，得萬世之譽當宜非命，去無用之費當宜節用。」〔註3〕期以匡時救弊，挽狂瀾於即倒，使天下太平，百姓安居樂業，社會運作有序。這十個觀念：「兼愛」、「非攻」、「尚賢」、「尚同」、「節用」、「節葬」、「非樂」、「天志」、「明鬼」、「非命」，可說是墨子「為義之學」〔註4〕的主張，這十大觀念的根柢便是「義」，也可說它們是從「義」生發出來的。

儒家重心性，視義、利為道德的標準，君子小人的區別，故講義而諱言利。孔子「罕言利」（〈子罕篇〉），只說：「君子喻於義，小人喻於利。」（〈里仁篇〉），孟子更嚴義、利之辨：「何必曰利？亦有仁義而已矣。」（〈梁惠王篇〉），至漢代董仲舒講：「正其誼不謀其利，明其道不計其功。」可說將義利之辨發揮至極致。從孔子以降的儒者均以為「義」、「利」為極不相容的兩個概念，似乎言而及利，就不足謂儒。墨子窮其一生倡行「義」道，以「義」為最高的行為規範，處處把人生行為上的應用做為是非善惡的標準，兼愛、非攻、尚賢、尚用、節用、節葬、非樂、天志、明鬼、非命等都是統攝於「義」下的人生行為的應用，而具體表現於「興天下之利，除天下之害」的最高理念上。本論文將就「義」的意義與作用、「義」與墨學的十大觀念、「義」的應用等逐項研討。

文武者四，言文王者三，而未嘗專及禹。墨子固非儒而不非周也，又不言其學之出於禹也。公孟謂君子必古言，服然後仁，墨子既非之，而曰『子法周而未法夏，則子之古非古也。』此因其所好而激之，且屬之言服，甚明而易曉。然則謂墨子背周而從夏者，非也。惟夫墨離為三，取舍相反，倍譎不同，自謂別墨，然後託於禹以尊其術，而淮南著之書爾。」可見，墨子非背周道而從夏政，然其標榜夏禹實際苦幹之精神，則無待論矣。

〔註3〕見王冬珍先生著：《墨學新探》前序語，頁1。
〔註4〕見陳師拱著：《墨學之省察》增訂本自序：「孔子所開創的可說是『為仁之學』或即『踐仁之學』，而墨子則可說是『為義之學』。」

第一章 「義」的意義與作用

第一節 「義」的意義

一、「義」的義涵

　　《淮南子‧要略篇》中謂諸子之學，皆起於救世之弊。〈脩務訓〉又云：「孔子無黔突，墨子無煖席。」孔子、墨子突竈不至於墨，坐席不至於暖，而歷行諸國，汲汲於行道。墨子以「興天下之利，除天下之害」為職志〔註1〕全心全意「行義」以救世，〈貴義篇〉云：

　　　　必去六辟，嘿則思，言則誨，動則事；使三者代御，必為聖人。必
　　　　去喜、去怒、去樂、去悲、去愛、〔去惡〕（今本脫「去惡」二字），
　　　　而用仁義，手足口鼻耳，從事於義，必為聖人。

墨子以「行義」為行為的目標，理智地克制人性中脆弱的喜、怒、哀、樂、愛、惡之情，靜默時深思如何行義，說話時教導人如何行義，行動時做有益於人類的事情，孜孜以行義救世。〔註2〕

　　墨子的哲學可以說是「義」的哲學，墨子最重視義，又說：

　　　　萬事莫貴於義（〈貴義篇〉）

〔註1〕《墨子‧兼愛中篇》：「仁人之所以為事者，必興天下之利，除天下之害。」
　　　　此語又見墨子書〈尚同中〉、〈兼愛下〉、〈非攻下〉、〈節用中〉、〈節葬下〉、〈天
　　　　志中〉、〈明鬼下〉、〈非儒下〉、〈大取〉等篇。
〔註2〕見業師周富美教授著：〈論墨子的教育〉（三）教育的目的，《臺靜農先生八十
　　　　壽慶論文集》。

夫義，天下之大器也。（〈公孟篇〉）

義，天下之良寶也。（〈耕柱篇〉）

並舉二例說明「義」的重要：

今謂人曰：予子冠履，而斷子之手足，子爲之乎？必不爲。何故？則冠履不若手足之貴也。予子天下，而殺子之身，子爲之乎？必不爲。何故？則天下不若身之貴也。（〈貴義篇〉）

墨子將「義」比作人的手足、性命，即使給予冠履、天下，也不能易之，足見墨子對「義」的重視。

墨子對於義的解釋和儒家不同：

〈天志下篇〉云：「義者，正也。」

〈經上篇〉：「義，利也。」

〈經說上篇〉：「義，志以天下爲芬，而能能利之，不必用。」

《禮記·中庸》解釋「義」謂：「義者，宜也。」宜就是「應該」的意思，與墨子所云「義者，正也。」義近。

墨子所講的義，包括了「正」與「利」兩個意思。〈天志〉中、下二篇載：「義者，善政也。」可見墨子所講的義包含了政治與經濟兩面涵義。儒家談「義」，却諱言「利」，而墨子以義、利並講，爲何不衝突呢？業師周富美教授闡釋道：

除了「應該」之義外，還切切實實地加上「利」的條件，〈經上篇〉說：「義，利也。」認爲「義」與「利」根本就是一回事。凡事除了問「應該」「不應該」之外，還要進一步問「有利」「無利」。在墨家看來「有利的」就是「義」的；「無利的」就是「不義」的。〔註3〕

可謂極精闢，將墨子所講的義發揮得淋漓盡致。其實在《易經·乾卦文言》有云：「利者，義之和也。」、「利物足以和義」、「以義利利天下」；《左傳》上也說：「義以生利」、「義，利之本也。」、「信載義而行之之謂利」，義利本不衝突，所以儒家典籍中所載，也同墨家一樣，調和「義」與「利」，「義」、「利」是不可分開的。梁任公曾對墨學之義解釋道：

然則彼所謂利者究作何解耶？吾儕不妨以互訓明之，曰：「利，義

〔註3〕業師周富美教授著：〈墨子的實學〉，國立臺灣大學《文史哲學報》，第22期，頁90～91。

也」。兼相愛即仁，交相利即義，義者宜也，宜於人也。曷為宜於人？
以其合於人用也。墨家以為凡善未有不可用者，故義即利，惟可用
故謂之善，故利即義。〔註4〕

以為「利即義」。近人胡適之先生也有相同的看法：

儒家說「義也者，宜也。」宜即是「應該」。凡是應該如此做的，便
是「義」，墨家說：「義，利也。」便進一層說：凡事如此做去便可
有利的，即是「義」的。因為如此做才有利，所以「應該」如此做，
義所以為「宜」，正因其有「利」。〔註5〕

並將墨子的義學稱之為「應用主義」或「實利主義」。的確，墨子從義生發出來
的十大觀念：「兼愛」、「非攻」、「尚賢」、「尚同」、「節用」、「節葬」、「非樂」、「天
志」、「明鬼」、「非命」，都有「應用」與「實利」的功能。因此我們可以說：墨
學的義實含有「正」與「利」兩個意思，除了「應該」之外，還要求「有利」，
但墨學所講的利，是交相利的利，絕非孟子所謂「上下交征利」〔註6〕的個人
的私利。因為與義結合，所以是公利，而不是苟得的利。所以統言之：「凡有『正
當』而且『有利』於全體人類的事情，便叫做義。」〔註7〕

二、「義」的來源

我國自古便有天道觀，控制人的心靈，但墨子的時代，已由神權進入君
權，士人對天道鬼神的信仰漸趨淡薄，造成社會道德的普遍低落，然而神權
觀念仍深植民心，墨子乃思利用「天志」一說，一則以天來統一天下意見，
再則借天帝鬼神的制裁力量，做為改造社會政治的後盾。〔註8〕墨子做為量度
一切是非、善惡的標準的天志，實際上是有情感、有理想，並有兼愛天下之
心的。

墨子認為天是至高、至貴、至智的，〈天志中篇〉云：

〔註4〕見梁任公著：《先秦政治思想史》，本論第十一章：「墨家思想其二」，頁119。
〔註5〕胡適之先生著：《中國古代哲學史》，第六篇第二章「墨子的哲學方法」，頁139。
〔註6〕《孟子·梁惠王篇》：「孟子見梁惠王，王曰：『叟！不遠千里而來，亦將有以
　　　利吾國乎？』孟子對曰：『王何必曰利？亦有仁義而已矣！王曰何以利吾國，
　　　大夫曰何以利吾家，士庶人曰何以利吾身。上下交征利，而國危矣！……。』」
〔註7〕見業師周富美教授著：《救世的苦行者——墨子》，第一章第一節「行義的精
　　　神」，頁15。
〔註8〕同註7，頁268。

今天下之人曰：當若天子之貴諸侯，諸侯之貴大夫，傐明知之；然吾未知天之貴且知於天子也。子墨子曰：吾所以知天貴且知於天子者有矣。曰：天子為善，天能賞之；天子為暴，天能罰之。天子有疾病禍祟，必齋戒沐浴，潔為酒醴粢盛，以祭祀天鬼，則天能除去之，然吾未知天之祈福於天子也。此吾所以知天之貴且知於天子者。不止此而已也。又以先王之書，馴天明不解之道也，知之。曰：「明哲維天，君臨下土。」則此語天之貴且知於天子。不知亦有賢、知夫天者乎？曰：天為貴、天為知而已矣。然則義果自天出矣。

依墨子之意：現實世界中，天子是「天下之窮貴者也，天下之窮富者也。」（〈天志上篇〉），但是天子遇到疾病禍祟，必定「齋戒沐浴，潔為酒醴粢盛，以祭祀天鬼」，祈求禳災去禍，從沒聽說天祈福於天子。可見，天子也不能和天相抗衡，因此天是至高、至貴、至智。

天不僅至高、至貴、至智，而且有意志，能表現欲、惡。天的意志是透過它的欲惡表現，而它所欲惡的對象，是人的行為。〈法儀篇〉云：「既以天為法，動作有為，必度於天，天之所欲則為之，天之所不欲則止。」說明了天是有所「欲」，有所「不欲」，人以天志為法，就必須依其欲惡行事。那麼，天之欲與不欲為何呢？

（一）天欲人相愛相利、惡人相惡相賊。〈法儀篇〉云：

然而天何欲何惡者也？天必欲人之相愛相利，而不欲人之相惡相賊也。奚以知天之欲人之相愛相利，而不欲人之相惡相賊也？以其兼而愛之，兼而利之也。奚以知天兼而愛之，兼而利之也？以其兼而有之，兼而食之也。

天既兼有天下、兼食天下，所以，天是兼愛天下、兼利天下的。既然如此，天之欲必為相愛相利，反之，其所惡便是相惡相賊。

（二）天欲人強力從事。〈天志中篇〉云：

然則天之將何欲何憎？子墨子曰：天之意，不欲大國之攻小國也，大家之亂小家也，強之暴寡，詐之謀愚，貴之傲賤，此天之所不欲也。不止此而已，欲人之有力相營，有道相教，有財相分也。又欲上之強聽治也，下之強從事也。上強聽治，則國家治矣，下強從事，則財用足矣。

（三）天欲義、惡不義。〈天志上篇〉云：

然則天亦何欲何惡？天欲義而惡不義。然則率天下之百姓，以從事
於義，則我乃爲天之所欲也。我爲天之所欲，天亦爲我所欲。然則
我何欲何惡？我欲福祿而惡禍祟。若我不爲天之所欲，而爲天之所
不欲：然則我率天下之百姓，以從事於禍祟中也。然則何以知天之
欲義而惡不義？曰：天下有義則生，無義則死；有義則富，無義則
貧；有義則治，無義則亂。然則天欲其生而惡其死，欲其富而惡其
貧，欲其治而惡其亂，此我所以知天欲義而惡不義也。

其實，天欲人相愛相利，「相愛相利」便是「行義」；不欲人相惡相賊，相惡
相賊便是「行不義」，也就是欲義惡不義。再者，「上強聽治、下強從事」以
求財用充足、「有力相營、有道相教、有財相分」彼此相互扶持，都是行義，
由此可知，天是欲義惡不義的。

這個「義」極重要，因爲「天下有義則生、無義則死；有義則富、無義
則貧；有義則治、無義則亂。」天下之生死、貧富、治亂，全賴是「義」，那
麼這個「義」從何而來呢？〈天志中篇〉云：

子墨子言曰：今天下之君子之欲爲仁義者，則不可不察義之所從出。
既曰不可以不察義之所從出，然則義何從出？子墨子曰：義不從愚
且賤者出，必自貴且知者出。何以知義之不從愚且賤者出，而必自
貴且知者出？曰：義者，善政也。何以知義之爲善政也？曰：天下
有義則治，無義則亂。是以知義之爲善政也。夫愚且賤者，不得爲
政乎貴且知者；然後得爲政乎愚且賤者，此吾所以知義之不從愚且
賤者出，而必自貴且知者出也。然則孰爲貴？孰爲知？曰：天爲貴，
天爲知而已矣，然則義果自天出矣。

墨子認爲天下的治、亂全賴是義，因此義是善政。義既是天下的大器，天下
的良寶，[註9]那麼義不從愚且賤者出，必自貴且智者出，如此方可爲天下之
準則。現實世界中的天子是窮貴、窮智者，但天子的作爲仍需順天之意，祈
福於天，依天之欲惡行事，可見天子之上還有一個超越的主宰者，那就是天，
天才是最貴最智者。義既從最貴最智者出，而天又是至高、至貴、至智的，
那麼義必自天出，義的來源便是窮貴、窮智而且欲人相愛相利、努力從事的
天志。所以，墨子最後說：「然則義果自天出矣」，義自天出，自無可疑。

〔註9〕墨子曰：「夫義，天下之大器也。」（〈公孟篇〉），又說：「義，天下之良寶也。」
（〈耕柱篇〉），足見墨子極重視義。

三、「義」的價值

墨子認爲天下一切，尤其爲政者，都要有一從事的法儀，墨子說：

> 天下從事者，不可以無法儀。無法儀而其事能成者，無有也。雖至
> 士之爲將相者，皆有法。雖至百工從事者，亦皆有法。百工爲方以
> 矩，爲圓以規，直以繩，正以縣，（平以水——據孫詒讓說增），無
> 巧工不巧工，皆以此五者爲法。巧者能中之，不巧者雖不能中，放
> 依以從事，猶逾己。故百工從事，皆有法度。今大者治天下，其次
> 治大國，而無法度，此不若百工辯也。（〈法儀篇〉）

天下從事者，不可以沒有法儀，沒有法儀，就不能成其事。雖然是士人將相，
都有一定的法則。百工不分巧拙，皆以繩墨規矩爲法；而治理天下國家者亦
然，更需要一個法儀。然則什麼可做爲治理天下國家的法儀呢？墨子以爲天
（天意、天志）可以做爲人類行事的法儀。〈法儀篇〉云：

> 然則奚以爲治法而可？當皆法其父母奚若？天下之爲父母者眾，而
> 仁者寡；若皆法其父母，此法不仁也。法不仁不可以爲法。當皆法
> 其學奚若？天下之爲學者眾，而仁者寡；若皆法其學，此法不仁也。
> 法不仁，不可以爲法。當皆法其君奚若？天下之爲君者眾，而仁者
> 寡；若皆法其君，此法不仁也。法不仁，不可以爲法。故父母、學、
> 君三者，莫可以爲治法。然則奚以爲治法而可？故曰：莫若法天。

依墨子之意：人是不足爲法的，現實世界的父母、學、君不足以爲法，因爲
父母、學、君雖然人數眾多，但是爲仁者卻極少。如果以之爲法，那就是法
不仁，不仁當然不能爲法。而足以爲治法，只有超越的天（天意、天志）。

天志是整個天下足以爲法的唯一法儀，是絕對的價值標準，所以墨子說：

> 我有天志，譬若輪人之有規，匠人之有矩，輪匠執其規矩，以度天
> 下之方員，曰：「中者是也，不中者非也。」今天下之士君子之書不
> 可勝載，言語不可盡計；上說諸侯，下說列士。其於仁義，則大相
> 遠也。何以知之？曰：「我得天下之明法以度之。」（〈天志上篇〉）

這個「天下之明法度」便是天志（天意）。天志如輪匠之規矩，所以他是量度
刑政，以及一切是非、善惡、利害的法儀。所以〈天志中篇〉又云：

> 子墨子之有天之意也，上將以度天下之王公大人爲刑政也；下將以
> 量天下之萬民。爲文學、出言談也。觀其行，順天之意，謂之善意
> 行，反天之意，謂之不善意行；觀其言談，順天之意，謂之善言談，

> 反天之意，謂之不善言談；觀其刑政，順天之意，謂之善刑政，反
> 天之意，謂之不善刑政。故置此以爲法，立此以爲儀，將以量度天
> 下之王公大人卿大夫之仁與不仁，譬之猶分黑白也。是故子墨子曰：
> 今天下之王公大人士君子，中實將欲遵道利民，本察仁義之本，天
> 之意，不可不順也，順天之意者，義之法也。

王公大人之爲刑政，天下萬民之爲文學、出言談，若順天之意，則謂之善德
行；反天之意則謂之不善德行。因此，可知，天（天意、天志）是墨子量度
天下事物的法儀。

　　墨子以天志爲法儀，是因爲天至高、至貴、至智，而且具有「欲義惡不
義」等種種的特性。墨子又說：「義自天出」，墨子最尊崇「義」，爲什麼還要
以天的意志，做爲衡量一切事物的標準呢？胡適之先生以爲墨子之所以如此
說，有其目的：

> 墨子生在春秋時代之後，眼看諸國相征伐，不能統一。那王朝的周
> 天子，是沒有統一天下的希望的了。那時「齊晉楚越四分中國」，墨
> 子是主張非攻的人，更不願四國之中那一個用兵力統一中國，所以
> 他想要用「天」來統一天下。〔註10〕

可見墨子的天志鬼神觀，是搭配在政治上說的。他要人依天的意旨行事，以
天爲師法的對象，不外乎是想達到他「求興天下之利，除天下之害」的目的。
墨子說：「義者，善政也。」能夠爲民興利除害的措施，就是善政，師法天志
的目的是行善政，也就是「爲義」，爲使天下百姓能接受墨子所倡之義，並進
而行義，因此將義附託於天志。

　　墨子認爲天志爲最高的法儀，又說：「義自天出」，表示「義」具有同樣
的意義與價值。天雖然可爲一切事物的法則，但是天畢竟是一個超越的實體，
教人順天之意，爲天之所欲，以求賞避罰，以人合天的意味太濃厚。墨家從
未成一宗教團體，更未離開政治而獨言宗教，顯見墨子的社會意識重於宗教
意識。〔註11〕因此，如要更切合墨子本意，說「義」是天志的全幅內容，天
志是道德立儀的標準，義也可爲人生行爲上的最高規範，並不爲過。而事實
上，墨子以天志爲最高的價值標準，義從涵有一切聖善，並具愛、利特性的
天志所出，義自然也涵有天志的特殊德性，因此，如說天志是一切事物的標

〔註10〕同註5，第六篇第四章「墨子的宗教」，頁152。
〔註11〕同註7，頁268。

－9－

準，那麼，義自然也可成為最高的價值規範。「義」也是最高的法儀，此即其價值所在。

第二節　「義」的作用

一、利他主義

　　墨學的義包含了「正」與「利」兩個意思，利是墨家衡量一切價值的準繩，利即是義，不利即不義。但墨家的利是「指社會全人類的『公利』而言，而不是指個人的利，或一階層的利。」〔註12〕也就是說，不只是財利、貨利的利，而是功益的利。〔註13〕如〈尚賢下篇〉云：

　　　　有力者疾以助人，有財者勉以分人，有道者勸以教人。

「有財者勉以分人」，所為之義是財利之利；「有力者疾以助人」與「有道者勸以教人」則所為之義，就不僅是財利之利了。可見，義之為利，不僅只是財利之利，更廣泛的說是有功、有益的都是有「利」的，也都是合「義」的，所以是功益之利。此外，更重要的是，它還是「公利」，如〈非攻上篇〉云：

　　　　今有一人，入人園圃，竊其桃李，眾聞則非之，上為政者得則罰之。此何也？以虧人自利也。至攘人犬、豕、雞、豚者，其不義又甚入人園圃竊桃李。是何故也？以虧人愈多，其不仁茲甚，罪益厚。至入人欄廄，取人馬、牛者，其不仁義又甚攘人犬、豕、雞、豚。此何故也？以其虧人愈多。苟虧人愈多，其不仁茲甚，罪益厚。至殺不辜人也，扡其衣裳，取戈劍者，其不義又甚入人欄廄，取人牛馬。此何故也？以其虧人愈多。苟虧人愈多，其不仁茲甚矣，罪益厚。

　　　　當此，天下之君子皆知而非之，謂之不義。今至大為攻國，則弗知非，從而譽之，謂之義。此可謂知義與不義之別乎？殺一人，謂之不義，必有一死罪矣。若以此說往：殺十人，十重不義，必有十死罪矣；殺百人，百重不義，必有死罪矣。當此，天下之君子，皆知而非之，謂之不義。今至大為不義，攻國，則弗知非，從而譽之，

――――――――――

〔註12〕同註7，頁19。

〔註13〕胡適之先生著之《中國古代哲學史》謂：「墨子的應用主義，所以容易被人誤會，都因為人把這『利』字，『用』字解錯。這『利』字並不是『財利』的利，這用也不是『財用』的用。墨子的『用』與『利』都只指人生行為而言。」

謂之義——情不知其不義也。故書其言以遺後世。若知其不義也，
夫奚說書其不義以遺後世哉？今有人於此：少見黑曰黑，多見黑曰
白，則以此人不知白、黑之辨矣。少嘗苦曰苦，多嘗苦曰甘，則必
以此人爲不知甘、苦之辨矣。今小爲非，則知而非之；大爲非，攻
國，則不知非，從而譽之，謂之義。此可謂知義與不義之辨乎？是
以知天下之君子也，辯義與不義之亂也。

這段話主要是非斥當時君子知小不知大，辯義與不義之亂。不過，我們可從
其中看出墨學的義的眞諦。依墨子之意，竊人桃、李；攘人犬、豕、雞、豚；
取人牛馬；殺不辜人，扡其衣裳，取其戈、劍，雖有程度上輕重的差別，但
都是虧人以自利的不義行爲。至於攻人之國，更是嚴重的虧人以自利的大不
義的行爲。所獲得的利，只是私利而已。雖然義即是利，但私利不是義，墨
學的義是公利。梁任公曾謂：「其所謂利者，決非箇人私利之謂，墨子常言『中
國家百姓萬民之利』（〈非命〉上、中、下），『反中民之利』（〈非樂上篇〉、〈非
攻下篇〉）可見彼所謂利，實指——社會或人類全體之利益而言。」〔註14〕
又誠如其在《子墨子學說》中所述：「雖然，墨子之所以斷斷言利者，其目的
固在利人。」〔註15〕可見，墨學之「義」，完全以利天下爲目的，「志以天下
爲芬，而能能利之，不必用。」（〈經說上篇〉），不望回報，也不求於己有用，
可說十足的利他主義。因此，墨學的義是公利、他利、客觀的利。〔註16〕

當義落實在人生行爲的應用上時，義的作用變成了「利公、利他、利客
觀」，而不是「利私、利已、利主觀」，梁任公曾就此論道：

墨教之根本義，在肯犧牲自己。墨經曰：「任，士損己而益所爲也。」
經說釋之曰：「任，爲身之所惡以成人之所急。」墨子之以言教，以
身教者，皆此道也。……此種行爲之動機，乃純出於「損已而益所
爲」。……夫所謂「摩頂至踵利天下」者，質言之，則損己以利他而

〔註14〕同註4，第十一章「墨家思想其二」，頁119。

〔註15〕梁任公著：《子墨子學說》，第二章「墨子之實利主義」，頁19。

〔註16〕蔡仁厚先生之《墨家哲學》第五章「墨子的中心觀念」中提及：「利是一個類
名，他本身表示一個類。繫屬於『利』這個類的財利、貨利等等，亦同樣表
示一個類，一般稱之爲『私利』。而扣緊私利這一個屬而言，當然亦有與私利
相對的公利這一種屬。『私利』既然是不義，那末『義』當然是指『公利』而
言了。因此，墨子所說之『利』，又必須加上『公的』這一狀詞來說。而公與
私對，『私的』一面，是指『己的』『主觀的』而言；而『公』的一面，則指
『他的』『客觀的』而言。」

已。利億萬人，固利他；利一二人，亦利他也。泛愛無擇，固利他；專注於其所親，亦利他也。己與他之利不可得兼時，當置他於第一位，而置已於第二位。是之謂「損已而益所爲」，是之謂墨道。〔註17〕

梁氏這段話，將墨家的「利他主義」闡釋得甚爲肯綮。墨者「損己而益所爲」與「虧人以自利」完全相反，所以孟子說：「墨子兼愛，摩頂放踵，利天下爲之。」（〈盡心上篇〉）頗能傳出墨子精神，簡直可說是對墨子救世犧牲行徑的頌揚了。也因此，人人如果以利公、利他、利客觀爲前提，整個天下必可在這相互交利中獲得大利。墨子以爲：天下社會有大利，個人即可從利公、利他、利客觀的大利中利己、利私。也就是說：人人先利社會，社會轉利大人。因此，〈兼愛下篇〉有云：

藉爲人之國，若爲其國，夫誰獨舉其國，以攻人之國哉？爲彼者猶爲己也。爲人之都，若爲其都，夫誰獨舉其都，以伐人之都者哉？爲彼猶爲己也。爲人之家，若爲其家，夫誰獨舉其家，以亂人之家者哉？爲彼猶爲己也。然即國、都不相攻伐，人、家不相亂賊，此天下之害與？天下之利與？即必曰天下之利也。姑嘗本原，若眾利之所自生……即必曰：兼也。然即之交兼者，果生天下之大利者與！
是故子墨子曰：兼是也。

依墨子之意是：人人「爲人之國若爲其國，爲人之都若爲其都，爲人之家若爲其家」，那麼必然「國都不相攻伐，人家不相亂賊」，所造成的是天下的大利。所以墨子說：「交兼者，果生天下之大利者與！」這個大利就是所謂的「公共社會的大利」或「客觀社會的大利」。〔註18〕公共社會獲得大利，個人也必能獲致公共社會之大利，從而利己。

總括而言：墨學的義行是正當而有利的行爲。利字的界說，不僅是財利、名利、福利、權利等物質或精神方面的部分的利，它所代表的是一切功益的利，更重要的是它代表公利、他利，是以整個社會的利益做對象。〔註19〕〈經上篇〉說：「功、利民也。」凡利民之事即是有「功」，也就是有義。義的作用在利公、

〔註17〕梁任公著：《墨子學案》第二自序語。
〔註18〕參見陳師拱著：《墨學研究》，下編第一章第六節「義之作用的特性」，頁151。
〔註19〕蔣維喬先生著《中國哲學史綱要》第六章「苦行主義派哲學」中提及：「他講到義字，都以整個社會的利益做對象；……。墨家『利』字的界說，是指人群公利言，所以義就是利，這最足表示墨家功利的色彩。」，頁217。

利他，人人先利社會，社會有大利，自然轉利大人。王寒生先生謂：「墨家的精神，其著眼在整個社會，……墨家處處以社會為範圍，即以整個人類為目的，所以他的氣象恢宏，非一般淺見者所可及者。」〔註20〕相當中肯。

然而論及施行，誠如蔣維喬先生所云：

> 墨子以為人家懷疑兼愛的難行，那是不曉得愛與利的分別。愛是廣泛的心量，利是實施的事功，所以愛儘管普遍於人類，至於實施利益於人，當然與我接近的先得其利，疏遠的後得其利，並非我的愛有先後，乃實際上不得不如此。所以〈大取篇〉：「二子事親，或遇孰，或遇凶，其愛親相若。」這是說兩個兒子事奉其親，一個碰到孰年收獲多，奉養較厚；一個碰到荒年，收穫少，奉養較薄，實在利有厚薄，不是愛有厚薄。愛是志，利是功，不可併為一談。〈大取篇〉說：「志功為辯」，又說：「志功不可以相從也」，都是說明這意，叫人知道「愛」「利」是兩件事，就不至懷疑兼愛的不可行。〔註21〕

愛是志，利是功，愛利合講，兼的意思才能全明。但施行兼愛，一定要從我們身邊的親人開始，由近而遠而廣，乃至天下。愛是廣泛的心量，利是實施的事功，不是愛有先後、厚薄之分，乃是實際上不得不如此，否則如何達到倫常的和調？所以，愛儘管普遍於人類，但論及實施，與我接近的人先得到，疏遠的後得到，所謂「施於親始」，乃必然的方法。

因此，儘管義的作用是利公、利天下，但個人並不因此被否定、被吞沒。〈兼愛中篇〉說：「夫愛人者，人亦從而愛之，利人者，人亦從而利之。惡人者，人亦從而惡之；害人者，人亦從而害之。」、〈大取篇〉又說：「愛人不外己，己在所愛之中。」社會是互相關聯的，人人先利社會，社會健全，個人自然獲利，只不過施由親始，再推己及人罷了。

二、三表法的論証

「三表法」是墨子研判是非利害的論証法，也是墨子知行合一邏輯的具體應用。三表法又稱「三表」或「三法」，表面上是三條証明的程序或方法，但其內裡是人在行義為政或立論時，所依循的三條原理、原則，其目的除作為客觀判斷是非利害的標準之外，更重要的是在踐義興利之時，可從其中達

〔註20〕王寒生先生著：《墨學新論》，第十一章「二、利的範圍」，頁154～155。
〔註21〕同註19，第六章第二節「正論」，頁197～198。

到實利人民的積極意義。﹝註 22﹞因此在〈非命〉上、中、下三篇中，三次重複提及「三表法」：

> 必立儀。言而*毋*儀，譬猶運鈞之上，而立朝夕者也。是非利害之辨，不可得而明知也，故言必有三表。何謂三表？子墨子言曰：有本之者，有原之者，有用之者。於何本之？上本之於古者聖王之事。於何原之？下原察百姓耳目之實。於何用之？廢（讀爲發）以爲刑政，觀其中國家百姓人民之利，此所謂言有三表也。

第一表是「本之者」——所本者爲「古者聖王之事」。〈非命下篇〉：「考先聖大王之事」，〈非命中篇〉：「考之天鬼之志、聖王之事」。這一表是託古以立說，爲立論之歷史根據也，可謂爲「歷史法」，﹝註 23﹞即荀子所謂：「呼先王以欺愚者」（〈儒效篇〉）的方法。

這一表的優點是：可從聖王的經驗中得到歷史教訓，〈非命上篇〉云：

> 然而，今天下之士君子，或以命爲有，蓋嘗尚觀於聖王之事？古者桀之所亂，湯受而治之。紂之所亂，武王受而治之。此世未易、民未渝，在於桀紂則天下亂，在於湯武則天下治，豈可謂有命哉？

> 然而，今天下之士君子，或以命爲有，蓋嘗尚觀於先王之書？先王之書，所以治國家，布施百姓者，憲也。先王之憲，亦嘗有曰：福不可請，而禍不可諱，敬無益，暴無傷者乎？所以聽獄制罪者，刑也。先王之刑，亦嘗有曰：福不可請，禍不可諱，敬無益、暴無傷者乎？所以整設師旅，進退師徒者，誓也。先王之誓，亦嘗有曰：福不可請，禍不可諱、敬無益、暴無傷者乎？是故子墨子言曰：吾嘗未盡數天下之良書，不可盡計數，大方論數，而五（當作三）者是也。今唯毋求執有命者之言，不必得，不亦可錯乎？今用執有命者之言，是覆天下之義，是立命者也，百姓之誶也，說百姓之誶也，是滅天下之人也。

依墨子之意：「天下之治，湯武之力也；天下之亂，桀紂之罪也。」（〈非命下篇〉）意即：用湯武之力否認有命，從湯武受而治之；桀紂則天下亂，可知治

﹝註 22﹞參見薛保綸先生著：《墨子的人生哲學》，第五章第一節「三表法形上的釋義及它與義政的關係」部分，頁 125～126。

﹝註 23﹞業師周富美教授於〈墨子的實學〉一文中稱第一表爲「歷史法」，第二表爲「觀察法」，第三表爲「實驗法」。

亂與命無關，不可歸之於命。不僅先王事蹟如此告訴我們，古聖王之書憲、刑、誓也未嘗說過有命。福禍益傷並非由命定，而在於人是否盡力，也就是「盡力無命」。這一段雖是探討無命之說，但何以知無命？先王事蹟、史冊均如是說。

墨子曾經批評儒者「厚葬久喪、強執有命之說、繁飾禮樂以淫人，以為天鬼不神明」（〈非儒下篇〉），最恨儒者「復古」的議論，〈非儒下篇〉云：

> 儒者曰：「君子必言古服，然後仁。」
>
> 應之曰：「所謂言之古服者，皆嘗新矣。而古人言之服之，則非君子也。」

既然反對復古，為什麼還要用「古聖王之事」來作論証的立言根據呢？胡適之先生謂：

> 原來墨子的第一表和第三表是同樣的意思。第三表說的是現在和將來的實際應用。第一表說的是過去的實際應用。過去的經驗閱歷，都可為我們做一面鏡子。古人行了有效，今人也未嘗不可仿效。古人行了有害，我們又何必再去上當呢？……這並不是復古守舊。這是「溫故而知新」、「彰往而察來」。〔註24〕

墨子也嘗舉「溫故而知新」、「彰往而察來」的例子，〈魯問篇〉：

> 彭輕生子曰：往者可知，來者不可知。子墨子曰：藉設而親在百里之外，則遇難焉。期以一日也，及之則生，不及則死。今有固車良馬於此，又有駑馬四隅之輪於此，使子擇焉。子將何乘？對曰：乘良馬固車，可以速至。子墨子曰：焉在不知來。

從墨子和彭輕生子的對話，可以証明：「固車良馬可日千里，駑馬四隅之輪不能行路」，這都是從過去的經驗中得知。有過去的經驗，可以幫助我們抉擇。又如昔者堯、舜、禹、湯能順天之意，愛利百姓，故得天之賞，使貴為天子，奄有天下；桀、紂、幽、厲，反天之意，暴逆百姓，故得天之罰，使失其宗廟，其事俱書之竹帛、鏤之金石、琢之盤盂，遺傳後代子孫（〈非命下篇〉）。因此我們知道「仁者無敵」、「暴政必亡」，這些都是從過去的先王事蹟歷史經驗中得知。

然而，各家所說古聖王面目各異，各家為宣揚自己學說創造出不同的先王事蹟，《韓非子‧顯學篇》即謂：「孔子、墨子俱道堯舜，而取舍不同。皆自謂真堯舜，堯舜不復生，將孰能定儒墨之誠？」的確，儒墨俱誦堯舜，各

〔註24〕同註5，頁146。

以不同立場、不同標準來稱述古聖先王事蹟，如何辨其是非？《墨子·貴義篇》云：

> 凡言凡動，合於三代聖王堯、舜、禹、湯文武者，爲之。
>
> 凡言凡動，合於三代暴王桀、紂、幽、厲者，舍之。

清楚地明立一是非判斷的標準。這一表的目的，是想樹立立言根據，所謂「持之有據（過去的歷史經驗），言之成理。」更堅定人們對其信任。第一表「本之者」就是「義，正也。」的論証。

第二表是「原之者」──所原者爲「百姓耳目之實」。這一表立言的根據爲公眾的視聽見聞，注重的是現時的經驗，可謂「觀察法」。這一表可以〈非命篇〉爲例子，〈非命中篇〉云：

> 今天下之士君子，（或以命爲有──據盧文弨校補），或以命爲亡，我所以知命之有與亡者，以眾人耳目之情，知有與亡。有聞之，有見之，謂之有。莫之聞，莫之見，謂之亡。然胡不嘗考之百姓之情？自古以及今，生民以來者，亦嘗見命之物，聞命之聲者乎？則未嘗有也。若以百姓爲愚、不肖，耳目之情，不足因而爲法，然則胡不嘗考之諸侯之傳言流語乎？自古以及今，生民以來者，亦嘗有聞命之聲？見命之體者乎？則未嘗有也。

依墨子之意，眾人均未見命之物、聞命之聲，所以「命」是沒有的。墨子執「無命」駁斥他人執「有命」，取決於公眾耳目之聞見，因此，墨子肯定說命是未嘗有也。「以『聞見之情』証明『無命』乃是極爲素朴的常識之立場；王充所謂：是用耳目論，不以心意議，正是此類。」〔註25〕同樣的，墨子也是以此法來証明自己之執有鬼神，駁斥他人執無鬼神。〈明鬼下篇〉云：

> 既以鬼神有無之別，以爲不可不察已，然則吾爲明察，此其說將奈何而可？子墨子曰：是與天下之所以察知有與無之道者，必以眾之耳目之實，知有與亡爲儀者也。請惑聞之見之，則必以爲有。莫聞莫見，則必以爲無。

並舉「杜伯復仇」、「句芒神賜福」、「莊子儀顯靈」、「祏觀辜受神誅」、「死羊觸斷中里徼之腳」（〈明鬼下篇〉）等例來証明「聞之見之，則必以爲有」。不過，墨子以耳目聞見來証明屬精神領域的形而上的「鬼神」與「命」，不無可議之處。胡適之先生即謂：

〔註25〕同註16，第四章「墨子的文化觀」，頁60。

　　（一）耳目所見所聞，是有限的。有許多東西，例如〈非命篇〉的
「命」是看不到聽不到的。（二）平常人的耳目最易錯誤迷亂。例如
鬼神一事。古人小說上說得何等鑿鑿有據，我自己的朋友也往往說
曾親眼看到鬼，難道我們就可斷定有鬼麼？（看〈明鬼篇〉）但是這
一表雖然有弊，却極有大功用。因為中國古來哲學不講耳目的經驗，
單講心中的理想。例如老子說的：「不出戶、知天下。不窺牖，知天
道。其出彌遠，其知彌少。」孔子雖說：「學而不思則罔，思而不學
則殆。」但是他所說的「學」大都是讀書一類，並不是「百姓耳目
之實」，直到墨子始大書特書的說道：「天下之所以察知有與無之道
者，必以眾之耳目之實知有無亡為儀者也。誠或聞之見之，則必以
為有。莫聞莫見，則必以為無。」（〈明鬼〉）這種注重耳目的經驗，
便是科學的根本。〔註26〕

誠然，墨子以公眾之耳目之情証明無命有鬼神，有其弊端，但墨子所用的論
証方法却有大功用，因為注重耳目經驗，是為科學之根本，今日自然學科中
之物理、化學、生物等學科必從實驗或觀察中獲致正確結果，進而精益求精，
創造發明，墨子訴諸耳目聞見的方法，仍是可以肯定的。從第二表「原之者」
可看出墨子的主張是「救世之弊」，完全是從實際、實利的觀點出發，不僅是
空談理論與理想而已。

　　第三表是「用之者」──所用者是「發為刑政，觀其是否中國家百姓之
利」。這一表強調理論結合現實的實施效果，這一表是「實驗法」。如果對國
家百姓萬民有利，則可用；反之，則否。如〈非命上篇〉云：

　　執有命者之言曰：上之所賞，命固且賞，非賢故賞也；上之所罰，
　　命固且罰，不暴故罰也。是故入則不慈孝於親戚，出則不弟長於鄉
　　里，坐處不度，出入無節，男女無辨，是故治官府，則盜竊，守城
　　則崩叛，君有難則不死，出亡則不送，此上之所罰，百姓之所非毀
　　也。執有命者言曰：上之所罰，命固且罰，不暴故罰也；上之所賞，
　　命固且賞，非賢故賞也。以此為君則不義，為臣則不忠，為父則不
　　慈，為子則不孝，為兄則不良，為弟則不弟，而強執此者，此特凶
　　言之所自生，而暴人之道也。……
　　然則何以知命之為暴人之道，昔上世之窮民，貪於飲食，惰於從事，

是以衣食之財不足，而飢寒凍餒之憂至，不知曰：我罷不肖，從事
不疾；必曰：我命固且貧。昔上世暴王不忍其耳目之淫，心志之辟，
不順其親戚，遂以亡失國家，傾覆社稷，不知曰：我罷不肖，爲政
不善，必曰：吾命固失之。……

今用執有命者之言，則上不聽治，下不從事。上不聽治，則刑政亂，
下不從事，則財用不足。上無以供粢盛酒醴，祭祀上帝鬼神，下無
以降綏天下賢可之士，外無以應對諸侯之賓客，內無以食飢衣寒，
將養老弱。故命上不利于天，中不利于鬼，下不利于人，而強執此
者，此特凶言之所自生，而暴人之道也。

依墨子之意執有命者倡說：「上之所賞，命固且賞，非賢故賞也。上之所罰，
命固且罰，非暴故罰也。」有命的觀念若用於政治上將造成道德淪喪，賞罰
失效。結果「上不聽治，下不從事」，最後刑政大亂，上下怠惰，衣食財用不
足，國家傾覆之危機立至，人民則將陷於飢寒凍餒之境，天下必大亂。

　　於此可見，有命之說是「暴王所作，窮人所術」的「暴人之道」了。既
然有命的觀念，落在現實上，會使天下上下之人歸於普遍的怠惰，造成政治
上不利，天下的大害，那麼有「命」之必須非斥、否定，乃必然之理。所以
墨子說：

今天下之士君子，中實將欲求興天下之利，除天下之害，當若有命
者之言，不可不強非也。（〈非命下篇〉）

由此可知，第三表「用之者」是爲「義，利也。」的有力論證。

　　綜觀墨子的三表法，還是要歸於第三表「有用之者」即「應用」，因爲這
一表是前一、二表的實施。以墨子愛利人民的觀點來看，這一表又是他行義
施政的意向或目的，所以說第一表、第二表的目的在實現第三表，因爲前二
表是替第三表找尋理據、說明，使其名正言順，應用實施。墨子不僅主張用，
還希望能「興天下之利，除天下之害」、「中國家百姓之利」，也就是要有利，
可用而有利，是墨子的目的。能用而有利，始可謂之善，「用」和「善」的關
係極密切。墨子認爲能應用的便是好的，好的也必能應用。儒、墨兩家最大
的差別在儒家講「什麼」，而墨家講求的是「爲什麼」，〈公孟篇〉云：

子墨子曰：問於儒者：「何故爲樂？」曰：「樂以爲樂也。」子墨子
曰：「子未我應也。今我問曰：『何故爲室』？曰：『冬避寒焉，夏避
暑焉，室以爲男女之別也。』則子告我爲室之故矣。今我問曰：『何

> 故爲樂？』曰：『樂以爲樂也。』是猶曰：『何故爲室？』曰：『室以
> 爲室也。』」

從墨子和儒者討論「何故爲室？」、「何故爲樂？」可以看出儒家注重的是「動機和目的」，也就是內在的居心，而墨家注重的是行爲的效果，所謂的「用」，也就是進行的方法和效果。不僅要能坐而言，還要起而行。「知行合一」是墨子的根本方法，求用求善是他的目的，所以墨子說：

> 言足以遷行者常之，不足以遷行者勿常。不足以遷行而常之，是蕩
> 口也。（〈貴義篇〉）
> 言足以復行者常之，不足以舉行者勿常。不足以舉行而常之，是蕩
> 口也。（〈耕柱篇〉）

也就是說可改良人生行爲的，才是善而可用，始可推尙，否則，即是「蕩口」。墨子的十大觀念：「兼愛」、「非攻」、「尙賢」、「尙同」、「節用」、「節葬」、「非樂」、「天志」、「明鬼」、「非命」等有關政治、經濟、社會、宗教之篇目，均可用三表法証明，因爲墨子講求的是知而能行，也就是知行合一，十論是三表法的應用或記載，而三表法也正是推演墨學之義包涵「政」與「利」兩面意義的哲學方法。

第三節　結　語

　　墨學十論並不是分散而零星的觀念，而是有其統一性的。墨子以天志爲最高的法儀，因此，依墨子之意，十論是統一於其有超越性和絕對性的天志；再者，墨子認爲順天之意，爲天之所欲，可得賞，反之，爲天之所不欲，則必得罰，人欲得賞避罰，就只有實行兼愛、非攻、尙賢、尙同、節用、節葬、非樂、尊天、事鬼、非命等十個觀念。所以，十論是爲天志所統一。

　　但是，墨子又說：「義自天出」（〈天志〉中、下篇）。墨子肯定義自天出，乃就人或人間而言，並由此點出義的超越性和絕對性；而對天而言，則表示天志的本質是爲義，或是說天志的全幅內容是義，義變成溝通天、人之際的一個實體。陳師拱嘗言：

> 我們更可以說：義是超越世界與現實世界交接的一個實體，或即天與
> 人交接的一個實體；它源於超越的天，更落實於現實世界而爲人之體
> 或極。故在墨子：天之所以爲天的，只在這一個義；人之所以爲人的，

亦只在這一個義。以義溝通天、人而用爲拯救天下，這正是墨學之所
以爲墨學之學，亦正是墨子之所以爲墨子之處。〔註27〕

因爲，我們與其說天志統一諸觀念，天志爲諸觀念的根本觀念，不如說諸觀
念爲「義」所統攝。因爲義是天德最好的標誌，義又包括了人間的一切德性，
可謂人德最好的表徵。〔註28〕所以，義可說是墨學根本大義所在，而墨學的
義，也是最高的價值規範。

義既爲諸觀念的根本，那麼，兼愛是義、非攻是義、尚賢是義、……十
論均是義。義和諸觀念的關係，就如同本末和體用的關係。義對諸觀念而言，
是本或體；諸觀念對義而言，是末或用。以比喻來說：義好比是樹木的根柢，
諸觀念就是由此根柢生發出來的枝、葉、花、果；義又好比是水的源頭，諸
觀念則是由此源頭開展出的溪、河、海、洋。枝葉花果、溪河海洋儘管在形
式上有所不同，但論其本質，則無二致，因此，墨學十論可謂是義的系統的
學說。

墨學的義和儒家不同，它包含了政治和經濟兩重意義，因此，行義除了
代表施行善政之外，還是有利於國家社會百姓的。墨子說：

然義政將奈何哉？子墨子言曰：處大國不攻小國，處大家不篡小家，
強者不刦弱，貴者不傲賤，多詐者不欺愚。（〈天志上篇〉）

這段話說明了行義就是實行「兼愛」、「非攻」等觀念，然而不僅實行兼愛、
非攻是爲義，行尚賢、尚同、節用、節葬、非樂、天志、明鬼、非命也都是
爲義。可見，墨子的爲義之學是切實有利於人生行爲的改善，而其著眼點則
在政治社會的改良，實際應用時，則突顯利他主義的特性。

墨子是個知行合一的救世家，爲使人行義或立論時有所依據，因此提出
了可作爲客觀判斷是非利害的標準──三表法。墨學十論均可以三表法（本
之者、原之者、用之者）加以推演。而三表法的論証，尤其証明了墨子的主
張是救世之弊，完全是從實際、實利的觀點而發，不僅是理論、理想，而且
這種義政，切實可達實利百姓的目的。也就是說，三表法証實了十論涵有「政」
與「利」兩個目的，所以，墨子之學可以說是含義的實用之學。

〔註27〕同註18，下篇第一章第三節「諸觀念的根本觀念之釐定」，頁134。
〔註28〕同註22，第三章「墨子人生哲學的最高統一規律──義（利、兼愛）」，頁
78。

第二章 「義」與墨學的十大觀念

　　墨子的全部學說和思想，都是爲了對治天下的弊病而提出的理治之方。〈非樂上篇〉云：「仁之事者，必務求興天下之利，除天下之害，將以爲法乎天下，利人乎即爲，不利人乎即止。」可見墨子學說注重的是實際人生行爲的應用，不僅講求實用，還要求要能「興天下之利，除天下之害」。墨子將「義」、「利」融合並講，目的即在求得政治社會人心的改良和百姓的實利。他的理治天下之方是權衡輕重緩急，因時因地而制宜的，〈魯問篇〉載：

> 子墨子游，魏越曰：「既得見四方之君，子則將先語？」子墨子曰：
> 「凡入國，必擇務而從事焉。國家昏亂，則語之尚賢、尚同；國家
> 貧，則言之節用、節葬；國家憙音湛湎，則語之非樂、非命；國家
> 淫僻無禮，則語之尊天事鬼；國家務奪侵凌，即語之兼愛、非政。
> 故曰：擇務而從事焉。」

「擇務而從事」便是「對症下藥」，「尚賢」、「尚同」、「節用」、「節葬」、「非樂」、「非命」、「天志」、「明鬼」、「兼愛」、「非攻」十論，則以「兼愛」爲精神，貫穿其他九目。所以，他的學說可以說是義的系統的思想體系。

第一節　表現在軍事行動上

一、兼　愛

　　如前所言，墨子的十論，都是爲了對治天下之亂而提出。根據墨子的觀察，他認爲天下之亂的根源在於社會上下之人的「不相愛」，不相愛則必然「不

相利」而「交相惡」、「交相賊」。他說：

> 聖人以治天下為事者也，不可不察亂之所自起。嘗察亂何自起？起不相愛。臣子之不孝君父，所謂亂也。子自愛，不愛父，故虧父而自利；弟自愛，不愛兄，故虧兄而自利；臣自愛，不愛君，故虧君而自利，此所謂亂也。雖父之不慈子，兄之不慈弟，君之不慈臣，此亦天下之所謂亂也。父自愛也，不愛子，故虧子而自利；兄自愛也、不愛弟，故虧弟而自利；君自愛也，不愛臣，故虧臣而自利，是何也？皆起不相愛。
>
> 雖至天下之為盜賊者亦然。盜愛其室，不愛其異室，故竊異室以利其室；賊愛其身不愛人，故賊人以利其身，此何也？皆起不相愛。雖至大夫之相亂家，諸侯之相攻國者，亦然。大夫各愛其家，不愛異室，故亂異家以利其家；諸侯各愛其國，不愛異國，故攻異國以利其國，天下之亂物，具此而已矣，察此何自起？皆起不相愛。(〈兼愛上篇〉)

又說：

> 今諸侯獨知愛其國，不愛人之國，是以不憚舉其國，以攻人之國。今家主獨知愛其家，而不愛人之家，是以不憚舉其家，以篡人之家。今人獨知愛其身，不愛人之身，是以不憚舉其身，以賊人之身。是故諸侯不相愛，則必野戰；家主不相愛，則必相篡；人與人不相愛，則必相賊，君臣不相愛，則不惠忠；父子不相愛，則不慈孝；兄弟不相愛，則不和調。天下之人，皆不相愛，強必執弱，富必侮貧，貴必傲賤，詐必欺愚，凡天下禍篡怨恨，其所以起者，以不相愛生也。(〈兼愛中篇〉)

墨子從父子、兄弟、君臣、盜賊、大夫、諸侯等不同的社會階層、人倫關係去審察天下禍亂的根源，發現都是由於「不相愛」而相惡相賊。臣不忠於君，是由於臣自愛而不愛君，所以虧君而自利；子不孝於父，是由於子自愛而不愛父，所以虧父而自利；弟不敬於兄，是由於弟自愛而不愛兄，所以虧兄而自利。反之，國君不惠愛臣子，父親不慈愛兒子，兄弟不友愛，都是因為人們自愛、自私自利的緣故。除了這些悖逆倫常之事，諸侯間的爭戰、盜賊偷竊、大夫之篡奪，也都是由於人與人之間「不相愛」。不相愛則必相惡相賊，所以在諸侯，必野戰；在家主，必相篡；在君臣、父子、兄弟則必定人倫不

和諧；等而下之，天下則必陷於「強執弱、富侮貧、貴傲賤、詐欺愚」的局面，天下焉有不亂之理？

　　所以墨子針對天下亂的原因——「不相愛」，提出理治之方。墨子嘗說：「非人者必有以易之，若非人而無以易之，譬之猶以水救火也〔俞樾《墨子平議》校改為「以水救水，以火救火也。」〕，其說將必無可焉。」（〈兼愛下篇〉）。墨子是個熱心濟世的實行家，他不喜唱高調，凡事實事求是，他既非「不相愛」，故明白地提出「兼相愛、交相利」以易之。〈兼愛中篇〉說：

　　　　是以仁者非之。既以非之，何以易之，子墨子言曰：以「兼相愛、
　　　　交相利」之法易之。

希望以之破除人們自私自利的觀念，增進人和人之間和諧的關係。

　　「兼相愛」的「兼」字，在《墨子》書中雖出現多達一百二十六次，卻無一處有定義性的說明，僅在〈兼愛下篇〉將「兼」與「別」對舉。近人梁任公謂：「墨子講兼愛，常用『兼相愛交相利』六字連講，必合起來，他的意思才明。兼相愛是理論，交相利是實行這理論的方法。」〔註1〕的確，墨學十個觀念都是著眼於實際人生行為的應用，他總是「愛」、「利」並舉，「交相利」是實行「兼相愛」的一個效果。墨子認為「兼相愛則治，交相惡則亂。」可以普遍地應用於人倫間的關係及社會各階層。因此，他希望以「兼相愛、交相利」去取代「交相惡、交相賊」，也就是「以兼易別」：

　　　　是故子墨子曰：「兼以易別」……姑嘗本原，若眾利之所自生，此胡
　　　　自生，此自惡人賊人生與，即必曰非然也。必曰從愛人利人生，分
　　　　名乎天下，愛人而利人者，別與兼與？即必曰兼也。然即之交兼者，
　　　　果生天下之大利者與！是故子墨子曰：兼是也。且鄉吾本言曰：仁
　　　　人之事者，必務求興天下之利，除天下之害，今吾本原兼之所生，
　　　　天下之大利者也。吾本原別之所生，天下之大害者也，是故子墨子
　　　　曰：別非而兼是者，出乎若方也。（〈兼愛下篇〉）

墨子認為欲興天下之利，除天下之害就必須以兼易別。〈小取篇〉說：「愛人，待周愛人，而後為愛人，不愛人，不待周不愛人，不周愛，因為不愛人矣。」可見，兼愛是一種周徧而相互的愛，因為是整全的愛，所以才能促進社會的和諧。但在實踐上，仍必須由自我而向外，先從自己做起，墨子認為：「近者不親，無務來遠；親戚不附，無務外交。」（〈修身篇〉）所以，墨家的「兼愛」

―――――――――――――――――――
〔註1〕見梁任公著：《墨子學案》，第二章「墨學之根本觀念——兼愛」，頁8。

與儒家推己及人的「仁愛」，在精神上是不相悖的。也因此，墨子說：「兼之所生，天下之大利者也；別之所生，天下之大害者也。」要以愛人利人的「兼」去取代惡人賊人的「別」。墨子再三地強調「相愛相利」的「兼愛」是消除「相惡相賊」這種現象的最好方法。故〈兼愛上篇〉說：

> 若使天下兼相愛，愛人若愛其身，猶有不孝者乎？視父兄與君若其身，惡施不孝？猶有不慈者乎？視弟子與臣若其身，惡施不慈？故不孝不慈亡有。猶有盜賊乎？故視人之室若其室，誰竊？視人身若其身，誰賊？故盜賊亡有。猶有大夫之相亂家，諸侯之相攻國者乎？視人家若其家，誰亂？視人國若其國，誰攻？故大夫之相亂家，諸侯之相攻國者亡有。若使天下兼相愛，國與國不相攻，家與家不相亂，盜賊無有，君臣父子皆能孝慈，若此則天下治。故聖人以治天下為事者，惡得不禁惡而勸愛。故天下兼相愛則治，交相惡則亂。
> 故子墨子曰：不可不勸愛人者，此也。

行兼的結果如何呢？誠如墨子所言：「兼相愛則治」；反之，「交相惡則亂」。墨子認為行兼可使天下平治獲得大利。在消極方面，兼愛至少可使天下相安無事：

> 藉為人之國，若為其國，夫誰獨舉其國，以攻人之國者哉，為彼者由為己也。愛人之都，若為其都，夫誰獨舉其都，以伐人之都者哉，為彼猶為己也。為人之家，若為其家，夫誰獨舉其家，以亂人之家者哉，為彼猶為己也。然即國都不相攻伐，人家不相亂賊，此天下之害與？天下之利與？即必曰天下之利也。（〈兼愛下篇〉）

若從積極的方面而言，兼愛則可造成一愛的社會：

> 含吾將正求興天下之利而取之，以兼為政，是以聰耳明目，相與視聽乎，是以股肱畢強，相與動宰乎，而有道肆相教誨，是以老而無妻子者，有所侍養，以終其壽，幼弱孤童之無父母者，有所放依，以長其身。今唯毋以兼為正，即若其利也。（〈兼愛下篇〉）

這裡所謂「老而無妻子者，有所侍養，以終其壽，幼弱孤童之無父母者，有所放依，以長其身。」的理想境界，不就是儒家《禮記·禮運篇》所講的「使老有所終，壯有所用，幼有所長，矜、寡、孤獨、廢疾者皆有所養。」的大同世界嗎？可見，儒、墨兩家的道理，是相通不悖的，所追求的理想境界，也是相同的。因此，墨子再三再四提倡兼愛，他認為只有周徧而相互的愛，

才能真正消除利己的私心，達到兼愛的目的。

墨子認為兼愛社會是可以實現的，他在〈兼愛〉中、下二篇舉了許多古聖王兼愛天下百姓的例子，如夏禹治水，三過家門而不入；商湯兼愛，禱於桑林，以身為犧牲。並舉書志之言：「蠢茲有苗，用天之罰。」、「萬方有罪，即當朕身，朕身有罪，無及萬方。」、「文王若日若月，乍照光於四方，于西土。」來說明禹、湯、文、武之所以治，皆原於「兼」之為道，墨子所以主兼者，即取法乎禹、湯、文、武。墨子也認為兼愛乃人情之常，〈兼愛下篇〉說：

> 吾不識孝子之為親度者，亦欲人愛利其親與？意欲人之惡賊其親
> 與？以說觀之，即欲人之愛利其親也。然即吾惡先從事，即得此，
> 若我先從事乎愛利人之親，然後人報我以愛利吾親乎，意我先從事
> 乎惡賊人之親，然後人報我以愛利吾親乎。即必吾先從事乎愛利人
> 之親，然後人報我以愛利吾親也。……姑嘗本原之，先王之所書，
> 大雅之所道曰：「無言而不讎，無德而不報。投我以桃，報之以李。」
> 即此言愛人者必見愛也，而惡人者必見惡也。

墨子認為孝子為孝親計，必行兼愛，因為「必吾先從事乎愛利人之親，然後人報我以愛利吾親也。」兼愛並不排斥愛己，其實兼愛是從自愛出發的。「愛人者，必見愛也。」、「愛人不外己，己在所愛之中，己在所愛，愛加於己。」〔註2〕因為「自愛」是人性共通的特色，而自己是人群的一份子，我愛一切人，我必在所愛之中，故愛人即愛己。可見兼愛乃人情之常，兼愛是一普遍而相互的愛。因此，墨子認為兼愛社會並不難實現，只要上行必可風行草偃，收到下效的成果。像從前，晉文公好苴服，群臣無不儉；楚靈王好細腰，群臣皆約食；越王句踐好勇，群臣樂死，均可說明兼愛不是不能實行的。所以，〈兼愛下篇〉最後結論道：

> 今若夫兼相愛，交相利，此其有利，且易為也，不可勝計也，我以
> 為則無有上說之者而已矣；苟有上說之者，勸之以賞譽，威之以刑
> 罰，我以為人之於兼相愛交相利也，譬之猶火之就上，水之就下也，
> 不可防止於天下。故兼者聖王之道也，王公大人之所以安也，萬民
> 衣食之所以足也。故君子莫若審兼而務行之，為人君必惠，為人臣
> 必忠，為人父必慈，為人子必孝，為人兄必友，為人弟必悌。故君

〔註2〕《墨子‧大取篇》。

子莫若欲爲惠君、忠臣、慈父、孝子、友兄、悌弟，當若兼之不可
不行也，此聖王之道，而萬民之大利也。

墨子將兼愛歸之爲聖王之道，並認爲「兼愛」是「王公大人之所以安」、「萬
民衣食之所以足」之所以仰賴者，所以要審兼而務行，若能實行，則必可造
成君惠、臣忠、父慈、子孝、兄友、弟悌等人倫的和諧。推而廣之，家與家
不相侵凌，國與國不相攻伐，人與人不相交惡賊害，人人相愛而相利，這豈
不就是「萬民之大利」？而這也正是墨子倡行兼愛預期其應用於人生行爲上
所能產生的功效，也是兼愛的主旨及價值所在。孟子說：「墨子兼愛，摩頂放
踵，利天下爲之。」(〈盡心上篇〉)，可謂是替墨子改革政治、社會的決心和
精神及其宗旨，下了一個最好的註腳。

兼愛既可造就萬民的大利，且是善而可用的。〈兼愛下篇〉云：

誰以爲二士，使其一士者執別，使其一士者執兼，是故別士之言曰：
吾豈能爲吾友之身，若爲吾身，爲吾友之親，若爲吾親，是故退睹
其友，飢即不食，寒即不衣，疾病不侍養，死喪不葬埋，別士之言
若此，行若此。

兼士之言不然，行亦不然。曰：吾聞爲高士於天下者，必爲其友之
身若爲其身，爲其友之親若爲其親，然後可以爲高士於天下，是故
退睹其友，飢則食之，寒則衣之，疾病侍養之，死喪葬埋之兼士之
言若此，行若此。

若之二士者，言相非而行相反與！當使若二士者，言必信，行必果，
使言行之合，猶合符節也，無言而不行也，然即敢問，今有平原廣
野於此，被甲嬰冑，將往戰，死生之權，未可識也。又有君大夫之
遠使於巴越齊荆，往來及否，未可識也。然即敢問不識將惡也，家
室、奉承親戚、提挈妻子，而寄託之，不識於兼之有是乎？於別之
有是乎？我以爲當其於此也，天下無愚夫愚婦，雖非兼之人，必寄
託之於兼之有是也。

由此可見，若二人分別爲兼士、別士，言行相反，當遇天下戰亂，天下之人
必交託親人於兼士，即便非兼之人也必託之於兼士，也就是說人情是擇別取
兼的。不僅擇士如此，擇君亦如此，墨子認爲：「天下無愚夫愚婦，雖非兼者，
必從兼君是也。」因爲兼君的表現是：「必先萬民之身，後爲其身，然後可以
爲明君於天下，是故退睹其萬民，飢即食之，寒即衣之，疾病侍養之，死喪

葬埋之。」（〈兼愛下篇〉），兼君的施政是義政，有惠於百姓；別君則反之。所以，從百姓選擇兼士和兼君的結果來看，正因為兼愛有利於人間社會，而且應用於政治上，兼愛是善政的表現，所以人人擇別取兼，由此，益發可以証明兼愛的確是善而可用的，可用而又有利，就是兼愛的目的，也是價值所在。

二、非 攻

　　墨子生當戰國之世，是時如孟子所言：「爭地以戰，殺人盈野；爭城以戰，殺人盈城。」（〈離婁上篇〉）、「父子不相見，兄弟妻子離散。」、「老弱轉乎溝壑、壯者散而之四方者，幾千人矣。」（〈梁惠王下篇〉）天下紛亂擾嚷，攻戰不休，百姓輾轉於溝壑，骨肉離散。墨子眼見此慘狀，基於其熱情救世之精神，及悲天憫人之胸懷，遂起而反戰，主張「非攻」。《莊子・天下篇》云：「墨子汎愛、兼利而非鬥。」非鬥就是非攻。

　　非攻主義是由兼愛思想直接推衍出來的，目的在保障國際間的和平。墨子既然主張兼愛，那麼攻伐之當非乃必然之事。那麼為什麼還要標舉出一種主義呢？梁任公以為當時軍國主義已日見發達，多數人以為國際上道德和個人道德不同，覺得為國家利益起見，無論出什麼惡辣手段都可以。〔註3〕墨子對當時社會風氣大不以為然，他認為雖每一度戰爭中有獲勝者，但循環往復，最後皆受其害，因此戰爭不但不義，而且無利，因此極力非斥戰爭。希望能夠消弭國際間的爭戰，進而實現「愛的國際社會」。〔註4〕

　　因此在〈非攻上篇〉一開頭，墨子便陳述戰爭的不仁不義，墨子說：

　　　　今有一人，入人園圃，竊其桃李，眾聞則非之，上為政者得則罰之，此何也？以虧人自利也。至攘人犬豕雞豚者，其不義又甚入人園圃竊桃李，是何故也？以虧人愈多，其不仁茲甚，罪益厚。至入人欄廄，取人馬牛者，其不仁義又甚攘人犬豕雞豚，此何故也？以其虧人愈多，苟虧人愈多，其不仁茲甚，罪益厚。至殺不辜人也，扡其衣裘，取戈劍者，其不義又甚入人欄廄取人牛馬，此何故也？以其

〔註3〕 同註1，頁12。
〔註4〕 蔡仁厚先生著《墨家哲學》第三章「愛的社會之嚮往：兼愛」有云：「非攻本只是兼愛觀念之引申，行『兼愛』可以實現『愛的人間社會』，而貫徹『非攻』，則更是實現『愛的國際社會』之基本前提。」，頁50。

虧人愈多。苟虧人愈多，其不仁茲甚矣，罪益厚。當此天下之君子，皆知而非之，謂之不義。今至大為攻國，則弗知非，從而譽之，謂之義，此何謂知義與不義之別乎？殺一人，謂之不義，必有一死罪矣。若以此說，往殺十人，十重不義，必有十死罪矣。殺百人，百重不義，必有百死罪矣。當此天下之君子，皆知而非之，謂之不義。今至大為不義，攻國則弗知非，從而譽之，謂之義，情不知其不義也，故書其言，以遺後世。若知其不義也，夫奚說，書其不義，以遺後世哉？今有人於此，少見黑曰黑，多見黑曰白，則以此人不知白黑之辯矣。少嘗苦曰苦，多嘗苦曰甘，則必以此人為不知甘苦之辯矣。今小為非，則知而非之；大為非攻國，則不知非，從而譽之，謂之義，此可謂知義與不義之辯乎？是以知天下之君子也，辯義與不義之亂也。

墨子痛陳攻國乃虧人最大者，為最大之不義，故攻伐之不合理，至為明顯。然而一般人對「小不義」則知其非，對「大不義」反不知其非，是所謂「明小物而不明大物」，﹝註5﹞因此墨子說：「今有人於此，少見黑曰黑，多見黑曰白，則以此人不知白黑之辯矣。今小為非，則知而非之，大為非攻國，則不知非，從而譽之，謂之義，此可謂知義與不義之辯乎？」因此墨子力主非攻。墨子雖然極力抨擊攻伐乃類乎盜賊之行為，為大不義，而嗜攻伐者卻往往以攻伐可獲利為理由，墨子乃在論攻伐為「不義」之後，進而言其「無利」。〈經上篇〉說：「義，利也。」義便是利，「義是名，利是實，義是利的美名，利是義的實用。」﹝註6﹞在墨家看來義、利是一體的，嚴靈峰先生即謂：「墨子之『愛』，即是從反面為『利』；其為『義』，亦就是避『害』。是則『利』生於『愛』，『害』免於『義』。……『義，利也。』則是『愛』與『義』、『利』相為表裡；無義、利，不足以表現其仁交愛；無仁、愛，亦不足達到其『義』、『利』。墨子以仁、愛、義、利互為聯鎖。」﹝註7﹞故〈非攻中篇〉又說：

今師徒唯毋興起，冬行恐寒，夏行恐暑，此不可以冬夏為者也。春則廢民耕稼樹藝，秋則廢民穫斂；今唯毋廢一時，則百姓飢寒凍餒

﹝註5﹞ 胡適之先生：「天下人無論怎樣高談仁義道德，若不肯『非攻』，便是『明小物而不明大物』。」見氏著：《中國古代哲學史》，頁149。

﹝註6﹞ 同前註。

﹝註7﹞ 參見嚴靈峰先生編著：《墨子簡編》，五「墨子的思想體系及其功利主義」，頁38。

而死者，不可勝數。今嘗計軍出，竹箭、羽旄、幄幕、甲盾撥劫，往而靡腑冷不反者，不可勝數。又與矛戟、戈劍、乘車，其列住碎折靡弊不反者，不可勝數。與其牛馬，肥而往，瘠而反，往死亡而不反者，不可勝數。與其涂道之脩遠，糧食輟絕而不繼，百姓死者，不可勝數也。與其居處之不安，食飯之不時，飢飽之不節，百姓之道疾病而死者，不可勝數。喪師多不可勝數，喪師盡不可勝計，則是鬼神之喪其主后，亦不可勝數，國家發政，奪民之用，廢民之利，若此甚眾。然而何爲爲之？曰：「我貪伐勝之名。及得之利，故爲之。」子墨子言曰：「計其所自勝，無所可用也；計其所得，反不如喪者之多。」……古者封國於天下，尚者以耳之所聞，近者以目之所見，以攻戰亡者，不可勝數。

將攻伐爭戰所帶來的不幸和災難，即其不利，描敘得淋漓盡致。所以，攻伐是不能不非的。

儒、墨兩家都反戰，儒家以「不仁義」反對戰爭，墨家則以「不義」、「不利」主張非攻，但儒墨兩家都不是全盤主張弭兵的，在某種情況下，是贊許誅討的。怎麼樣的情況是許誅呢？墨子舉了禹征有苗、湯誅桀、武王伐紂的事蹟來說明古聖王奉天之命而誅不義，並不是爲爭權奪利而攻伐，而是因爲有苗、桀、紂等違天之命，暴虐無道，是爲不義，故伐之。聖王以有義攻不義，是誅而非攻，所以墨子說：「若以此三聖王者觀之，則非所謂攻，乃所謂誅。」（〈非攻下篇〉）。聖王奉天之命弔民伐罪，這是義，是兼，和非攻之旨並不相違背。所以墨子不主張攻伐無辜，卻贊成誅討有罪。儒家的孟子也有相同的看法：

齊宣王問曰：「湯放桀，武王伐紂，有諸？」孟子對曰：「於傳有之。」曰：「臣弒其君可乎？」曰：「賊仁者謂之賊，賊義者謂之殘；殘賊之人謂之一夫，聞誅一夫紂矣，未聞弒君也。」（〈梁惠王下篇〉）

桀、紂乃殘賊仁義之人，是爲獨夫暴君，人人得鳴鼓而攻之，討而誅之，非所謂攻，乃所謂誅也。

墨子不但主張非攻，而且注重「守圉」。他雖然反對爭戰，但也鼓勵弱小國家備戰自衛。爲了改善國際間的攻伐和不義，墨子是有具體辦法的：

則夫好攻伐之君，又飾其說曰：我非以金玉子女壤地爲不足也。我欲以義名立於天下，以德求諸侯也。子墨子曰：今若有能以義名立

於天下，以德求諸侯者，天下之服，可立而待也，夫天下處攻伐久
矣。譬若僮子之爲馬然，今若有能信効，先利天下諸侯者，大國之
不義也，則同憂之，大國之攻小國也，則同救之，小國城郭之不全
也，必使修之，布帛之絕則委之，幣帛不足則共之，以此効大國，
則小國之君說。人勞我逸，則我甲兵強，寬以惠、緩易急、民必移，
易攻伐以治我國，功必倍。量我師舉之費，以爭諸侯之斃，則必可
得而厚利焉，督以正，義其名，必務寬吾眾，信吾師，以此授諸侯
之師，則天下無敵矣。其爲下不可勝數也。此天下之利，而王公大
人，不知而用，則此可謂不知利天下之巨務矣。（〈非攻下篇〉）

墨子認爲對付好攻伐的大國國君，作法是「同憂大國之不義，同禦大國之攻
小國」，亦即統一小國的意志，對大國聯合作戰。至於對命運相同的小國，則
鼓勵它們備戰自衛，更呼籲小國之間要互助自保，彼此助修城郭，委輸布粟、
供給幣帛，實行國防、經濟上的合作。他組織了一個打抱不平的團體，竭盡
心力精研防禦之術，製作防守器械，《墨子》〈備城門〉至〈雜守〉十一篇，
講的都是迎敵守禦的兵法。墨子以實際行動，冒生命危險，奔走各國，或勸
各諸侯攻伐爲義所不許，或派其弟子持守禦器械，幫助弱小國家迎敵禦寇。
所以，墨子不是空談弭兵非攻的，非攻也不僅只是一種理想、一種理論，落
實在現實生活中，非攻是切實地有「利」人生行爲的。他的目的是造成一「愛
的國際社會」，使百姓免於攻伐之不利，反言之，使百姓獲得和平幸福之大利。

墨子非斥攻伐，最主要的原因，還是因爲發以爲刑政，不利天下百姓。
戰爭不僅對被攻者不利，對攻人國者也同樣不利，〈非攻下篇〉說：

今王公大人、天下之諸侯，則不然，將必皆差論其爪牙之士，皆列
其舟車之卒伍，於此爲堅甲利兵，以往攻伐無罪之國，入其國家邊
境、芟刈其禾稼，斬其樹木、墮其城郭，以湮其溝池，攘殺其牲牷，
燔潰其祖廟，勁殺其萬民，覆其老弱，遷其重器，卒進而極平鬥曰：
死命爲上，多殺次之，身傷者爲下，又況失列北橈乎哉？罪死無赦，
以憚其眾，夫無兼國覆軍，賊虐萬民，以亂聖人之緒，意將以爲利
天乎？夫取天之人，以攻天之邑，此刺殺天民，剝振神之位，傾覆
社稷，攘殺其犧牲，則此上不中天之利矣。意將以爲利鬼乎？夫殺
天之人，滅鬼神之主，廢滅先王，賊虐萬民，百姓離散，則此中不
中鬼之利矣。意將以爲利人乎？夫殺之人爲利人也薄矣，又計其費，

此爲周生之本，竭天下百姓之財用，不可勝數也，則此下不中人之
利矣。

這一段話主要是指被攻者的不利：「上不中天之利，中不中鬼之利，下不中人
之利。」即「三利無所利」。至於攻人國者，墨子認爲也是不利的。〈非攻下
篇〉墨子對攻人國者之不利更進而詳細論道：

今夫師者之相爲不利者也。曰：將不勇、士不奮、兵不利、教不習、
師不衆，率不和、威不圉、圍之不久，爭之不疾、係之不强、植心
不堅、與國諸侯疑。與國諸侯疑，則敵生慮而意贏矣。偏具此物，
而致從事焉，則是國家失足，而百姓易務也。

今不嘗觀其說好攻伐之國，若使興師，君子、庶人也，必且數千，
徒倍十萬，然後足以師而動矣。久者數歲，速者數月是上不暇聽治，
士不暇治其官府，農夫不暇稼穡，婦人不暇紡績織紝，則是國家失
卒，而百姓易務也。然而又與其車馬之罷獘也，幔幕帷蓋，三軍之
用，甲兵之備，五分而得其一，則猶爲序疏矣。然而又與其散亡道
路，道路遼遠，糧食不繼傺，食飲無時，廁役以此，飢寒凍餒疾病，
而轉死溝壑中者，不可勝計也，此其爲不利於人也。

所以墨子說：「所攻者不利，而攻者亦不利，是兩不利也。」（〈公孟篇〉）。並
嘗對魯陽文君譬之以「童子騎竹馬」來加以曉喻：

大國之攻小國，譬猶童子之爲馬也。童子之爲馬，足用而勞。今大
國之攻小國也。攻者，農夫不得耕，婦人不得織，以守爲事。攻人
者，亦農夫不得耕，婦人不得織，以攻爲事。故大國之攻小國也，
譬猶童子之爲馬也。（〈耕柱篇〉）

墨子認爲攻伐對彼此都是一種傷害。即使强者僥倖獲勝，早晚也必蒙其禍，
像吳王闔閭、夫差好攻戰，終亡於越；晉國智伯尚兼并，終爲韓趙魏三家所
滅。實在是損人不利己，墨子當然是要非斥，要反對到底。

墨子所謂的攻伐之不利，是指雙方的，不僅就攻伐者之不利著眼，也可
以包括被攻者的不利。詳言之，攻伐是不能普遍有利的，所以攻伐是不利天
下的。〈非攻中篇〉：

飾攻戰者言曰：南則荊吳之王，北則齊晉之君，始封於天下之時，
其土城之方，未至有數百里也，人徒之衆，未至有數十萬人也。以
攻戰之故，土地之博，至有數千里也，人徒之衆，至有數百萬人，

故當攻戰而不可不爲也。

子墨子言曰：雖四五國，則得利焉，猶謂之非行道也。譬若醫之藥
人之有病者然，今有醫於此，和合其祝藥之於天下之有病者而藥之，
萬人食此，若醫四、五人得利焉，猶謂之非行藥也。故孝子不以食
其親，忠臣不以食其君。

墨子認爲荊、吳、齊、晉原是小國，因攻伐而爲大國。但攻伐也僅利少數大國，
不能對普天下所有國家有利，所以攻伐非行道，就如同醫藥若僅對四、五人有
效，不能普遍地有效，終非行藥。所以攻伐絕非可行之道。因此墨子說：

天下之害厚矣！而王公大人，樂而行之，則此樂賊滅天下之萬民也。
豈不悖哉？（〈非攻下篇〉）

王公大人若樂於攻伐，就等於樂滅天下之萬民，因此攻伐將造成天下之大害，
造成整個天下之不利，所以墨子必非斥之。

最後墨子下一結論道：

是故子墨子曰：今且天下之王公大人士君子，中情將欲求興天下之
利，除天下之害，當若繁爲攻伐，此實天下之巨害也。今欲爲仁義，
求爲上士，尚欲中聖王之道，下欲中國家百姓之利，故當若非攻之
爲說，而將不可不察者此也。（〈非攻下篇〉）

戰爭攻伐於義不可、於利無所得，乃天下之大害。《墨子》書中經常愛、利並
舉，「愛人者人亦從而愛之，利人者人亦從而利之。」（〈兼愛中篇〉）若能相
愛，則兩相蒙其利，所以說：「兼相愛、交相利。」反之若互相攻伐，互相殘
賊，人人虧人而自利，則必兩相蒙其害，變成交相惡交相賊，因此君子若要
興「利」除害，不可不非攻。站在實利的觀點來看，「古者王公大人情欲得而
惡失，欲安而惡危，故當攻戰而不可不非。」（〈非攻中篇〉），攻伐之必非，
攻戰之不義不利，放諸四海而皆準也。

第二節　表現在政治行爲上

一、尚　賢

春秋戰國之際，以身份爲主的封建政治結構日漸崩壞，墨子遂起而倡導
「尚同」、「尚賢」的政治主張。墨子提倡尚賢除了是對當時現實政治有所不

滿之外，另一重要理由，乃是因為王公大人習用親戚、故舊、容色姣好者，平民之賢者，能躋身政治舞台者，其數甚少。當時政權多半把持在貴族手上，國君用人，以宗戚是尚，嬖倖是用，誠如胡適之先生所說：「那時的貴族政治還不曾完全消滅。雖然有些奇才傑士，從下等社會中跳上政治舞台，但是大多數的權勢終在一般貴族世卿手裡，就是儒家論政，也脫不了『貴貴』『親親』的話頭。墨子主張兼愛，就是反對種種家族制度和貴族政治。」〔註8〕因此墨子極力反對官祿世及之貴族政治、私倖政治。〈尚賢中篇〉說：

> 今王公大人，有一衣裳不能制也，必藉良工，有一牛羊不能殺也，必藉良宰，故當若之二物者，王公大人，未知以尚賢使能為政也。逮至其國家之亂，社稷之危，則不知尚賢使能以治之，親戚則使之，無故富貴，面目佼好，則使之。夫無故富貴，面目佼好，則使之，豈必智且有慧哉？若使之治國家，則此使不智慧者治國家也，國家之亂，既可得而知已。且夫王公大人有所愛其色而使之，其心不察其知，而與其愛，是故不能治百人者，使處乎千人之官，不能治千人者，使處乎萬人之官。此其故何也？曰：「處若官者，爵高而祿厚，故愛其色而使之焉。」

〈尚賢下篇〉又說：

> 今王公大人，其所富，其所貴，皆王公大人骨肉之親，無故富貴，面目美好者也。今王公大人骨肉之親，無故富貴，面目美好者，焉故必知哉？若不知使治其國家，則其國家之亂，可得而知也。今天下之士君子，皆欲富貴而惡分貧賤。然女何為而得富貴而辟貧賤哉？曰：莫若為王公大人骨肉之親，無故富貴，面目美好者。王公大人骨肉之親，無故富貴，面目美好者，此非可學能者也。使不知辯，德性之厚，若禹湯文武，不加得也。王公大人，骨肉之親，躄瘖聾瞽暴如桀紂，不加失也。是故以賞不當賢，罰不當暴；其所賞者，已無故矣；其所罰者，亦無罪。是以使百姓皆攸心解體，沮以為善。垂其股肱之力，而不相勞來也；腐臭餘財，而不相分資也；隱慝良道，而不相教誨也。若此，則飢者不得食，寒者不得衣，亂者不得治。

這兩段話都是抨擊當時的貴族政治。前一段墨子大肆譏彈昔時王公大人「皆明於小，而不明於大。」第二段則論及王公大人泥於「親戚則使之，無故富

貴,面目姣好則使之」,對此情形,深惡痛絕。因爲王公大人一意阿私骨肉之親,無故富貴,面目美好者,這些人又多不能明辨是非曲直,因此使得政治賞罰失當,影響所及是「百姓攸心解體,沮以爲善,垂其股肱之力,不相勞來」、「腐臭餘財,不相分資」、「隱慝良道,不相教誨」、「饑者不得食,寒者不得衣,亂者不得治」,天下焉有不亂之理?

墨子眼見私倖政治、貴族政治其弊如是深,乃深深體會到選賢與能對治國的重要。〈親士篇〉說:「非賢無急,非士無與慮國、緩賢忘士,而能以其國有者,未曾有也。」可見,賢士實乃「國家之珍、社稷之佐。」(〈尚賢上篇〉)國無賢才或無賢才居上治國,則國不能長存,人民生命必無保障,因此立國之本,首在尚賢。墨子既非斥貴族政治,「非人者必有以易之」,乃具體提出「尚賢」主張,以爲理治之方,期能救弊補偏。「尚賢」就是尚賢使能爲政,賢士對於國家社會的重要性,在〈尚賢〉上、中兩篇再三提及:

> 今者王公大人,爲政於國家者,皆欲國家之富、人民之眾、刑政之治,然而不得富而得貧,不得眾而得寡,不得治而得亂,則是本失其所欲,得其所惡,是其故何也?子墨子言曰:是在王公大人,爲政於國家者,不能以尚賢事能爲政也。是故國有賢良之士眾,則國家之治厚;賢良之士寡,則國家之治薄。

> 子墨子言曰:今王公大人之君人民、主社稷、治國家,欲修保而勿失,故不察尚賢爲政之本。何以知尚賢之爲政本也?曰:「自貴且智者爲政乎愚且賤者則治;自愚且賤者爲政乎貴且知者則亂。是以知尚賢之爲政本也。」

因此墨子堅決主張「尚賢」之道,惟有進賢使能才能使國治,若是國中愚且賤者,爲政於貴且知者,則國家之治薄,甚而大亂。然而,如何進賢使爲政?墨子是有具體辦法的。他說:「大人之務,將在於眾賢而已。」(〈尚賢上篇〉)所謂「眾賢」也就是舉賢抑不肖,以使人民相率爲賢。更具體的說:

> 然則眾賢之術將奈何哉?子墨子曰:「譬若欲眾其國之善射御之士者,必將富之貴之,敬之譽之,然后國之善射御之士,將可得而眾也。況又有賢良之士,原乎德性,辯乎言談,博乎道術者乎,此固國家之珍,而社稷之佐也,亦必且富之貴之,敬之譽之,然后國之良士,亦將可得而眾也。」(〈尚賢上篇〉)

墨子認爲對賢良之士,富之、貴之、敬之、譽之,可以眾賢。也就是「凡我

國之忠信之士，我將賞貴之，不忠信之士，我將罪賤之。」(〈尚賢下篇〉)。
人都是懷賞避罰的，如此則上下一致，自然可形成普遍爲賢的風氣，不僅達
到進賢的目的，更進而可教人爲賢。所以說「上之所以使下者，一物也；下
之所以事上者，一術也。」(〈尚賢上篇〉)。另外，墨子認爲眾賢之術要「置
三本」，〈尚賢中篇〉說：

> 何謂三本？曰：「爵位不高，則民不敬也。蓄祿不厚，則民不信也。
> 政令不斷，則民不畏也。」故古聖王高予之爵，重予之祿，任之以
> 事，斷予之令，夫豈爲其臣賜哉？欲其事之成也。

所謂三本即「高予之爵，重予之祿，任之以事」。如此可使民信之、畏之，收
政治之效，而賢士受此禮遇，焉有不爲國效命者乎？那麼其事必可成，國必
可治。

墨子舉了許多古聖先王「尚賢使能」爲政的事蹟，來証明尚賢不是不能
做到的。而且尚賢爲政確有其功效，如〈尚賢上篇〉說：

> 是故古者聖王之爲政也，言曰：「不義不富，不義不貴，不義不親，
> 不義不近。」是以國之富貴人聞之，皆退而謀曰：「始我所恃者，富
> 貴也，今上舉義不辟貧賤，然則我不可不爲義。」親者聞之，亦退
> 而謀曰：「……。」近者聞之，亦退而謀曰：「……。」遠者聞之，
> 亦退而謀曰：「……。」逮至遠鄙郊外之臣，門庭庶子，國中之眾，
> 四鄙之萌人聞之，皆競爲義。……故古者聖人之爲政，列德而尚賢，
> 雖在農與工肆之人，有能則舉之，高予之爵，重予之祿，任之以事，
> 斷予之令。……故官無常貴，而民無終賤。……舉公義，避私怨，
> 此若言之謂也。

〈尚賢中篇〉又說：

> 古者聖王，甚尊尚賢，而任使能，不黨父兄，不偏富貴，不嬖顏色，
> 賢者舉而上之，富而貴之，以爲官長，不肖者抑而廢之，貧而賤之，
> 以爲徒役。……然則富貴爲賢，以得其賞者，誰也？曰：若昔者三
> 代聖王堯、舜、禹、湯、文、武者是也。所以得其賞，何也？曰：
> 其爲政乎天下也，兼而愛之，從而利之。……

墨子舉古聖王爲政爲例，雖不免有託古之嫌，然而考諸墨子之用心，誠如蕭
公權先生所說：

> 墨子尚賢，就大體論，乃於封建末世之舊制度中寓機會平等之新原

　　則，非蕩平階級，泯尊卑貴賤之等差也。……墨子所注重者，官無
　　常貴，民無終賤之機會平等，所提倡者以才能定身分之合理標準，
　　而所欲廢置者親親愛私之不合理政策而已。〔註9〕

尚賢的根本精神就在「官無常貴，民無終賤」之理想之實踐，要打破統治者
與被統治者之間身份的鴻溝，就唯有以「眾賢」的標準來代替。〔註10〕尚賢
使能的政治，是富貴為義者，親近為義者，人人均欲趨利避害，自然就競相
為義以求富貴。古聖王尚賢使能為政，「不黨父兄，不偏富貴，不嬖顏色」，
人人各憑本事，競相為義，公平合理的取得富貴，所以三代聖王富貴為賢，
得天之賞，為天所舉尚。墨子也以此希望王公大人以古聖王為法，所以他說：
「得意賢士不可不舉，不得意賢士不可不舉，尚欲祖述堯舜禹湯之道，將不
可以不尚賢，夫尚賢者，政之本也。(〈尚賢上篇〉)，《墨子》書〈尚賢〉、〈親
士〉兩篇一再申言三代聖王，因尊賢而得昌，三代暴王因不尊賢而國亡的史
實，可為當時王公大人之殷鑒，雖不免託古立說，但墨子的苦心可知矣。

　　尚賢為政有何功效呢？墨子以堯、舜、禹、湯、文、武古聖先王行尚賢
使能作例子，他們因行「尚賢」之道，所以興治天下。〈尚賢下篇〉說：

　　是故昔者堯之舉舜也，湯之舉伊尹也，武丁舉傅說也，豈以為骨肉
　　之親，無故富貴，面目美好者哉？惟法其言，用其謀，行其道，上
　　可而利天，中可而利鬼，下可而利人。是故推而上之，古者聖王，
　　既審尚賢，欲以為政，故書之竹帛，琢之槃盂，傳以遺後世子孫。

墨子認為尚賢之道，發以為刑政，可收「上可利天，中可利鬼，下可利人」
的功效。如何利天、利鬼、利人？〈尚賢中篇〉更詳細闡述道：

　　賢者之治國也，蚤朝晏退，聽獄治政，是以國家治而刑法正，賢者
　　之長官也，夜寢夙興，收斂關市山林澤梁之利，以實官府，是以官
　　府實而財不散。賢者之治邑也，蚤出莫入，耕稼樹藝聚菽粟，是以
　　菽粟多而民足乎食。故國家治則刑法正，官府實則萬民富，上有以
　　潔為酒醴粢盛，以祭祀天鬼，外有以為皮幣與四鄰諸侯交接。內有
　　以食飢息勞，將養其萬民，外有以懷天下之賢人，是故上者天鬼富

〔註9〕見蕭公權先生著：《中國政治思想史》，第四章第五節「尚賢」，頁150。
〔註10〕業師周富美教授著之〈墨子的實學〉(二)(3)「尚賢與實用主義」中提及：
　　　　「他認為統治階級與被統治階級之間的不合理的劃分是可以改變的。這不但是
　　　　政治問題，也是社會問題。要打破這一階級的鴻溝，須以『眾賢』標準代替。」

之，外者諸侯與之，內者萬民親之，賢人歸之。以此謀事則得，舉
事則成，入守則固，出誅則彊。

可說將賢人政治之功效，述說得極為清楚。反之，若王公大人一味任用「骨
肉之親、無故富貴、面目美好者」為政，而這些人的才能如與他們的官職不
相稱，那後果真不堪設想，如〈尚賢中篇〉所謂：

且夫王公大人，有所愛其色而使，其心不察其知，而與其愛，是故
不能治百人者，使處乎千人之官，不能治千人者，使處乎萬人之官，
此其故何也？曰：處若官者，爵高而祿厚，故愛其色而使之焉。夫
不能治千人者，使處乎萬人之官，則此官什倍也。夫治之法將日至
者也，日以治也，日不什脩，知以治之，知不什益，而予官什倍，
則此治一而棄其九矣。

如果「愚且賤者為政乎貴且智者」，那麼政績將是「治一而棄其九」，天下豈
不大亂？所以墨子堅決主張，要實行尚賢。如墨子所言：「且今天下之王公大
夫士君子，中實將欲為仁義，求為上士，上欲中聖王之道，下欲中國家百姓
之利，故尚賢之為說，而不可不察者也。尚賢者，天鬼百姓之利，而政之本
也。」要謀求「最大多數的最大幸福」，〔註11〕非實行「尚賢」之道不可。

二、尚　同

「尚賢」與「尚同」是墨子的政治思想，尚賢是施行賢人政治的「方法」，
尚同則是「標準」。〔註12〕所謂尚同，依胡適之先生的說法，尚同並不是推
尚大同，尚同的「尚」字，不是「尚賢」的尚字，尚同的尚字，和「上下」
的上字相通，是一個狀詞，不是動詞，尚同乃是「取法乎上」的意思，最後
尚同於「天」。胡先生並且認為墨子提倡「尚同」，是想用「天」來統一中國。
〔註13〕

尚同是統治者逐層所取法的是非標準。墨子之世，政治混亂，兵禍連年，

〔註11〕　胡適之先生說：「可見墨子說的『利』，不是自私自利的『利』，是『最大多數
的最大幸福。』」，同註5，頁150

〔註12〕　同註10，（二）（4）「尚同與實用主義」，頁108。

〔註13〕　胡適之先生說：「墨子生在春秋時代之後，眼看諸國相攻伐，不能統一。那王
朝的周天子，是沒有統一天下的希望的了。那時『齊晉楚越四分中國』，墨子
是主張非攻的人，更不願四國之中那一國用兵力統一中國。所以他想要用『天』
來統一天下。」同註5，第四章第九「尚同」，頁152。

墨子爲救時補弊，故於社會之演進──亦即國家的起源，提出他的解釋，來推展其尚賢、尚同之理想政治。國家刑政的起源，墨子認爲是：

> 古者民始生，未有刑政之時，蓋其語，人異義，是以一人則一義，二人則二義，十人則十義。其人茲眾，其所謂「義」者亦茲眾。是以人是其義，以非人之義，故交相非也。是以內者父子兄弟作怨惡，離散不能相和合，天下之百姓，皆以水火毒藥相虧害，至有餘力，不能以相勞，腐朽餘財，不以相分，隱匿良道，不以相教，天下之亂，若禽獸然。（〈尚同上篇〉）

墨子推想先民在未有刑政時，各自爲政，一人一義，二人二義，十人十義。人是其義，而非人之義，所謂「交相非」也。交相非的結果，小自家中父子兄弟彼此怨惡，人倫失調；大至天下之百姓，則以水火毒藥相虧害，天下亂如禽獸般。是以墨子說：

> 夫明乎天下之所以亂者，生於無政長。是故選天下之賢可者，立以爲天子。（〈尚同上篇〉）

〈尚同下篇〉也說：「是故天之欲同一天下之義也，是故選擇賢者，立爲天子。」「天」爲了要「同一天下之義」以停息紛爭，所以選立賢者爲「天子」。〔註14〕天雖然選立了天子，以爲政長，然而天下遼闊，事務龐雜，天子一人日理萬機，力有未逮，以在天子底下又設立各階級，各階級均選立賢者，立爲政長。天子而外，以下各級政長的產生，〈尚同〉上、中、下三篇載之甚詳：

> 天子以其知力，爲未足獨治天下，是以選擇其次，立爲三公。三公又以其知力，爲未足獨左右天子也，是以分國建諸侯。諸侯又以其

〔註14〕有關天子之選立，究爲天或人民選立？眾說紛紜。梁任公以爲純由公民同意所造成，乃民選之。陳顧遠之《墨子政治哲學》與梁氏採略同的看法。持相反意見，以爲由天選立者，有蕭公權、陳啓天、王冬珍諸人。蕭氏之說可爲代表：「按墨子既無民選之明文，而其思想系統以及歷史背景均無發生民選觀念之可能，吾人如強作解人，斷其必有，恐不免厚誣墨子。蓋當刑政未有之時，人各異義，相互爭殘，孰信此『亂如禽獸』之民，能詢謀僉同選立賢者而共戴之乎？故曰：民選之說，與墨子之思想不合也。吾國古代傳說有傳賢禪位之事，然民選君長則絕未之聞。故以孟子之貴民，雖有得乎丘民爲天子之論，而一究其實，亦不過承認人民於傳賢傳子人選既定之後，有表示歸心與否之機會，非謂人民可以遷擇賢可，更非謂人民於政長未立之初，能於萬眾之中慎選而推定一人以爲天下之元后也。故曰民選之說爲歷史背景所不許也。」（《中國政治思想史》），此說法，將墨子思想系統及歷史背景作一有理之分析，足以推翻梁、陳二氏人民選立天子之說。

知力，爲未足獨治其四境之內也，是以選擇其次，立爲卿之宰。卿
之宰又以其知力，爲未足獨左右其君也，是以選擇其次，立而爲鄉
長家君。(〈尚同下篇〉)

明乎民之無正長，以一同天下之義，而天下亂也。是以選擇天下賢
良聖知辯慧之人，立以爲天子，使從事乎一同天下之義。天子既以
立矣，以爲唯其耳目之請，不能獨一同天下之義，是故選擇天下贊
閱賢良聖知辯慧之人，置以爲三公，與從事乎一同天下之義。天子
三公既已立矣，以爲天下博大，山林遠土之民，不可得而一也。是
故靡分天下，設以爲萬諸侯國君：使從事乎一同其國之義。國君既
已立矣，又以爲唯其耳目之請，不能一同其國之義，是故擇其國之
賢者，置以爲左右將軍大夫，以遠至乎鄉里之長，與從是乎一同其
國之義。(〈尚同中篇〉)

天子立，以其力爲未足，又選擇天下之賢可者，置立之以爲三公，
天子三公既已立，以天下爲博大，遠國異土之民，是非利害之辯，
不可一二而明知，故畫分萬國，立諸侯國君，諸侯國君既已立，以
其力爲未足，又選擇其國之賢可者，置立之以爲正長。(〈尚同上篇〉)

從這三段話，我們可以看出各級正長的產生，都是因爲在上位者覺得自己「其
力爲未足」才設置的。各級正長均是「賢可者」、「賢良、聖知、辯慧」之人，
爲他們那一階級中的賢可仁人。同時，其中又包含了行政區域和人事系統的
劃分，統言之可謂墨子的政治體系。行政區域爲：天下——國——鄉——里
——家。人事系統則以天子爲最高的統治者，三公爲天子之輔佐者；其次諸
侯國之國君，將軍、大夫爲國君之輔佐者；再次爲鄉長、里長、家君，構成
宛如「金字塔式的政治組織」。〔註15〕

　　從天子以迄於家君的選立，其目的均爲了「一同其義」，因此各級正長選
立之後，政治的最高統治者——天子，就發號施令，以使天下有同是同非。〈尚
同中篇〉說：

天子爲發政施教曰：「凡聞見善者，必以告其上，聞見不善者，亦必
以告其上，上之所是，亦必是之，上之所非，亦必非之。已有善，
傍薦之；上有過，規諫之。尚同義其上，而毋有下比之心。上得則

────────────

〔註15〕語見陳師問梅著：《墨學之省察》，中編第二章、第二節「尚同之政治機構及
　　　　其所以一同天下之義」，頁162。

賞之，萬民聞則譽之。意若聞見善，不以告其上，聞見不善，亦不以告其上。上之所是不能是；上之所非不能非。己有善，不能傍薦之；上有過，不能規諫之，下比而非其上者，上得則誅罰之，萬民聞則非毀之。故古者聖王之爲刑政賞譽也，甚明察以審信，是以舉天下之人，皆欲得上之賞譽，而畏上之毀罰。」

是故里長順天子之政，而一同其里之義。里長既同其里之義，率其里之萬民，以尚同乎鄉長。……鄉長治其鄉，而鄉既已治矣，有率其鄉萬民，以尚乎國君。……國君治其國，而國既已治矣，有率其國之萬民，以尚同乎天子。……察天子之所以治天下者，何故之以也。曰：唯以其能一同天下之義，是以天下治。

從天子以迄於鄉、里長之政治規範，可歸納爲四點：一、聞見善與不善必以告其上。二、以上之所是爲是，所非爲非。三、己有善，傍薦之；上有過，規諫之。四、上同而不下比。天子是天下之最賢可者，其「爲刑政賞譽，甚明察以審信」，所以才能「上之所是，亦必是之；上之所非，亦必非之。」要求是非上之是非，使人信從。從天子以降，各級政長又必須與上級政長同一其義，所以墨子的「尚同」主張，其實內蘊賢人政治，完全是以「尚賢」爲其根本。各級政長均爲賢人，才能要求大眾與政長同一其義。正如蕭公權先生所謂：「蓋君長之所以能治民，由其能堅持公利之目標，以爲尚同之準繩。若君長不克盡此基本之責任，則失其所以爲君長而無以治。」〔註16〕各級政長正因其能行義，以公利爲目標，故爲各級之政長；既爲各級之政長，因其爲行義之賢者，故可爲大眾行義之規範，大眾也才能信服，一同其義。所以根本上尚同是以尚賢爲基礎。而尚同的政治規範——「上同而不下比」，就是要求大眾學習各級政長，但不是盲目的服從，「上有過，則規諫之」，所以尚同可以說是齊「義」的不二法門。墨子認爲建立政治機構之基本目的，原在於建立一共同的標準，有了一個共同標準，各級政長率其大眾一同其義，就如同「絲縷之有紀，而罔罟之有綱也。」（〈尚同中篇〉），所以墨子說：「唯能以尚同一義爲政，然後可矣。」（〈尚同下篇〉）唯有天下齊義，才能平亂止禍，天下治矣。也唯有「尚同」與「尚賢」相輔爲用，才是理想的政治典範。

然而天子秉承天之意志爲政於天下，所以尚同不只是尚同於天子而已，還必須尚同於「天」。天子雖是現實政治的最高統治者，但他的一切施政作爲，

〔註16〕同註9，第三節「尚同」，頁143。

還是必須以天意爲依歸，所以：「天子又總天下之義，以尙同於天。」〔註17〕
尙同的終極在「尙同於天」，而不只是天子。

　　另一方面，墨子深怕現實政治中的天子，權限太大，變成專制，所以拿
天志來範圍天子，以防其逾矩，如不以天的意志爲依據，那麼必將受天之罰，
因此，墨子又說：「天子未得次己而爲政，有天正之。」（〈天志上篇〉）、「夫
既尙同乎天子，而未上同乎天者，則天菑將猶未止也。故當若天降寒熱不節，
雪霜雨露不時，五穀不孰，六畜不遂，疾菑戾疫，飄風苦雨、薦臻而至者，
此天之降罰也，將以罰下人之不尙乎天者也。」（〈尙同中篇〉）、「順天意者，
兼相愛，交相利，必得賞，反天意者，別相惡，交相賊，必得罰。」（〈天志
上篇〉）墨子認爲天下之人尙同天子，而不尙同於天，則必將遭受雪、霜、雨、
露不時，五穀不熟之責罰。墨子要人尙同於天，主要的原因，還是在「義自
天出」，墨子認爲天子、君、父母猶不足爲法則，唯天之義可爲法則，天下萬
民尙同於天，則皆以天之義爲行爲、思慮之法儀，如此，可消除「一人一義，
十人十義」的混亂狀況，人人尙同天之義，再透過尙同的政治組織、政治規
範，落實於人間社會則必可「一同天下之義」，所以胡適之先生說：「墨子的
宗教以『天志』爲起點，以『尙同』爲終局。天志就是尙同，尙同就是天志。」
〔註18〕天志和尙同關係密切，其實墨學十論彼此間都有著不可分割的關係。

　　古聖王就是不敢違背天意，以「尙同」爲政的好例子，〈尙同中篇〉說：

> 古者聖王，明天鬼之所欲，而避天鬼之所憎；以求興天下之利。是
> 以率天下之萬民，齋戒沐浴，潔爲酒醴粢盛，以祭祀天鬼。……是
> 故上者天鬼有厚乎其爲正長也，下者萬民有便利乎其爲政長也，天
> 鬼之所深厚而能彊從事焉，則天鬼之福可得也。萬民之所便利，而
> 能彊從事焉，則萬民之親可得也。其爲政若此，是以謀事得，舉事
> 成，入守固，出誅勝者，何故之以也，曰：唯以尙同爲政者也。

依墨子之意：古聖王以尙同爲政，以「求興天下之利，除天下之害」。既以尙
同爲政，則必以天之意志爲根據，那麼古聖王所依據的天之意志爲何？如前
章所述，「天是欲義而惡其不義也。」（〈天志下篇〉）、「天欲人之相愛相利，
而不欲人之相惡相賊也。」（〈法儀篇〉）、「天欲上之強聽治，下之強從事也。」
（〈天志中篇〉）總之，天之意志即義。所以天子效習古聖王，就必須以仁義

〔註17〕《墨子・尙同下篇》。
〔註18〕同註5，第四章第九「尙同」，頁152。

愛利爲政天下，〈尙同下篇〉說：

> 天子亦爲發憲布令於天下之眾，曰：「若見愛利天下者，必以告；若
> 見惡賊天下者，亦以告。」若見愛利天下以告者，亦猶愛利天下者
> 也，上得則賞之，眾聞則譽之。若見惡賊天下不以告者，亦猶惡賊
> 天下者也，上得且罰之，眾聞則非之。是以徧天下之人，皆欲得其
> 長上之賞譽，避其毀罰，是以見善不善者告之。天子得善人而賞之，
> 得暴人而罰之，善人賞而暴人罰，天下必治矣。然計天下之所以治
> 者，何也？唯而以尙同一義爲政故也。

墨子認爲在上者以仁義愛利爲政，上行下效，影響所及，天下同一齊義，則
也必相愛相利，天下平治。如此看來，「尙同」和「天志」又有一層新的關係，
如業師周富美教授所說：「表面上看來，天子是承受天命，代天行道的，他的
行爲須向天負責；實際上，『天志』卻是『尙同』的附庸，他的宗教的種種制
裁，只不過做爲他實現政治社會的後盾罷了。」〔註19〕墨子的「尙同」主義，
目的仍求得政治社會的改良，增進人民的福祉。

那麼以尙同爲政，有什麼具體的政治功效呢？〈尙同中篇〉說：

> 故古者聖王，唯而審以尙同，以爲正長，是故上下誠爲通，上有隱
> 事遺利，下得而利之；下有蓄怨積害，上得而除之。是以數千萬里
> 之外，有爲善者，其室人未徧知，鄉里未徧聞，天子得而賞之。數
> 千萬里之外，有爲不善者，其室人未徧知，鄉里未徧聞，天子得而
> 罰之。是以舉天下之人，皆恐懼振動惕慄，不敢爲淫暴，曰天子之
> 視聽也神。先王之言曰：「非神也，夫唯能使人之耳目，助己視聽；
> 使人之吻，助己言談；使人之心，助己思慮；使人之股肱，助己動
> 作。」助之視聽者眾，則其所聞見者遠矣。助之言談者眾，則其德
> 音之所撫循者博矣。助之思慮者眾，則其談謀度速得矣。助之動作
> 者眾，即其舉事速成矣。故古者聖人之所以濟事成功，垂名於後世
> 者，無他故異物焉，曰，唯能以尙同爲政者也。……古者國君諸侯
> 之聞見善與不善也，皆馳驅以告天子，是以賞當賢，罰當暴，不殺
> 不辜，不失有罪，則此尙同之功也。

歸納其功效有數點：一、上下之情得以相通。二、天子之視聽如神。三、諸
侯國君莫敢紛亂天下之教。四、賞當賢，罰當暴，不殺無辜，不失有罪。如

〔註19〕同註10，（二）（4）「尙同與實用主義」，頁112。

此，天子以其「一視而通見千里之外，一聽而通聞千里之外」（〈尚同下篇〉）
的效率，可以賞罰有據，天子也因能愛利百姓，又有各級賢良政長爲輔，必
可一同天下之義，此即尚同爲政之功效也。所以墨子最後說：

> 今天下王公大人士君子，中情將欲爲仁義，求爲上士，上欲中聖王
> 之道，下欲中國家百姓之利，故當尚同之說，而不可不察。尚因爲
> 政之本而治要也。

故知墨子以「尚同」爲實行賢人攻治之根本。王公大人若欲順天之意，助治
天明而達尚同，又必先愛民利民，因天以愛利萬物爲其本質，所以，以尚同
爲政，必以愛爲先，可見墨子提倡「尚同」，精神仍以仁義愛利爲中心，如
蕭公權先生所謂：「尚同之攻治組織，乃在保障兼愛之施行。」〔註20〕，而
其目的也就是「上中聖王之道，下中國家百姓之利」。百姓獲得大利，國家
平亂得治。

第三節　表現在社會經濟上

一、節　用

墨子於團體生活，有其政治理想；於物質生活，則有其經濟學說。墨子
的經濟學說，其方法在「節用」，而其目的，則在「利」。晚周之國君貴族頗
多縱恣奢淫，不恤民力，如晉作銅鞮之宮；楚有章華之台；鄭伯爲窟室而夜
飲酒；齊人饋女樂而哀公不朝；周景王鑄無射之鐘；衛懿公豢乘軒之鶴；齊
則內寵之妾肆於市而外寵之臣僭令於郡。孟子謂：「庖有肥肉，廄有肥馬，民
有饑色，野有餓殍，此率獸而食人也！」（〈梁惠王上篇〉）孟子與墨子相隔百
年，貧富懸殊現象未見改善。墨子之時，鐵器雖已應用，一切仍係手工生產，
農業初盛，地利無由盡量發展，因此時賢一律皆自消極以言「節用」。墨子亦
然，〈節用上篇〉說：

> 聖人爲政一國，一國可倍也。大之爲政天下，天下可倍也。其倍之，
> 非外取地也；因其國家，去其無用之費，足以倍之。

這個「倍」乃指「利」而言。古聖王「愛民謹忠，利民謹厚。」故其爲政，

〔註20〕蕭公權先生說：「墨子之政治思想既以利害爲起點，亦立爲尚同、天志、明鬼
　　　諸義，以保障兼愛之施行。」同註9，頁141。

其利可倍。然而倍其利的方法，非向外侵略他國取地，若取地則必攻伐，攻伐乃虧不足而取有餘，非義行也，墨子以爲「因其國家去其無用之費」，則利可倍。然而墨子以賤人之生活爲標準，觀察當時當權貴族階級卻是「必厚作斂於百姓，暴奪民衣食之財。」不能生產而徒事浪費，日事奢侈，心中不免憤激，因而大肆抨擊。當時權貴的奢侈生活如何？依墨子所見：

> 以其極賞，以賜無功，虛其府庫，以備車馬衣裘奇怪；苦其役徒，以治宮室觀樂。死又厚爲棺椁，多爲衣裘。生時治台榭，死又脩墳墓，故民苦於外，府庫單於內，上不厭其樂，下不堪其苦。（〈七患篇〉）

可謂其生死均有害於下民也。〈辭過篇〉中更詳述道：

> 當今之主，其爲宮室，則與此異矣。必厚作斂於百姓，暴奪民衣食之財，以爲宮室，台榭曲直之望，青黃刻鏤之飾。爲宮室若此，故左右皆法象之。是以其財不足以待凶饑、振孤寡，故國貧而民難治也。
>
> 當今之主，其爲衣服，則與此異矣。冬則輕煗，夏則輕清，皆已具矣。必厚作斂於百姓，暴奪民衣食之財，以爲錦繡文采靡曼之衣，鑄金以爲鉤，珠玉以爲珮，女工作文采，男工作刻鏤，以爲身服。此非云益煗之情也，單財勞力，畢歸之於無用也。以此觀之，其爲衣服，非爲身體皆爲觀好，是以其民淫僻而難治，其君奢侈而難諫也。夫以奢侈之君，御好淫僻之民，欲國無亂，不可得也。
>
> 今則不然，厚作斂於百姓，以爲美食芻豢蒸炙魚鼈，大國累百器，小國累十器，前方丈，目不能徧視，手不能徧操，口不能徧操，冬則凍冰，夏則飾饐。人君爲飲食如此，故左右象之。是以富貴者奢侈，孤寡者凍餒，雖欲無亂，不可得也。
>
> 當今之主，其爲舟車，與此異也。全固輕利皆已具，必厚作斂於姓，以飾舟車；飾車以文采，飾舟以刻鏤。女子廢其紡織，而修文采，故民寒；男子離其耕稼，而修刻鏤，故民饑。人君爲舟車若此，故左右象之，是以其民饑寒並至，故爲姦衺。姦衺多則刑罰深，刑罰深則國亂。
>
> 當今之君，其蓄私也。大國拘女累千，小國累百。是以天下之男多寡無妻，女多拘無夫，男女失時，故民少。

統治階級於宮室、衣服、飲食、舟車，以及蓄私各方面均如此浪費，此乃暴

奪民衣食之財，而使男女寡拘也。於是墨子力倡「節用」以爲救弊之道。墨子本人未曾使用「經濟」二字，他用的字眼是「節用」。其實希臘文之經濟 economie，拉丁文之經濟 economia，乃至英文之經濟 economy 均含有節省、節約、節儉、節用的意思，也就是「用其所當用，而去其不當用。」所以墨子說：

> 聖王爲政，其發令興事使民用財也，無不加用而爲者；是故用財不
> 費，民德不勞，其興利多矣。（〈節用上篇〉）

墨子提倡節用，目的在充裕民生，極致則爲實行愛利，因要兼愛天下，所以必須去奢崇儉，去其無用之費。所謂「儉節則昌，淫佚則亡，此五者，不可不節。」（〈辭過篇〉）〔註21〕。

墨子提倡節用，其標準，〈節用中篇〉謂：

> 古者聖王制爲節用之法，曰：凡天下群百工，輪車鞻匏，陶冶梓匠，
> 使各從事其所能。曰：凡足以奉給民用則止；諸加費不加于民利者，
> 聖王弗爲。

墨子認爲「奉給民用」乃生活必需品，「加費不加于民利者」則爲奢侈品。所以墨子說：「使民用財也，無不加用而爲者。」（〈節用上篇〉），又說：「凡費財勞力不加利者不爲也」，可見墨子極爲反對奢侈。於是假託古聖王之規定，希望以矯部分之奢侈而用平民爲標準也。〈節用中篇〉古聖王於食、衣、住、行均有所規定：

> 古者聖王，制爲飲食之法，曰：足以充虛繼氣，強股肱，耳目聰明
> 則止，不極五味之調，芬香之和，不致遠國珍怪異物。……俛仰周
> 旋威儀之禮，聖王弗爲。
> 古者聖王制爲衣服之法，曰：冬服紺緅之衣，輕且暖；夏服絺綌之
> 衣，輕且清，則止。諸加費，不加於民利者，聖王弗爲。
> 車爲服重致遠，乘之則安，引之則利，安以不傷人，利以速至，此
> 車之利也。古者聖王，爲大川廣谷之不可濟，於是利爲舟楫，足以
> 將之則止；雖上者三公諸侯至，舟楫不易，津人不飾，此舟之利也。
> 宮室之法，將奈何哉？子墨子曰：其旁可以圉風寒，上可以圉雪霜
> 雨露，其中蠲潔，可以祭祀，宮牆足以爲男女之別，則止；諸加費，
> 不加民利者，聖王弗爲。

〔註21〕《墨子・辭過篇》中所節之五者指「宮室、衣服、飲食、舟車、蓄私」。

此外，對於護身的兵甲也有規定，〈節用中篇〉：

> 古者聖人為猛禽狡獸，暴人害民，於是教民以兵行，日帶劍，為刺
> 則入，擊則斷，旁擊而不折，此劍之利也。甲為衣則輕且利，動則
> 兵且從，此甲之利也。

戰國時代，戰事頻繁，兵甲也是生活必需品。簡言之，墨子提倡節用，就是要去「無用之費」，飲食求其「足以增氣充虛、彊體適腹而已矣」；衣服僅求「適身體、和肌膚而足矣」；至於宮室「便於生，不以為觀樂也」；舟車則只要「全固輕利，可以任重致遠」；蓄私要求不以傷行；甲兵也僅以防衛身體即可，不必太過，否則既是浪費又易引起兵禍，殺伐將造成死亡和損失，戕喪民命，為禍天下，所以「節用」的主張，消極地說就是去其無用之費。

然而墨子不僅注重消費之省儉而已，生產之增加，尤為斤斤於懷。〈七患篇〉說：

> 故雖上世之聖王，豈能使五穀常收，而旱水不至哉？然而無凍餓之
> 民者，何也？其力時急，而自養儉也。故夏書曰：「禹七年水」，殷
> 書曰：「湯五年旱」，此其離凶餓甚矣。然而民不凍餓者何也？其生
> 財密，其用之節也。

所謂「其力時急、其生財密」，就是積極的生產。如前所言，墨子之時，雖已應用鐵器，然仍無充分增加生產之工具，因此惟有在人力方面儘量以求增加效果。因此，積極生產方面，第一：墨子提倡早婚，以為「眾人之道」。人口是一切生產的原動力，也是富庶國家的根源，春秋戰國之際，普遍的現象是「有餘於地而不足於民」，而當時統治階級所行的卻是「寡人之道」。〈節用上篇〉說：

> 今天下為政者，其所以寡人之道多，其使民勞，其籍斂厚，民財不
> 足，凍餓死者，不可勝數也。且大人惟毋興師，以攻伐鄰國。久者
> 終年，速者數月男女久不相見，其所以寡人之道也。

墨子批評昔時天下為政者之「寡人之道」，以為其使民勞，厚斂民財，凍餓而死者，不可勝數也；大國之攻小國，速者數月久者經年，男女不相見，居處不安，飲食不時，疾病而死，又攻城野戰而死者，不可勝數。重稅與戰爭對於人民的戕害是何等地大，所以墨子主張「節用」與「非攻」。他為了增加人口，更積極的主張早婚，〈節用上篇〉說：

> 昔者聖王為法曰：丈夫年二十，毋敢不處家；女子年十五，毋敢不

> 事人。此聖王之法也。聖王既沒，于民次也。其欲蚤處家者，有所
> 二十年處家，其欲晚處家者，有所四十年處家，以其蚤與其晚相踐，
> 後聖王之法十年；若純三年而字子，生可以二三年矣。此不惟使民
> 蚤處家，而可以倍與且不然已。

依墨子之意，人口之增加，亦可視為生產之手段，患人之難倍，所以主張早婚。其實不獨墨子欲民早婚，以繁殖人口，《韓非子·外儲說右下》亦載：「齊桓公下令於民曰：『丈夫二十而室，婦人十五而嫁。』」、《國語·越語》則有勾踐生聚之法：「女子十七不嫁，其父母有罪，丈夫二十不娶，其父母有罪。」都是主張早婚，欲增加人口。墨子有見於人口的增加最重要，卻也是最困難，所以凡是有礙於人口增加的行為措施，他都反對，墨子極力反對厚葬久喪，反對攻伐，這也是原因之一。

除了主張早婚，增加人口之外，墨子也主張人人勞作、強力從事。〈非樂上篇〉說：

> 賴其力者生，不賴其力者不生。

墨子極注重勞動，他最反對那些只會消費而不事生產的人。他認為人與禽獸不同，禽獸可因其羽毛以為衣裘，因其蹄爪以為綺屨，因其水草以為飲食，即使雄不耕稼樹藝，雌不紡績織紝，亦無衣食之虞。但人和禽獸不同，君子不強聽治則刑政亂，賤人不強從事則財用不足。人不賴其力勤奮生產，只顧坐享他人成果，就是「不與其勞穫其實，非其所有而取之。」（〈天志下篇〉），那麼將會「上得且罰之，眾聞則非之。」他並且注重分工合作，各盡所能，〈節用中篇〉又說：

> 凡天下群百工，輪車鞼鞄、陶冶、梓匠，使各從事其所能。

〈耕柱篇〉中更以築牆為譬喻，「能築者築，能實壤者實壤，能欣者欣，然後牆成也。為義猶是也，能談辯者談辯，能說書者說書，能從事者從事，然後義事成也。」可見墨子其學重分科，事重分工矣。另外在積極生產方面，墨子也注重以時生財，〈七患篇〉說：

> 為者疾，食者寡，則歲無凶；為者緩，食者眾，則歲無豐，故曰：
> 財不足則反之時，食不足則反之用，故先民以時生財。

凡是費時而不生財者，墨子都反對。《莊子·天下篇》稱墨子：「其生也勤，其死也薄。」、「日夜不休，以自苦為極。」墨子正是勤勤懇懇宣揚其道，汲汲為天下生財。因此，在這原則之下，墨子又提出「節葬」、「非樂」二主張。

墨子的學說是一貫的，他所欲實現的理想社會如〈天志中篇〉所謂：

> 刑政治，萬民和，國家富，財用足，百姓皆得煖衣飽食，便寧無憂。

又如〈尚賢下篇〉所言：

> 有力者疾以助人，有財者勉以分人，有道者勸以教人，若此則飢者
> 得食，寒者得衣，亂者得治，若飢則得食，寒則得衣，亂則得治，
> 此安生生。

無論節約或生產，其目的均在求「利」，而且是求全民的大利，絕非個人的私利、小利。他經常是愛、利並舉，「兼相愛、交相利。」、「愛人者，人亦從而愛之；利人者，人亦從而利之。」節用即是從兼愛推出，因此興利是為節用之鵠的。所以〈節用上篇〉下了一結論：

> 去無用之費，聖王之道，天下之大利也。

節用是「聖王之道」，以「去無用之費」為消極的方法，並進而增加人口，強力從事，分工合作，以時生財，則可達「天下之大利」的目的。

二、節　葬

墨子提倡節葬短喪，乃是針對時弊而發，對治厚葬久喪，而其論據仍以實利為基礎。厚葬久喪是儒家所倡，雖然孔子曾說過：「禮，與其奢也寧儉；喪與其易也寧戚。」（《論語・八佾篇》），而且痛罵「始作俑者不仁」（《禮記・檀弓篇》），孔門弟子子張、子游對於喪葬，也戒過虛禮，說過盡哀而止的話；荀子則痛斥厚葬久喪為「役夫之道」（《荀子・王霸篇》），然而儒者末流卻過份重視禮樂而崇尚虛浮、侈靡浪費，只重繁文褥節、粉飾表面，誠所謂「其禮繁擾而不說，厚葬靡財而貧民，〔民〕服傷生而害事。」〔註22〕所以墨子起而反對，他所著眼的是實利的價值，論調全為「中國家百姓人民之利」而發。他說：

> 今逮至昔者，三代聖王既沒，天下失義，後世之君子，或以厚葬久
> 喪，以為仁也、義也、孝子之事也；或以厚葬久喪，以為非仁義、
> 非孝子之事也。曰二子者，言則相非，行則相反，皆曰：「吾上祖述
> 堯舜禹湯文武之道者也。」而言即相非，行即相反於此乎，後世之
> 君子，皆疑惑乎二子者言也。若苟疑惑乎之二子者言，然則姑嘗傳

〔註22〕見《淮南子・要略篇》。

而爲政乎國家萬民而觀之。計厚葬久喪，奚當此三利者，我意若使法其言，用其謀。厚葬久喪，實可以富貧、眾寡、安危治亂乎，此仁也、義也、孝子之事也；爲人謀者，不可不勸也。仁者將興之天下，誰貫而使民譽之，終勿廢也？意亦使法其言，用其謀，厚葬久喪，實不可以富貧、眾寡、安危理亂乎，此非仁、非義、非孝子之事也；爲人謀者，不可不沮也。仁者將求除之天下，相廢而使人非之，終身勿爲：且故興天下之利，除天下之害，令國家百姓之不治也，自古及今，未嘗之有也。（〈節葬下篇〉）

墨子提倡節葬，以「眾寡」、「富貧」、「治亂」三個原則衡量之，若中此之利，則可謂爲仁、爲義、爲孝子之事，須倡導之，終勿廢也；反之，若不中民之利，則終身勿用。墨子觀察當時的統治階級，不惟其「生活」厚作斂於百姓，就連其「死亡」，依其禮俗，也是暴奪民之衣食之財，對百姓有三大害：

（一）國家必貧

此存乎王公大人有喪者，曰：棺槨必重，葬埋必厚，衣衾必多，文繡必繁，丘隴必巨。存乎匹夫賤人死者，殆竭家室。

〔存〕乎諸侯死者，虛車府，然後金玉珠璣比乎身，綸組節約，車馬藏乎壙，又必多爲屋幕，鼎鼓几梴壺濫，戈劍羽旄齒革，寢而埋之，滿意送死若徙。曰天子殺殉，眾者數百，寡者數十；將軍大夫殺殉，眾者數十，寡者數人。

……使農夫行此，則必不能蚤出夜入，耕稼樹藝；使百工行此，則必不能修舟車爲器皿矣；使婦人行此，則必不能夙興夜寐紡績織紝，細計厚葬，爲多埋賦之財者也，計久喪，爲久禁從事也。財以成者，扶而埋之，後得生者，而久禁之。以此求富，此譬猶禁耕而求穫也，富之説無可得焉。（〈節葬下篇〉）

若厚葬久喪，不僅爲費不貲，窮奢極侈；又殺人以殉，可說慘無人道至極。久喪使得王公大人不能早朝，農夫不得耕稼，百工不能修舟車爲器皿，婦人不能紡績織紝，所以墨子嘆曰：「細計厚葬，爲多埋賦之財者也，計久喪，爲久禁從事也。」統言之，如墨子之譬喻——「猶禁耕而求穫也」，國家欲求富是不可能的，所以墨子要非之。

（二）人民必寡

今唯無以厚葬久喪者爲政，君死，喪之三年；父母死，喪之三年；

> 妻與後子死者，又皆喪之三年，然後伯父叔父兄弟孽子其，族人五月；姑姊甥舅，皆有月數，則毀瘠必有制矣，使面目陷陬，顏色黧黑，耳目不聰明，手足不勁強，不可用也。又曰上士操喪也。必扶而能起，杖而能行；以此共三年，若法若言，行若道，苟其飢約，又若此矣，是故百姓冬不仞寒，夏不仞暑，作疾病死者，不可勝計也，此其爲敗男女之交多矣。以此求眾，譬猶使人負劍，而求其壽也，眾之説無可得焉。（〈節葬下篇〉）

久喪，則使人「面目陷陬、顏色黧黑，耳目不聰明，手足不勁強」，「冬不仞寒，夏不仞暑」，如此人民身體羸弱，易致疾病而死。而且守喪三年，「敗男女之交」，阻礙人口的繁殖，因此，如欲久喪而求眾寡，就譬如「使人負劍，而求其壽也。」那是不可能的。因此，墨子以爲久喪是「寡人之道」，不能眾寡，必要非之。

（三）刑政必亂

> 今唯無以厚葬久喪者爲政，國家必貧，人民必寡，刑政必亂。若法若言，行若道，使爲上者行此，則不能聽治；使爲下者行此，則不能從事；上不聽治，刑政必亂；下不從事，衣食之財必不足。若苟不足，爲人弟者，求其兄而不得；不弟弟必將怨其兄矣；爲人子者，求其親而不得，不孝子必是怨其親矣；爲人臣者，求之君而不得，不忠臣必且亂其上矣。是以僻淫邪行之民，出則無衣也，入則無食也，內續奚吾，並爲淫暴，而不可勝禁也，是故盜賊眾而治者寡。處喪之法將奈何哉？曰：哭泣不秩聲翁，縗絰，垂涕，處倚廬，寢苫枕由；又相率強不食而爲飢，薄衣而爲寒，使面目陷陬，顏色黧黑，耳目不聰明，手足不勁強，不可用也。又曰：上士之操喪也，必扶而能起，杖而能行，以此共三年，若法若言，行若道，使王公大人行此，則必不能蚤朝；五官六府，辟草木，實倉廩。（〈節葬下篇〉）

如依此處喪之法，則必陷於「扶而能起，杖而能行之地步。」王公大人如此，必不能早朝，治理五官六府；百姓如此，必不能從事。「上不聽治，刑政必亂，下不從事，則衣食之財必不足」，如不足，兄弟、父子、君臣，必相怨讎，而導致人倫失調。如此淫暴、盜賊之事必不可免，而刑政也將陷於大亂。

墨子有見於厚葬久喪之弊害如此，因此非之。他認爲如執厚葬久喪，行

之社會國家，甚且將引發國際間的征戰，而且也不能祈福於上帝鬼神，可謂「上不利於天，中不利於鬼，下不利於人」，三利無所利。〈節葬下篇〉說：

> 是故求以治刑政，而既已不可矣，欲以禁止大國之攻小國也，意者可邪？其說又不可矣。是故昔者，聖王既沒，天下失義，諸侯力征，南有楚越之王，而北有齊晉之君，此皆砥礪其卒伍，以攻伐並兼，爲政於天下。是故凡大國之所以不攻小國者，積委多，城郭修，上下調和，是故大國不耆攻之；無積委，城郭不修，上下不調和，是故大國耆攻之。今唯無以厚葬久喪者爲政，國家必貧，人民必寡，刑政必亂。若苟貧，是無以爲積委也；若苟寡，是城郭溝渠者寡也；若苟亂，是出戰不克，入守不固。此求禁止大國之攻小國也，而既已不可矣。

> 欲以干上帝鬼神之福，意者可邪？其說又不可矣。今唯無以厚葬久喪者爲政，國家必貧，人民必寡，刑政必亂，若苟貧，是粢盛酒醴不淨潔也；若苟寡，是事上帝鬼神寡也；若苟亂，是祭祀不時度也。今又禁止事上帝鬼神，爲政若此，上帝鬼神，始得從上撫之曰：「我有是人也，與無是人也，孰愈？」曰：「我有是人也，與無是人也，無擇也。」則惟上帝鬼神，降之罪屬之禍罰而棄之，則豈不亦乃其所哉？

厚葬久喪不僅不能富貧，不能眾寡，不能治亂，而且易生攻伐之事，不能禁止大國之攻小國。既然未能事人，焉能事鬼，故鬼神不悅，不能徼上帝之福。不論在倫理、經濟、政治、宗教各方面均將蒙受其害，故必非之。

墨子既非斥厚葬久喪，非之必有以易之，墨子乃有「節葬」之主張，並歷引堯、舜、禹等古聖王節葬短喪而富貧、眾寡、治亂安危的故事，做爲節葬的理論根據。〈節葬下篇〉說：

> 昔者堯北教乎八狄，道死，葬蛩山之陰，衣衾三領，穀木之棺，葛以緘之，既汜而後哭，滿埳無封，已葬，而牛馬乘之。

> 舜西教乎七戎，道死，葬南己之市，衣衾三領，穀木之棺，葛以緘之，已葬而市人乘之。

> 禹東教乎九夷，道死，葬會稽之山，衣衾三領，桐棺三寸，葛以緘之，絞之不合，通之不埳，土地之深，下毋及泉，上毋通臭；既葬，收餘壤其上，壟若參耕之畝，則止矣。

依墨子看，古聖王是實施節葬的，所以墨子說：「若以此若三聖王者觀之，則

厚葬久喪，果非聖王之道。」那麼古聖王所贊同的喪葬之禮如何呢？

> 故古聖王制爲葬埋之法，曰：棺三寸，足以朽體，衣衾三領，足以覆惡。以及其葬也，下毋及泉，上毋通臭，壟若參耕之畝，則止矣。死則既已葬矣，生者必無久哭，而疾而從事，人爲其所能，以交相利也，此聖王之法也。（〈節葬下篇〉）

墨子非斥厚葬久喪，本人也制定了喪葬之法：

> 子墨子制爲葬埋之法，曰：棺三寸，足以朽骨；衣三領，足以朽肉；掘地之深，下無菹漏，氣無發洩於上，壟足以期其所，則止矣。哭往哭來，反從事乎衣食之財，佴乎祭祀，以致孝於親。（〈節葬下篇〉）

兩相比較，兩法相同，文字亦大同小異，清儒汪中以爲古聖王之法即墨子自爲之法（《述學·墨子後序》）。古聖王之說極可能是託古，但墨子的本意是用以「矯今」，他所制之節葬之法，還包括了「短喪」。如何節葬？墨子認爲棺三寸，衣衾三領，足以朽體，覆惡就可以了，不必奢侈浪費，耗費生人衣食之財，所謂：「衣食者，人之生利，然且猶尚有節，葬埋者，人之死利也，夫何獨無節於此乎？」（〈節葬下篇〉）。因此，節葬是不失死生之利者也。故司馬談〈論六家要旨〉說道：「墨者亦尚堯舜道，言其德行曰：堂高三尺，土階三等，茅茨不翦，采椽不刮，食土簋，啜土刑，糲粱之食，藜藿之羹，夏日葛衣，冬日鹿裘，其送死，桐棺三寸，舉音不盡其哀，教喪禮，必以此爲萬民之率。」〔註23〕《莊子·天下篇》也說：「桐棺三寸而無槨」、「死無服」。至於短喪之法：墨子以爲「哭往哭來，反從事乎衣食之財。」、「死則既已葬矣，生者必無久哭，而疾從事。人爲其所能，以交相利也。」（〈節葬下篇〉）、「死者既葬，生者毋久喪用哀。」（〈節用中篇〉）。短喪之期如何？節用，節葬諸論，均未言服喪之期，倒是在〈公孟篇〉載有儒者公孟子和墨子的一段對話：

> 公孟子謂子墨子曰：子以三年之喪爲非，子之三日之喪，亦非也。
>
> 子墨子曰：子以三年之喪，非三日之喪，是猶倮謂撅者不恭也。

這是《墨子》書中，雖一提及喪期之處，《韓非子·顯學篇》云：「墨者之葬也，冬日冬服，夏日夏服，桐棺三寸，服喪三月。」，《後漢書·王符傳》注引尸子曰：「禹之葬法……制喪三日。」高誘注《淮南子·齊俗訓》則云：「三月之服，夏后氏之禮。」因此便有墨子短喪，以夏禹爲法，爲期三月的說法。其實，墨

〔註23〕《史記·太史公自序語》。

子葬埋之法中，根本沒說到服喪的事，既沒有守喪之服，也沒有守喪之期，可見墨子根本不贊同服喪，因此短喪不一定三日，也不一定三月喪禮時間長短視各人情況而定，公孟子所謂「三日之喪」乃極言其短也。〔註24〕總之，墨子主張節葬短喪，是不希望人耗費衣食之財，短喪則可儘快恢復正常生活，回到工作崗位上去。只要生者心理追念，不曠廢祭祀，便算盡到了孝道了，所以說：「子墨子之法，不失死、生之利者，此也。」

墨子不注重形式上的虛文，著重的是實用的價值，念茲在茲的是能否「中國家百姓之利」？就是喪葬也不例外。墨子主張節葬短喪，不僅有財貨之利，可以「富貧」；短喪則可減少疾病、死亡，以繁殖人口，並且使人們疾於從事，大人疾於聽治，賤人疾於從事，以治理刑政，增加財收，而達到「眾寡」和「治亂」的作用。如此，國與國之間不致相攻伐，上帝鬼神又可依時祭祀，誠可謂利國家、利天下萬民了。所以〈節葬下篇〉墨子最後說道：

> 今天下之士君子，中請將欲爲仁義，求爲上士，上欲中聖王之道，
> 下欲中國百姓之利，故當若節喪之爲政，而不可不察此者也。

總之，節葬爲政方法仍在「節用」，其目的仍在「中聖王之道」、「中國家百姓之利」。節葬短喪可以「富貧」、「眾寡」、「治亂」、「禁止大國攻小國」、「徼上帝之福」，天下同獲其利，墨子的著眼點仍在公利、實利的觀點，這也正是墨子提倡節葬短喪的根本用心。

三、非　樂

梁任公說：「墨子之非樂，亦節用之一附屬條目，皆爲生計問題而起也。」〔註25〕的確，墨子「非樂」的主張，也是在「節用」的原則下提出來的。禮、樂本來是儒家用以作爲政治教化的工具，《論語・先進篇》說：「先進於禮樂，野人也，後進於禮樂，君子也，如用之，則吾從先進。」、《論語・泰伯篇》也說：「興於詩，立於禮，成於樂。」、《孟子・梁惠王下篇》則有：「王好樂甚，則齊國庶幾乎。」之語，可見孔子、孟子於樂之重視。音樂既可使人血氣平和、陶冶情意，又可使風俗淳厚，達到政治教化的功效，墨子爲什麼還要反對呢？蔣維喬先生以爲：

〔註24〕關於墨子主張喪期之長短，業師周富美教授於《臺大中文學報》第 3 期〈論墨子節葬說〉一文中，有極詳盡之闡述，頁 20～26。
〔註25〕梁任公著：《子墨子學說》，第二章第一節「以利爲目的者」，頁 23。

音樂是動人情感，使人快樂的東西，人們不能有苦無樂，所以先王制樂以調節人情，有很大的作用，但戰國時代的王公大人荒淫於音樂，弄得政治廢弛，耗費有用的財力，去做無益的事體，為害很大，離開先王制樂的本意，遠之又遠了。在墨子自苦為極，節用興利的眼光中看來，當然要全部推翻而主張非樂的，所以他的非樂，並不是反對樂的本身，乃因當時荒淫成風，生出許多害處，為除害興利的緣故，不能不拔本塞源，有這主張。〔註26〕

音樂本有極大的功效，但如蔣先生所說，至戰國時代，音樂的應用已經變質。早在孔子時代，鄭齊的淫樂已入朝廷，《禮記‧樂記》載：「鄭音好濫淫志，宋音燕女溺志，衛音趨數煩志，齊音敖辟喬志。此四者，皆淫於色而害於德，是以祭祀弗用也。」孔子早已發過嘆息。到了墨子時代，王公大人，多作長夜之飲，喜淫樂，縱佚遊，弄得荒政廢事，天下大亂，墨子有見於此，因此非之。〈非樂上篇〉並舉了一個因好樂而亡國的史証：

昔者齊康公興樂萬，萬人不可衣短褐，不可食糠糟。曰：食飲不美，面目顏色，不足視也；衣服不美，身體從容醜贏，不足觀也。是以食必梁肉，衣必文繡，此常不從事乎衣食之財，而常食乎人者也。

王公大人如此耽於聲色，靡財傷民，難怪墨子要起而非樂。因此，〈非樂上篇〉說：

子墨子之所以非樂者，非以大鐘鳴鼓琴瑟竽笙之聲，以為不樂也；非以刻鏤文章之色，以為不美也；非以芻豢煎炙之味，以為不甘也；非以高台厚榭邃野之居，以為不安也。雖身知其安也，口知其甘也，目知其美也，耳知其樂也；然上考之不中聖王之事，下度之不中萬民之利。是故子墨子曰：「為樂非也」。

可見，墨子並非自甘過「若燒若焦」的節用生活〔註27〕。他也知道人性喜歡美妙的音樂、美麗的雕飾、美味的食物、高台厚榭的居所，但在墨子利的觀點看來，這些都是「奢侈品」。〔註28〕樂器之聲固然可樂，但若為樂之無度，

〔註26〕 見蔣維喬先生著：《中國哲學史綱要》，第六章第二節三「國家熹音湛湎時應施行的政綱」，頁209。

〔註27〕 《荀子‧富國篇》：「我以墨子之非樂也，則使天下亂。……上失天時，下失地利，中失人和，天下敖然，若燒若焦；墨子雖為之衣褐帶索，嚼菽飲水，惡能足之乎？既以伐其本，竭其原，而焦天下矣。」

〔註28〕 胡適之先生著《中國古代哲學史》第六篇第四章第七「非樂」中載：「墨子所

那就是不中聖王之事，不中萬民之利，且荒廢人民的分事，故雖與人性相違背，仍要強加非斥。劉向《說苑》載：「禽滑釐問於墨子曰：『錦繡絺紵，將安用之？』墨子曰：『惡是，非吾用務也……今當凶年，有欲予子隨侯之珠者，不得賣也，珍寶而以爲飾；又欲予子一鍾粟者。得珠者不得粟，得粟者不得珠，子將何釋？』禽滑釐曰：『吾取粟耳，可以救窮』。墨子曰：『誠然，則惡在事。夫奢也！長無用，好末淫，非聖人之所急也。故食必常飽，然後求美；衣必常暖，然後求麗；居必常安，然後求樂，爲可長，行可久，先質而後文，此聖人之務。』禽滑釐曰：『善』。」〔註 29〕墨子「先質而後文」的主張，可以代表他的文化觀。他的主張都是以萬民之利爲標準，若萬民的生活水準提高，墨子也不反對娛樂隨之稍高，頗與後世所謂「後天下之樂而樂」的精神相類。荀子批評其「蔽於用而不知文」（〈解蔽篇〉），實是對墨子非樂之眞義未能深解。

　　墨子非樂除了從百姓耳目之實去反對之外，另一原因也是因爲爲樂不中聖王之事。古聖王之書載記非樂：

　　　　先王之書，湯之官刑有之。曰：其恆舞于宮，是謂巫風。其刑，君
　　　　子出絲二衛，小人否。似二伯黃徑，乃言曰：鳴呼，舞佯佯，黃言
　　　　孔章。上帝弗常，九有以亡；上帝不順，降之百殃。其家必壞喪。
　　　　察九有之所以亡者，徒從飾樂也。於武觀，曰：啓乃淫溢康樂，野
　　　　于飲食。將將銘莧磬以力；湛濁于酒，渝食于野；萬舞翼翼，章聞
　　　　于天，天用弗式。（〈非樂上篇〉）

墨子就湯之官刑及啓之淫佚康樂而言，因爲爲樂無度，不順上帝因之敗家、喪身、亡國，可爲殷鑒。所以墨子認爲「上者天鬼弗戒，下者萬民弗利。」、「察九有之所以亡者，徒從飾樂也。」墨子也引了堯、舜、湯、武王、成王、古聖王的事蹟來說明：

　　　　程繁問於子墨子曰：「夫子曰，聖王不爲樂。」昔諸侯倦於聽治，息
　　　　於鐘鼓之樂；士大夫倦於聽治，息於竽笙之樂；農夫春耕、夏耘、
　　　　秋斂、冬藏，息於聆缶之樂。今夫子曰：聖王不爲樂，此譬之猶馬

　　　　謂『樂』，是廣義的『樂』。如〈非樂上〉所說：『樂』字包括『鐘鼓琴瑟竽笙
　　　　之聲』『刻鏤文章之色』『芻豢煎炙之味』『高台厚榭邃野之居』。可見墨子對
　　　　於一切『美術』，如音樂、雕刻、建築、烹調等等，都說是『奢侈品』，都是
　　　　該廢除的。」

〔註 29〕劉向著：《說苑》，卷二十〈反質篇〉語。

駕而不稅，弓張而不弛。無乃有血氣者之所不能至邪！

子墨子曰：「昔者堯舜有茅茨者，且以爲禮，且以爲樂；湯放桀於大水，環天下自立以爲王，事成、功立，無大後患，因先王之樂，又自作樂，命曰護，又脩九招。武王勝殷殺紂，環天下自立以爲亡，事成、功立，無大後患，因先生之樂，又自作樂，命曰象。周成王因先王之樂，又自作樂，命曰騶虞。周成王之治天下也，不若武王；武王之治天下也，不若成湯；成湯之治天下也，不若堯、舜。故其樂逾繁者，其治逾寡。自此觀之，樂非所以治天下也。」（〈三辯篇〉）

古聖王並非不爲樂，依墨子之言，堯、舜且爲禮、且爲樂；而湯、武、成王亦均因先王之樂而自作「護」、「九招」、「象」和「騶虞」，墨子之意不在爭論聖王爲不爲樂，墨子之意在「其樂逾繁、其治逾寡。」堯、舜、湯、武、成王均爲樂，但相較之下，堯舜禮樂最樸實，治績也最卓越；湯、武、成王則樂逾繁，治績相較之下也較遜色。其實，墨子也不是全盤否安樂，全盤否定一切藝術，他只是不希望過份耽於樂，那麼將會荒廢治績，所以說「樂非所以治天下也」。

墨子估定一切價值的標準，爲「中國家百姓之利否？」如果利之則爲，不利則必非之，爲樂也是以此觀點視之。〈公孟篇〉載：

子墨子問於儒者：「何故爲樂？」曰：「樂以爲樂也。」子墨子曰：「子未我應也。」今我問曰：「何故爲室？」曰：「冬避寒焉，夏避暑焉，室以爲男女之別也。」則子告我爲室之故矣。今我問曰：「何故爲樂？」曰：「樂以爲樂也。」是猶曰：「何故爲室？」曰：「室以爲室也。」

這段話，可以看出墨子提倡任何一種主張，相當注重效果，如果「發以爲刑政，中國家百姓之利。」則必鼓吹之、實踐之；反之，則必非之。爲樂發以爲刑政，效果如何？可就王公大人爲樂之後果及天下之人爲樂之後果兩方面來看。

（一）王公大人為樂之後果

1. 浪費民財，墨子認爲：

今王公大人，雖無造爲樂器，以爲事乎國家；非直掊潦水折壤垣而爲之也，將必厚措斂乎萬民，以爲大鍾鳴鼓琴瑟竽笙之聲。古者聖王，亦嘗厚措斂乎萬民，以爲舟車，既已成矣，曰：「吾將惡許用之？」曰：「舟用之水，車用之陸，君子息其足焉，小人休其肩背焉。」故

> 萬民出財齎而予之，不敢以爲感恨者，何也？以其反中民之利也，
> 然則樂器反中民之利，亦若此，即我弗敢非也。然則當用樂器，譬
> 之，若聖王之爲舟車也，即我弗敢非也。（〈非樂上篇〉）

舟用之水，車用之陸，其用甚大，且於民有利——「君子息其足，小人休其肩背。」然而王公大人造樂器，往往只爲一己之娛樂，而且又都是「厚措斂乎萬民」，可以說不中萬民之利，只有浪費民財而已。

2. 浪費民力，墨子說：

> 今王公大人唯毋處高台厚榭之上而視之：鍾猶是延鼎也；弗撞擊，
> 將何樂得焉哉？其說將必撞擊之。惟勿撞擊，將必不使老與遲者。
> 老與遲者，耳、目不聰明，股肱不畢強，聲不和調，明不轉朴，將
> 必使當年，因其耳目之聰明，股肱之畢強，聲之和調，眉之轉朴。
> 使丈夫爲之，廢丈夫耕稼樹藝之時；使婦人爲之，廢婦人紡績織紝
> 之事。今王公大人唯毋爲樂，虧奪民衣食之財，以拊樂，如此多也！
> 是故子墨子曰：「爲樂，非也。」。（〈非樂上篇〉）

王公大人爲樂，必使「當年」，絕不使「老與遲音」，因爲他們「耳目不聰明，股肱不畢強，聲不和調，明不轉朴。」如使用「當年」，不管是丈夫或婦人，均將妨害生產，所以王公大人爲樂，必至浪費民力。

3. 浪費民時，墨子說：

> 今大鍾、鳴鼓、琴瑟、竽笙之聲既已具矣，大人鏽然奏而獨聽之，
> 將何樂得焉哉？其說必與賤人，不與君子。與君子聽之，廢君子聽
> 治；與賤人聽之，廢賤人之從事。今王公大夫惟毋爲樂，虧奪民衣
> 食之財，以拊樂如此多也！是故子墨子曰：爲樂非也。（〈非樂上篇〉）

王公大人爲樂，必與賤人或君子共聽之才能樂，如此，則必浪費君子或賤人之時日，而無法聽治或從事，所以墨子必非之。

4. 天下不可得而治，墨子說：

> 民有三患：飢者不得食，寒者不得衣，勞者不得息。三者民之巨患
> 也。然即當爲之撞巨鐘、繫鳴鼓、彈琴瑟、吹竽笙而揚于戚，民衣
> 食之財，將安可得乎？即我以爲未必然也。意舍此。今有大國即攻
> 小國，有大家即伐小家，強劫弱，眾暴寡，詐欺愚，貴傲賤，寇亂
> 盜賊並興，不可禁止也。然即當爲之撞巨鐘，擊鳴鼓，彈琴瑟，吹
> 竽笙，而揚干戚，天下之亂也，將安可得而治與？即我未必然也。

是故子墨子曰：姑嘗厚措斂乎萬民以為大鍾、鳴鼓、琴瑟、竽笙之
聲，以求興天下之利，除天下之害，而無補也。是故子墨子曰：為
樂非也。（〈非樂上篇〉）

墨子認為人民有三巨患：「飢者不得食，寒者不得衣，勞者不得息。」王公大
人為樂不僅不能消除人民之三巨患，而且將造成寇亂盜賊並興，無補於止攻
止伐，如此將造成天下大亂，所以墨子要非之。

綜觀王公大人為樂的後果，將浪費民財、民時、民力，而且天下必將因
此不得治，可以說於民無所利，難怪墨子要說：

且夫仁者之為天下度也，非為其目之所美，耳之所樂，口之所甘，
身體之所安，以此虧奪民衣食之財，仁者弗為也。（〈非樂上篇〉）

若是為天下度之仁者，必放棄「所美、所樂、所甘、所安」，凡虧奪民衣食之
財之事，仁者必不為。在墨子看來，為樂是「為民巨患」，因此必強非之，所
謂「利人乎即為，不利人乎即止。」（〈非樂上篇〉）。

（二）天下之人為樂之後果

〈非樂上篇〉墨子說：

今天下之士君子以吾言不然，然即姑嘗數天下分事，而觀樂之害。
王公大人蚤朝、晏退，聽獄、治政；此其分事也；士君子竭股肱之
力，亶其思慮之智，內治官府，外收斂關、市、山林、澤梁之利，
以實倉廩府庫，此其分事也；農夫蚤出暮入，耕稼、樹藝，多聚叔
粟，此其分事也；婦人夙興、夜寐、紡績、織紝，多治麻、絲、葛
緒、絧布縿，此其分事也。

過份為樂，對各階層的人都是有害的：

1. 今惟毋王公大人，說樂而聽之，即必不能蚤朝晏退，聽獄治政，
   是故國家亂而社稷危矣。
2. 今惟毋在乎士君子，說樂而聽之，即必不能竭股肱之力，亶其思
   慮之智，內治官府，外收斂關市山林澤梁之利，以實倉廩府庫，
   是故倉廩府庫不實。
3. 今惟毋在乎農夫，說樂而聽之，即必不能蚤出暮入，耕稼樹藝，
   多聚叔粟，是故叔粟不足。
4. 今惟毋在乎婦人，說樂而聽之，即必不能夙興夜寐，紡績織紝，
   多治麻葛緒細布縿，是故布縿不興。

最後墨子下結論說：

> 曰：孰爲而廢大人之聽治，賤人之從事？曰：樂也。是故子墨子曰：
> 爲樂，非也。（〈非樂上篇〉）

可見王公大人若說樂而聽之，必荒廢聽獄治政；士君子若樂聽，則不能竭智力以充實倉廩府庫；農夫若樂聽，則不能多聚叔粟；婦人若樂聽，則不能多興布縼。如此荒廢大人之聽治、賤人之從事，將造成天下大亂，衣食之財不足。所以，基於全民及國家之利，爲樂是必要非斥的：

> 是故子墨子曰：今天下之士君子，請將欲求興天下之利，除天下之
> 害，當在樂之爲物，將不可不禁而止也。（〈非樂上篇〉）

非樂的目的仍在「興天下之利，除天下之害。」墨子的動機仍是實利的，爲樂既無所利，故不可不禁止行樂。

第四節　表現在宗教信仰上

一、天　志

　　墨學十論中，「天志」、「明鬼」、「非命」三義，組成了墨子的宗教思想。胡適之先生說：「墨子的宗教，以『天志』爲起點，以『尚同』爲終局。天志就是尚同，尚同就是天志。」〔註30〕在先秦諸子中，墨子最具有濃厚的宗教思想的。他的宗教思想是「學說全體源泉」，〔註31〕然而他的目的，不僅在求得天下尚同，更在求得「兼愛」的達成。〔註32〕在《墨子・公孟篇》，墨子批評儒之道足以喪天下者有四政，第一項便是：「儒以天爲不明，以鬼爲不神，天鬼不悅，此足以喪天下。」我國雖自古便有天道觀，控制人的心靈，但至墨子的時代，已由神權社會進入君權社會，天下漸生混亂，誠如田鳳台先生所論：「戰國之時，執政者狠戾好戰，淫亂奢侈，嚴刑苛稅，暴虐人民。而儒者之學，拘泥末節，徒事儀文，順天而信命，多失古聖賢之本旨。老聃楊朱之徒，祇圖己身之屈全，遯世悲觀，墨子有憤於此，故以尊天、明鬼、非命

〔註30〕同註5，第六篇第四章第九「尚同」，頁152。
〔註31〕同註25，第一章第一節論「尊天之教」語，頁6。
〔註32〕天之志如何？墨子以爲：「天必欲人之相愛相利，而不欲人之相惡相賊也。」（〈法儀篇〉），可見得天志又是兼愛。

之說，作爲其宗教道德之基礎。」〔註33〕因此，墨子對儒家有所指責。其時部分開明人士，對天道鬼神懷疑，導致天下失義，因此墨子乃思藉助仍深植一般百姓心中的神權思想，來建立宗教道德觀，他的目的是想以天來統一天下眾義，再進而借天帝鬼神的制裁力量，做爲改造政治社會的後盾，〈魯問篇〉裡說：「國家淫僻無禮，則語之尊天事鬼。」「天志」、「明鬼」不過是墨子爲促進政治社會改革的宗教制裁力，後人譏嘲墨子思想中神鬼色彩濃厚，提倡天帝鬼神，恢復三代的宗教思想是開倒車，殊不知，墨子「天志」即是「尙同」，即是「兼愛」，他的社會意識遠重於宗教意識，他不過是想借助「天志」、「明鬼」，來實現「兼愛」、「非攻」、「尙同」、「尙賢」、「節用」、「節葬」、「非樂」、「非命」等理想，目的仍著眼於人生行爲的改進。所以，墨子其實是一位「實用的宗教家」。〔註34〕

在墨子的想法中，天爲最高的主宰，天有意志，天德至善，是人類福祉的起點，師法的規範，因此人要尊崇天。墨子想以「天」來統一天下，〔註35〕因此力勸人以天爲法儀：

> 子墨子言曰：我有天志，譬若輪人之有規，匠人之有矩，輪匠執其規矩，以度天下之方員，曰中者是也，不中者非也。今天下之士君子之書，不可勝載，言語不可盡計，上說諸侯，下說列士，其於仁義，則大相遠也。何以知之？曰：我得天下之明法以度之。（〈天志上篇〉）

天下之明法爲「天志」，可見，天志可以辨仁義，爲言行治道之法則。天志何以堪稱天下之明法？〈法儀篇〉說：

> 天之行廣而無私，其施厚而不德，其明久而不衰，故聖王法之。

〈天志中篇〉又說：

> 天之愛民之厚者矣。曰：以磨爲日月星辰，以昭道之；制爲四時春秋冬夏，以紀綱之，雷降雪霜雨露，以長遂五穀絲麻，使民得而財利之；列爲山川谿谷，播賦百事，以臨司民之善否；爲王公侯伯，使之賞賢而罰暴；賊金木鳥獸，從事乎五穀麻絲，以爲民衣食之財。

〔註33〕見田鳳台先生著：《先秦八家學述》，第六章墨子學述、壹形上論，頁175。

〔註34〕見業師周富美教授著：《救世的苦行者——墨子》，第四章第八節「天志」，頁269。

〔註35〕其說詳見第二節註13。

自古及今，未嘗不有此也。

天有行廣無私，愛利萬物的特性，它又是無所不在，無所不能的，因此可爲天下之明法度，人既以天爲行爲之法儀，那麼自當依天的意志來行事，所謂「既以天爲法，動作有爲，必廣於天。天之所欲則爲之，天之所不欲則止。」（〈法儀篇〉）。天的意志有欲惡，那麼天何欲何惡？

> 然而天何欲何惡者也？天必欲人之相愛相利，而不欲人之相惡相賊也。（〈法儀篇〉）
>
> 然則天亦何欲何惡？天欲義而惡不義。（〈天志上篇〉）
>
> 天之將何欲何憎？子墨子曰：天之意，不欲大國攻小國也，大家之亂小家也，強之暴寡，詐之謀愚，貴之傲賤，此天之所不欲也。不止此而已，欲人之有力相營，有道相教，有財相分也。又欲上之強聽治也，下之強從事也，上強聽治，則國家治矣；下強從事，則財用足矣。（〈天志中篇〉）

總言之，天是欲人「兼相愛」惡人「交相賊」。天因爲「兼愛天下、兼利天下、兼有天下，兼食天下」（〈法儀篇〉），所以也要人兼相愛、交相利，「兼愛」就是天志的根本。而人如要兼愛，必然要非攻止伐，不能大亂小、強暴寡、詐謀愚、貴傲賤。

能夠順天之意的，就是兼愛天下之人，古聖王正是如此。〈天志上篇〉說：

> 處大國不攻小國，處大家不篡小家，強者不劫弱，貴者不傲賤，多詐者不欺愚：此必上利於天，中利於鬼，下利於人：三利無所不利，故舉天下美名加之，謂之聖王。

古聖王兼愛天下百姓，是順天之意的，如此「利天」、「利鬼」、「利人」，故以聖王之美名加之。桀、紂、幽、厲則反是：

> 處大國攻小國，處大家篡小家，強者劫弱，貴者傲賤，多詐欺愚：此上不利於天，中不利於鬼，下不利於人：三不利無所利，故舉天下惡名加之，謂之暴王。（〈天志上篇〉）

違反天意而行，致使三利無所利，故名之爲暴王。可見，聖王必是尊天之欲，以天之意志爲法儀，遂行「義政」。暴王則反之，反天之欲而行，行其「力政」。

墨子以天爲有意志的人格神，天是至高至貴的，故天爲政治的最高權源。天既爲有意志的人格神，故有賞罰之制裁力，而墨子既斷定天志是兼愛，於是天的賞罰有了施行的標準。〈天志上篇〉說：

順天意者，兼相愛，交相利，必得賞；反天意者，別相惡、交相賊，必得罰。

殺一不辜者，必有一不祥。殺不辜者誰也？則人也。予之不祥者誰也？則天也。

普天之下，「愛人利人，順天之意，得天之賞者有之；憎人賊人，反天之意，得天之罰者亦有矣。」（〈天志中篇〉）誰得賞？誰得罰？〈天志上篇〉說：

昔三代聖王，禹湯文武，此順天意而得賞也。

昔三代之暴王，桀紂幽厲，此反天意而得罰者也。

古聖王如何得賞？古暴王如何得罰？〈法儀篇〉說：

昔之聖王禹湯文武，兼愛天下之百姓，率以尊天事鬼，其利人多，故天福之，使立為天子，天下諸侯，皆賓事之。

暴王桀紂幽厲，兼惡天下之百姓，率以詬天侮鬼，其賊人多，故天禍之，使遂失其國家，身死為僇於天下，後世子孫毀之，至今不息。

故為不善以得禍者，桀紂幽厲是也，愛人利人以得福者，禹湯文武是也。

〈天志上篇〉則說：

然則禹湯文武，其得賞何以也？子墨子言曰：其事上尊天，中事鬼神，下愛人。故天意曰：此之我所愛兼而愛之，我所利兼而利之，愛人者此為博焉，利人者此為厚焉。故使貴為天子，富有天下，業萬世子孫，傳稱其善，方施天下，至今稱之，謂之聖王。

然則桀紂幽厲，得其罰何以也？子墨子言曰：其事上詬天，中詬鬼，下賊人。故天意曰：此之我所愛別而惡之，我所利交而賊之，惡人者此為之博也，賊人者此為之厚矣。故使不得終其壽，不歿其世，至今毀之，謂之暴王。

由此可知古聖王禹、湯、文、武能順天之意，兼愛天下萬民，並率以敬事上帝鬼神，其利人多，故天賜之福祿，使貴為天子，以為天下之法，並且使其國家禍祟不至，天下傳稱其善，後世子孫名其為聖王。而三代暴王桀、紂、幽、厲，則反天之意，兼惡天下百姓，並且詬天侮鬼，因此天施之處罰，使其不得終其壽，不歿其世，遺臭萬年，後世子孫名其為暴王。因此，天是有賞罰能力的，人能順天之意，尊天事鬼，則可得賞；反之，反天之意詬天侮鬼，則必得罰。總之，「墨子論天特別強調此一意義，使人對天存敬畏之心，

以期達到『不識不知，順帝之則』而『兼相愛，交相利。』的目的。」〔註36〕。

　　也因此，「天志」除了宗教之信仰外，別具政治和經濟另外兩重意義。天雖然是「最貴，最知」者，天子最後仍須上同於天，但在現實政治環境中，為政者卻是天子，「天志」不過是「尚同」的附庸，墨子利用「天」之種種制裁，來實現其政治理想。誠如梁任公所說：

　　　　讀此，可知墨子講天志，純是用來做兼愛主義的後援，質言之，是
　　　　勸人實行兼愛的一種手段罷了。〔註37〕

何以見得？如前所言，天之欲是「兼相愛，交相利。」「欲人之有力相營，有道相教，有財相分。」也就是「欲義惡不義」，這個「義」實可謂天志的全幅內容。墨子藉著天欲人行義政的要求，來達到「兼相愛，交相利」的目的。墨子一再申明「天志」賞善罰暴的能力，不外乎是想「藉天行道」，如周長耀先生謂：

　　　　尊天法天，才能謹遵天道，不敢違背天理，否則無法無天，肆無忌
　　　　憚，則一切傷天害理，作奸犯科、姦淫凶殺、詭詐陰險之事，無所
　　　　不為了。〔註38〕

求得人心的淨化，人生行為的改良。再者藉著「天志」的主旨：「又欲上之強聽治也，下之強從事矣，上強聽治，則國家治矣；下強從事，則財用足矣。」（〈天志中篇〉），使得人人強力從事，獲得生活的改善，財用富足。可見，墨子倡行天志，仍然是著眼於人生行為的應用，他的目的仍是「求興天下之利，除天下之害。」因此，〈天志下篇〉所下結語，也和其他學說一樣：

　　　　且今天下之士君子，中實將欲為仁義，求為上士；上欲中聖王之道，
　　　　下欲中國家百姓之利者，當天之志，而不可不察也。天之志者，義
　　　　之經也。

墨子實在是用心良苦啊！

二、明　鬼

　　「明鬼」的提出，也是為了發揮有利於人生行為的實際效用。在墨子的

〔註36〕參見李杜先生著：《中西哲學思想中的天道與上帝》，第六章第二節「天帝觀」，頁104。
〔註37〕同註1，第四章「墨子之宗教思想」，頁22。
〔註38〕語見周長耀先生著：《孔墨思想之比較》，第三章第二節「墨子對天的信仰」，頁95。

時代，如薛保綸先生所說，已有許多人懷疑鬼神的存在。他們說鬼神是沒有的，這些人不只自己懷疑，還公然對別人宣傳，因此人心動搖，不修德行，不顧賞罰，於是社會開始混亂。〔註39〕的確，當時政治潮流已由神權進入君權，如《左傳》載鄭國子產的話：「天道遠，人道邇，非所及也。」（〈昭公十八年〉），孔子也說：「吾不與祭，如不祭。」（〈八佾篇〉）。「未能事人，焉能事鬼。」（〈先進篇〉）、「務民之義，敬鬼神而遠之，可謂知矣」（〈雍也篇〉），因此孔子弟子說他：「子不語怪、力、亂、神。」（〈述而篇〉），均代表一些為政者的思想已有程度的擺脫了鬼神的羈絆。墨子之所以仍提倡肯定鬼神，主要的原因還是因為神權思想對中下層社會的百姓仍有影響力，竭力「明鬼」可以防止人們相惡相賊，進而「兼相愛，交相利」。

墨子提倡「明鬼」，仍然是因應現實環境的需要，希望能應用於人生行為，促進社會的改革。〈明鬼下篇〉說：

> 逮至昔三代聖王既沒，天下失義，諸侯力征，是以存夫為人君臣上下者之不惠忠也，父子弟兄之不慈孝弟長貞良也。正長之不強於聽治，賤人之不強於從事也，民之為淫暴寇亂盜賊，以兵刃毒藥水火，迢無罪人乎道路率徑，奪人車馬衣裘以自利者，並作。由此始，是以天下亂，此其故何以然也？則皆以疑惑鬼神之有與無之別，不明乎鬼神之能賞賢而罰暴也。

墨子認為天下之所以亂的緣故，乃是因為天下人疑惑鬼神之有無，而且不明白鬼神有賞賢罰暴的能力，所以才會有作惡而不為善的情事發生。究竟有無鬼神？墨子舉了許多歷史的事例以為世人儆戒，〈明鬼下篇〉載有：

1. 句芒神賜鄭穆公十九年陽壽的故事。
2. 周宣王枉殺杜伯，後遭杜伯射殺的故事。
3. 燕簡公枉殺莊子儀，後遭莊子儀鬼魂杖殺，殪於車上的故事。
4. 宋文君時，祝觀辜不依禮祭祀，欺騙神明，遭附神之祝史以木枝擊斃於神壇的故事。
5. 中里徼因訟案不實，為祧神殪於盟所的故事。

墨子以載諸史冊「眾之所同見，眾之所同聞。」的鬼神故事來証明鬼神存在應不容置疑。這些鬼神有天神、有人鬼、有山川之神，它們能復仇施罰，賞善罰暴，因此人不應懷疑鬼神之有無及其能力。欲救日益混亂的政治社會，

〔註39〕薛保綸先生著：《墨子的人生哲學》，第二章第四節「明鬼」，頁6。

墨子以為唯有「明鬼」一途，才能收重整社會之效，〈明鬼下篇〉說：

> 今若使天下之人，偕信鬼神之能賞賢而罰暴也，則夫天下豈亂哉！
> 今執無鬼者曰：鬼神者，固無有；旦暮以為教誨乎天下，疑天下之
> 眾，使天下之眾，皆疑惑乎鬼神有無之別，是以天下亂。

若天下之人，都信鬼神有賞罰之能力，人人必戒慎恐懼，不敢為惡，而朝愛人、利人的方向去做。因此，〈明鬼下篇〉又說：

> 嘗若鬼神之能賞賢如罰暴也，蓋本施之國家，施之萬民，實所以治
> 國家利萬民之道也。
> 若以為不然，是以吏治官府之不絜廉，男女之為無別者，鬼神見之。
> 民之為淫暴寇亂盜賊，以兵刃毒藥水火，退無罪人乎道路，奪人車
> 馬衣裘以自利者，有鬼神見之。是以吏治官府，不敢不絜廉，見善
> 不敢不賞，見暴不敢不罪；民之為淫暴寇亂盜賊，以兵刃毒藥水火，
> 迓無罪人乎道路，奪車馬衣裘以自利者，由此止。是以莫放幽閒，
> 擬乎鬼神之明顯，明有一人畏上誅罰，是以天下治。

可見，墨子提倡「明鬼」，肯定鬼神「賞賢罰暴」的功能，是希望「施之國家，施之萬民」，為「治國家利萬民之道也」。人人若深信鬼神，那麼為官吏者，自是不敢不絜廉，賞罰不致失措；而百姓也自然不敢為非作歹，如此人人各盡自己的本分去做，不敢殘人賊人，而朝愛人利人去做，天下就可平治。由此可見墨子提倡明鬼，不是一味提倡迷信，如部分人士所云的大開倒車，墨子的真正目的是藉著鬼神的威權，宗教的制裁力量，來達到政治社會改革的理想；也就是藉鬼神的制裁，來防止相惡相賊，而增長相愛相利，以朝達到天下平治的境界。

墨子並從古聖王之事及古昔聖王之書來查考他們是否信仰鬼神？〈明鬼下篇〉說：

> 然則姑嘗上觀聖王之事，昔者武王之攻殷誅紂也，使諸侯分其祭，
> 曰：使親者受內祀，疏者受外祀，故武王必以鬼神為有。是故攻殷
> 伐紂，使諸侯分其祭，若鬼神無有，則武王何祭分哉？
> 非惟武王之事為然也。故聖王其賞也必於祖，其僇也必於社。賞於
> 祖者何也？告分之均也。僇於社者何也？告聽之中也。
> 非惟若書之說為然也。且惟昔者虞夏商周，三代之聖王，其始建國
> 營都，日必擇國之正壇，置以為宗廟。必擇木之脩茂者，立以為菆

位。必擇國之父兄慈孝貞良者，以為祝宗。必擇六畜之勝腯肥倅，毛以為犧牲，珪璧琮璜，稱財為度；必擇五穀之芳黃，以為酒醴粢盛，故酒醴粢盛，與歲上下也。故古聖王治天下也，故必先鬼神而後人者，此也。故曰：官府選劾，必先祭器，祭服，畢藏於府，祝宗有司，畢立於朝，犧牲不與昔聚群，故古者聖王之為政若此。

周武王滅殷，命諸侯分掌祭祀；古聖王封賞功臣、誅戮罪人，必於祖廟、社祠舉行；古聖王治理天下，均先鬼神而後人。何以如此？墨子是要以古聖王的行事來証明他們是信仰鬼神的，所以極重視敬天祭鬼。又因為要借重鬼神的威權，所以有祭祀的形式。古代聖王如此重視祖廟神祠，必定也是受了先賢的語言或記載的勸告，才這麼做的。墨子又引先王之書來加以証明，〈明鬼下篇〉說：

周書大雅有之。大雅曰：「文王在上，於昭于天。周雖舊邦，其命維新。有周丕顯，帝命不時。文王陟降，在帝左右。穆穆文王，令問不已。」若鬼神無有，則文王既死，彼豈能在帝之左右哉？此吾所以知周書之鬼也。……商書曰：「嗚呼！古者有夏，方未有禍之時，百獸貞蟲，允及飛鳥，莫不比方，矧佳人面，故敢異心山川鬼神，亦莫敢不寧，若能共允，佳天下之合，下土之葆，察山川鬼神之所以莫敢不寧者，以佐謀禹也。」此吾所以知商書之鬼也。……夏書禹誓曰：「大戰于甘，王乃命左右六人，下聽誓于中軍，曰有扈氏，威侮五行，怠棄三正，天用勦絕其命，有曰：日中。今予與有扈氏，爭一日之命，且爾卿大夫庶人，予非爾田野葆士之欲也。予共行天之罰也。左不共于左，右不共于右。若不共命，御非爾馬之政。若不共命，是以賞于祖，而僇于社。賞於祖者何也？言分命之均也。僇于社者何也？言聽獄之事也。故古聖王必以鬼神，為賞賢而罰暴，是故賞必於祖，而僇必於社，此吾所以知夏書之鬼也。」

從以上的引文可知先賢已相信鬼神的存在了。而墨子本人也借此說明，他是深信鬼神的。

墨子認為鬼神是實有的，他將鬼神分為三類：一、天神，二、山川之鬼，三、人鬼。他深信鬼神，肯定鬼神，並且認為鬼神是有明鑑隱密，賞善罰惡的能力：

雖有深谿博林，幽澗毋人之所，施行不可以不謹，見有鬼神視之。（〈明

鬼下篇〉）

鬼神之明，不可爲幽閒廣澤，山林深谷，鬼神之明必知之。鬼神之
罰，不可爲富貴眾強，勇力強武，堅甲利兵，鬼神之罰必勝之。（〈明
鬼下篇〉）

鬼神是無所不在，無所不能的，鬼神之罰，更是無所避逃的。墨子的言行合
一的，他既信鬼神，因此注重祭祀，不像儒家不信鬼神，卻又競尙虛文，專
重祭祀的形式，因此〈公孟篇〉中墨子曾譏評道：

公孟子曰：「無鬼神。」又曰：「君子必學祭祀。」子墨子曰：「執無
鬼神而學祭禮，是猶無客而學客禮也，是猶無魚而爲魚罟也。」

胡適之先生以爲：「儒家講喪禮祭禮，並非深信鬼神，不過是要用『愼終追遠』
的手段來做到『民德歸厚』的目的。」〔註40〕但是從墨子處處講求實利的觀
點來看，是非常矛盾的。

墨子本人是眞信有鬼神的，但他「明鬼」的宗旨，也是爲了實際上的應
用，也是希望能達到「民德歸厚」的目的。他提倡明鬼，是別具實利政治社
會功能的意義的。〈明鬼下篇〉說：

古之今之爲鬼，非他也。有天鬼，亦有山水鬼神者，亦有人死而
爲鬼者。今有子先其父死，弟先其兄死者矣。意雖使然，然而天
下之陳物，曰：先生者先死。若是，則先死者，非父則母，非兄
而姒也。今絜爲酒醴粢盛，以敬愼祭祀，若使鬼神請有，是得其
父母姒兄，而飮食之也，豈非厚利哉？若使鬼神請亡，是乃費其
所爲酒醴粢盛之財耳，自夫費之，非特注之汙壑而棄之也。內者
宗族，外者鄉里，皆得如具飮食之；雖使鬼神請亡，此猶可以合
驩聚眾，取親於鄉里。

信仰鬼神的好處，墨子以爲「上可交鬼之福；下則可合驩聚眾，取親於鄉里。」
完全是一實用主義者的口吻。方授楚先生謂：「墨子之本意，似不斤斤於有無
之辯，乃僅就其效果言之者。」〔註41〕方氏所言甚是。墨子雖深信鬼神、肯
定鬼神，但墨子的目的並不在探究宇宙的奧秘，他著意的是「社會可安，國
家可治」的政治目的、社會實利。因此，在〈明鬼下篇〉墨子依然提到：

今天下之王公大人士君子，中實將欲求興天下之利，除天下之害，

〔註40〕同註5，第四章第四「明鬼」，頁150。
〔註41〕參見方授楚先生著：《墨學源流》，上卷第五章五「墨子之宗教信仰」，頁104。

當若鬼神之有也。將不可不尊明也。

尊明鬼神的目的，乃在「興天下之利，除天下之害」，墨子提倡明鬼之意圖可
見一般。

三、非　命

墨子的「非命」論，是從「天志」、「明鬼」的宗教思想體系發展而來的。
他所反對的不是「天命之謂性」的「性命」，也不是國運之命或人的祿命、福
命、壽命之命，當然更不是儒家正統派所謂的「知命」、「立命」之命，他反
對的是安命、命定或「執有命者」之命。〔註 42〕墨子既信天，又明鬼，何以
不信命呢？胡適之先生說：

> 墨子既信天，又信鬼，何以不信命呢？原來墨子不信命定之說，正
> 因為他深信天志，正因為他深信鬼神能賞善而罰暴。老子和孔子都
> 把「天」看作自然而然的「天行」，所以以為凡事都由天定，不可挽
> 回。所以老子說「天地不仁」，孔子說「獲罪於天，無所禱也」。墨
> 子以為天志欲人兼愛，不欲人相害，又以為鬼神能賞善罰暴，所以
> 他說能順天之志，能中鬼之利，便可得福；不能如此，便可得禍。
> 禍福全靠個人自己的行為，全是各人的自由意志招來的，並不由命
> 定。若禍福都由命定，那便不做好事也可得福；不作惡事，也可得
> 禍了。若人人都信命定之說，便沒有人努力去做好事了。〔註43〕

這話說得很清楚，墨子認為一個人的福禍，全是由自己招致的，不是命定的。
人除了信仰天志鬼神，最重要的是要「自求多福」。墨子所講的命，乃指「形
成人生一切事業的原動力」講的，〔註 44〕若人人皆信命定，那麼將失去奮發

〔註42〕薛保綸先生釋墨子所非之命：「墨子非命，所非的命，不是『天命之謂性』的
『性命』，因這種『性命』為天好生之德——義和利的表現；也不是非國運
之命及人的祿命、福命、壽命，因為墨子的尚賢、尚同、親士等政治主張，
及節葬、節用、非樂等經濟主張，都是要人在這些方面與天命合作、修德以
受命。也不是儒家正統派的知命、立命，因為孔孟的知命、盡性、立命則是
知天、事天、法天『贊天地之化育……可以與天地參矣』的高尚偉大使命。
故他所非的命，為非命定、安命或『執有命』者的命。」，同註39，第二章第
三節「墨子的非命」。

〔註43〕同註5，頁 150～151。

〔註44〕蔣維喬先生著《中國哲學史綱要》中載：「這裡的命字，不作生命的命字講，
而是指形成人生一切事業的原動力講的。」，頁 211。

向上的原動力，同時鬼神的賞罰、宗教的制裁也都會歸於無效，所以墨子極力非斥充塞當時社會，麻醉人心已久的「命定說」。

墨子之所以提倡「非命」，乃是有見於「執有命」者甚眾，影響人心甚鉅，而導致天下混亂，〈非命上篇〉說：

> 古者王公大人，為政國家者，皆欲國家之富，人民之眾，刑政之治，
> 然而不得富而得貧，不得眾而得寡，不得治而得亂，則是本失其所欲，
> 得其所惡，是故何也？子墨子言曰：執有命者，以襍于民間者眾。

執有命者眾，致使國家「不得富而得貧」、人民「不得眾而得寡」、刑政「不得治而得亂」。何以如此？墨子推原「命定」說乃是「暴王所作，窮人所述，非仁者之言也」（〈非命下篇〉）。何以見得執有命者為「暴王」、「窮人」？〈非命下篇〉說：

> 今以命為有者，昔三代暴王桀、紂、幽、厲，貴為天子，富有天子，
> 於此乎不而矯其耳目之欲，而從其心意之辟。外之歐騁田獵畢弋，
> 內湛於酒樂，而不顧其國家百姓之政，繁為無用，暴逆百姓，遂失
> 其宗廟。其言不曰：「吾罷不肖，吾聽治不強。」必曰：「吾命固將
> 失之。」。

《尚書‧湯誓篇》：「曰：『時日曷喪？予及汝皆亡！』」、〈西伯戡黎〉則載紂曰：「嗚呼！我生不有命在天？」都可作「命」為暴王所作的明証。暴王恣欲縱樂，暴逆百姓，最後失其宗廟，不知自我反省，反託辭「吾命固將失之」，完全是自愚而愚人。〈非命下篇〉又說：

> 雖昔也三代罷不肖之民，亦猶此也。不能善事親戚君長，其惡恭儉，
> 而好簡易，貪飲食，而惰從事，衣食之財不足，是以身有陷乎飢寒
> 凍餒之憂。其言不曰：「吾罷不肖，吾從事不強。」又曰：「吾命固
> 將窮。」昔三代偽民，亦猶此也。

這是命為窮人所作的明証。窮人好逸惡勞，不疾於從事，使身陷饑寒凍餒之憂，不知道自我振作，反而歸諸天命，可見命定說麻醉愚民之甚。因此墨子認為有命之說，「非仁者之言也」。故〈非命上篇〉說：

> 執有命者之言曰：命富則富，命貧則貧，命眾則眾，命寡則寡，命
> 治則治，命亂則亂，命壽則壽，命夭則夭。雖強勁何益哉？以上說
> 王公大人，下以駔百姓之從事，故執有命者不仁。

這種命定說乃荒淫暴王之藉口，窮人、惰者之口實，將阻礙政治社會之進步，

實乃亂天下之道，因此不能不非之。

因為命定說是暴王所作、窮人所述、非仁者所言，他們認為人的富貴、貧賤皆由命定，人的努力無效，因此阻礙了人民的進取心，影響了民生的改善，國家社會的進步與治平，造成種種不良的影響。〈非命下篇〉說：

> 今雖無在乎王公大人，賁若信有命而致行之，則必怠乎聽獄治政矣，卿大夫必怠乎治官府矣，農夫必怠乎耕稼樹藝矣，婦人必怠乎紡績織絍矣。王公大人怠乎聽獄治政，卿大夫怠乎治官府，則我以為天下必亂矣。農夫怠乎耕稼樹藝，婦人怠乎紡績織絍矣，則我以為天下衣食之財，將必不足矣。

人人若信有命，則必怠乎職守，荒廢本事，天下必陷於衣食不足之困境。〈非命上篇〉又說：

> 執有命者之言曰：上之所賞，命固且賞，非賢故賞也。上之所罰，命固且罰，不暴故罰也。是故入則不慈孝於親戚，出則不弟長於鄉里，坐處不度，出入無節，男女無辨；是故治官府，則盜竊，守城則崩叛，君有難則不死，出亡則不送，此上之所罰，百姓之所非毀也。

> 執有命者言曰：上之所罰，命固且罰，不暴故罰也；上之所賞，命固且賞，非賢固賞也。以此為君則不義，為臣則不忠，為父則不慈，為子則不孝，為兄則不良，為弟則不弟，而強執此者，此持凶言之所自生，而暴人之道也。

如信命定說，則賞不足勸，罰不足威，故道德淪喪，禮節蕩然不存，下不肯從事，上不肯聽治，徒使國家刑政大亂，政治社會混亂敗壞，造成大害。

「命定說」為害滋甚，因此不可不非之，也因此墨子特立「三表法」以非命。這「三表法」是墨子為他的立論所立的標準，他說：「言必立儀，言而無儀，譬猶運鈞之上，而立朝夕者也，是非利害之辨，不可得而明知也。」（〈非命上篇〉）。它是墨子立說論証的哲學方法，三表分別是一、本之者，本之於古者聖王之事。二、原之者，原察百姓耳目之實。三、用之者，觀其中國家百姓人民之利。這三表法不僅可應用於墨子的「非命論」，也適用於其他各項學說。

〈非命篇〉中就「聖王之事」、「先王之書」指出安危治亂之關鍵，乃在於是否盡力無命？〈非命上篇〉說：

> 古者桀之所亂，湯受而治之。紂之所亂，武王受而治之。此世未易，
> 民未渝，在於桀紂，則天下亂；在於湯武，則天下治，豈可謂有命哉？
> ……先王之書，所以治國家，布施百姓者，憲也。先王之憲，亦嘗有
> 曰：福不可請，而禍不可諱，敬無益，暴無傷者乎？所以聽獄制罪者，
> 刑也。先王之刑，亦嘗有曰：福不可請，禍不可諱，敬無益，暴無傷
> 者乎？所以整設師旅，進退師徒者，誓也。先王之誓，亦嘗有曰：福
> 不可請，禍不可諱，敬無益，暴無傷者乎？是故子墨子言曰：吾嘗未
> 盡數，天下之良書，不可盡計數，大方論數，而三者是也。

不管是先王之事或先王之書，都說明事之成敗，全在人為。「福不可請，禍不可諱」，禍福傷益，全看人是否盡力，盡力則無命。這一表是從過去的實際應用，証明非命的價值。

　　第二表「原之者」，是以百姓耳目之聞見與否，來作為判斷的標準。〈非命中篇〉說：

> 今天下之士君子，或以命為亡。我所以知命之有與亡者，以眾人耳
> 目之情，知有與亡。有聞之，有見之，謂之有。莫之聞，莫之見，
> 謂之亡。然胡不嘗考之百姓之情，自古以及今，生民以來者，亦嘗
> 見命之物，聞命之聲者乎？則未嘗有也。

墨子以百姓耳目「未見命之為物」、「未聞命之有聲」來否定命的存在，可見墨子相當重視耳目之經驗。但卻為學者多所詬病，如周長耀先生說：

> 命的觀念，難道是人的耳目所能接觸的嗎？人之耳目所不能接觸的事
> 物甚多。如電、人的思想、觀念，如天主上帝，都是無形無像的。難
> 道人的耳目所不能接觸到的，就不具備任何真實性嗎？……〔註45〕

的確，命是抽象的意識，是看不見、聽不到的，怎能以「耳目之情」去証實它的存在呢？儘管如此，這也說明了墨子注重證據的科學精神，這一法雖然浮淺，但用之於一般民眾，卻還頗能見效。

　　第三表「用之者」，以是否中國家百姓之利，來決定是否有用？墨子是實用主義者，可用者始為善，若為善者必定可用，有利國家百姓。如前所述，命定說將造成國家百姓的不利，政治社會混亂脫序，因此墨子下一結論說：「故命上不利于天，中不利于鬼，下不利于人。」可謂三利無所利，因此必革除，必非之。

〔註45〕同註38，第三章第六節「墨子的非命」，頁124。

　　如前所述，墨子本著「非人者必有以易之」的原則，既否定了「命定說」，乃提出「強力從事」之法來代替，以避免天下普遍的怠惰。有命說與力行說最不能相容，墨子認爲若人人安於命定，而弛於強力，則國家無法平治，因此墨子痛辯之，而極力主張強力。非命而強力，有什麼好處呢？〈非命下篇〉說：

> 今也王公大人之所以蚤朝晏退，聽獄治政，終朝均分，而不敢怠倦者，何也？曰：彼以爲強必治，不強必亂；強必寧，不強必危，故不敢怠倦。今也卿大夫所以竭股肱之力，殫其思慮之知，內治官府，外斂關市山林澤梁之利，以實官府而不敢怠倦者，何也？曰：彼以爲強必貴，不強必賤；強必榮，不強必辱，故不敢怠倦。今也農夫之所以蚤出暮入，強乎耕稼樹藝，多聚叔粟，而不敢怠倦者何也？曰：彼以爲強必富，不強必貧；強必飽，不強必飢，故不敢怠倦。今也婦人之所以夙興夜寐，強乎紡績織絍，多治麻絲葛緒，捆布縿，而不敢怠倦者，何也？曰：彼以爲強必富，不強必貧；強必煖，不強必寒，故不敢怠倦。

王公大人、卿大夫、農夫、婦人因爲強力，所不敢怠倦，而努力從事。如此人人努力進取，上聽治下從事，國家焉得不治？而這個「力」發以爲刑政，如〈非命下篇〉所說：

> 昔者禹、湯、文武方爲政乎天下之時，曰：必使飢者得食，寒者得衣，勞者得息，亂者得治，遂得光譽令問於天下，夫豈可以爲命哉？故以爲其力也。

可臻「饑者得食，寒者得衣，勞者得息，亂者得治，遂得光譽令問於天下」之理想。

　　從古聖王之治觀之，國治在人不在命；從百姓耳目之情觀之，命莫之見而不存；從刑政之良窳觀之，關鍵在人不在命。因此，墨子認爲命定說徒欲亂天下之政，使上下怠惰不努力從事，社會賞罰失效，倫常脫序，「命定說」是人類災禍的根源，因此必力斥，以「力」取代之。人人若能強力努力，「天下皆曰其力也，必不能曰我見命焉。」（〈非命中篇〉）、「夫豈可以爲其命哉！固以爲其力也。」（〈非命下篇〉），擺脫命定說，站在自己的崗位上，努力付出，善盡自己的本份，那麼暴王、窮人無所託詞，社會必可蓬勃發展，國家必可欣欣向榮。因此，墨子最後下一結論說：

今天下之士君子，中實將欲求興天下之利，除天下之害，當若有命者之言，不可不強非也。

非命說的目的，最後仍歸結到「興天下之利，除天下之害」。可見，「非命說」不僅止於宗教功能，發揮至極致，仍歸之於實用，更具有改革倫理、政治、社會的意義與功能。

第五節　結　語

墨學十論──「兼愛」、「非攻」、「尚賢」、「尚同」、「節用」、「節葬」、「非樂」、「天志」、「明鬼」、「非命」，都是針對時弊，因時因地而提出的改革之方。墨子的目的在促進政治社會的改良，因此他的學說講求「實用」與「實利」，不僅要善而可用，而且必須是「中國家百姓之利」，也就是合乎「義」與「利」的要求。他因為對儒家末流作為有所不滿，又眼見當時社會日漸混亂，在急切救世的心情之下，特別注重進行的方法和效果，希望在最短的時間內，收到最大的效果。他所提出的十論，均可以「三表法」推演，顯見其注重實際，不尚空談，而且必求「興天下之利，除天下之害」的精神。由此，也可見墨學十論是以義為根柢生發開展出來的，可謂是義的系統的學說體系。

墨學十論，綜言之，是以「義」為內涵，在應用上則可推衍於軍事、政治、經濟、宗教各方面：表現在軍事行動上的是「兼愛」、「非攻」；表現在政治行為上的便是「尚賢」、「尚同」；實踐於社會經濟上的是「節用」、「節葬」、「非樂」；發揚於宗教信仰上的則是「天志」、「明鬼」、「非命」。十論雖依時弊而發，但墨子的理念是一致的，處處著眼於公利，期能謀得「最大多數人的最大幸福」。因此，他的十論是含義的實用之學。

第三章 「義」的應用

第一節 墨門的為「義」行動

一、言誨、勤事

　　在《墨子‧魯問篇》裡，墨子曾對他的弟子魏越明白揭示對治天下弊端的理治之方，從他因時制宜「擇務而從事」的指示中，可知墨子是個極注重「實用價值」的哲學家。〔註1〕平日墨子又是「戒蕩口」而「貴實行」的，嘗說：「言足以復行者常之，不足以舉行者勿常。不足以舉行而常之，是蕩口也。」（〈耕柱篇〉）又說：「言足以遷行者常之，不足以遷行者勿常。不足以遷行而常之，是蕩口也。」（〈貴義篇〉）他因為貴義〔註2〕而重行，因此屢戒蕩口，可見他不但「坐而言」，更注重「起而行」，蓋言出必行，或有所遷善，若言行不能合一，豈不流於徒逞口舌？因此，墨子說：「政者，口言之，身必行之。」（〈公孟篇〉）〔註3〕治國的事，一定要能說能行，那才真懂得治的意義。尋常事物，又何嘗不是如此呢？墨子又說：「非以其名也，以其取也。」（〈貴義篇〉）〔註4〕空談

〔註1〕 詳見第二章「義與墨學的十大觀念」所論。

〔註2〕 見第一章第一節一、義的義涵。

〔註3〕 《墨子‧公孟篇》載：「告子謂子墨子曰：『我治國為政。』子墨子曰：『政者，口言之，身必行之。今子口言之，而身不行，是子之身亂也。子不能治子之身，惡能治國政？子姑亡，子之身亂之矣！』」

〔註4〕 《墨子‧貴義篇》載子墨子曰：「今瞽曰：『鉅者白也，黔者墨也。』雖明目者無以易之。兼白墨，使瞽取焉，不能知也。故我曰瞽不知白黑者，非以其名也，以其取也。今天下之君子之名仁也，雖禹湯無以易之。兼仁與不仁，

仁義是沒用的，必定要能踐履，才有實際的意義，對國家百姓也才有眞正的助益，墨子的貴義重行可見一般。

墨子奔走各國，不是爲了出仕，倡義行義，正是他積極行動的表現。墨門集團在墨子的領導下，除了強聒不捨地宣揚義的學說外，另一方面，也知行合一努力不懈以實際的行動爲拯救天下蒼生而捨生取義。墨門集團據《呂氏春秋‧當染篇》載：孔墨「從屬彌眾，弟子彌豐，充滿天下。」、《淮南子‧泰族訓》亦稱：「墨子，服役者百八十人，皆可使赴火蹈刃，死不旋踵。」而《墨子‧公輸篇》載：墨子自稱「然臣之弟子禽滑釐等三百人，已持臣守圉之器，在宋城上，而待楚寇矣。」可知墨門人數甚夥，而且是一支有組織有紀律的作戰隊伍，〔註5〕墨者又都是篤於行義，不懼生死，有任俠犯難精神的勇士。〔註6〕

義的範圍極廣，如何行義呢？墨門的爲義行動，可分兩方面。〈貴義篇〉說：

> 嘿則思、言則誨、動則事、使三者代御，必爲聖人。……手、足、口、鼻、耳，從事於義，必爲聖人。

所謂「言則誨」是誨人以義並使人也能爲義，就是所謂的「言教」；「動則事」則是實際從事於義，付諸行動，也就是「身教」。〈耕柱篇〉裡，墨子並以築牆作譬：

> 治徒娛、縣子碩問於子墨子曰：「爲義孰爲大務？」子墨子曰：「譬若築牆然，能築者築，能實壤者實壤，能欣者欣，然後牆成也。爲義猶是也：能談辯者談辯，能說書者說書，能從事者，然後義事成也。」

這段話原是墨子教其弟子就其能力分工合作以爲義。其中「談辯」、「說書」、「從

> 而使天下之君子取焉，不能知也。故我曰天下之君子不知仁者，非其名也，亦以其取也。……」

〔註5〕墨門集團紀律嚴明，馮友蘭據《墨子》書所載曾歸納出數點墨子對弟子的約束（詳見《中國哲學史》、第一篇第五章、〈墨者爲一有組織的團體〉，頁112），可見墨子弟子之行動出處，須受墨子指揮；弟子出仕之俸祿，須分供墨者使用；如果所仕之主不能行墨家之道，須自行離職。此外，〈耕柱篇〉載墨子以駑驥責之耕柱子，〈魯問篇〉裡，墨子責備曹公子不讓賢，不分貧，不敬神，因此遭受災禍是應當的，凡此俱可見墨門是一個有組織有紀律的團體。墨家是一幫人打仗的團體，如馮氏所說，墨家標榜兼愛，鼓吹非攻，他們不僅是有主義的打仗專家，而且進而講治國之道，和普通幫人打仗的俠士是不同的。

〔註6〕陸賈著《新語‧思務篇》載：「是以墨子之門多勇士。」

事」三者，可視作爲義的方法。談辯和說書是教人以義，也就是言教、言誨；從事則是直接爲義，也就是勤事，二者雖然方法不同，但目的都是爲義，均極重要。〈公孟篇〉裡，載有墨子「以仕誘學」及「勸人強爲義」的故事：

> 有游於子墨子之門者，身體強良，欲使隨而學。子墨子曰：「姑學乎！吾將仕子。」勤於善言，而學其年，而責仕於子墨子，子墨子曰：「不仕子。子亦聞夫魯語乎？魯有昆弟五人者，亦父死，亦長子嗜酒而不葬，亦四弟曰：子與我葬，當爲子沽酒。勸於善言而葬，已葬，而責酒於其四弟，四弟曰：吾未予子酒矣。子葬子父，我葬吾父，豈獨吾父哉？子不葬則人將笑子，故勸子葬也。今子爲義，我亦爲義，豈獨我義也哉？子不學，則人將笑子，故勸子於學。」
> 有游於子墨子之門者。子墨子曰：「盍學乎？」對曰：「吾族人無學者」。子墨子曰：「不然。夫好美者，豈曰吾族人莫之好，故不好哉。夫欲富貴者，豈曰我族人莫之欲，故不欲哉。好美欲富貴者，不視人，猶強爲之，夫義，天下之大器也，何以視之，必強爲之。」

都說明了義爲天下人之義，人人必強爲之。墨子汲汲施教，總是希望社會上每個人都盡自己力量去行義。因此有人批評墨子太注重宣傳，如：

> 公孟子謂子墨子曰：「實爲善人，孰不知？譬若良玉，處而不出，有餘糈。譬若美女，處而不出，人爭求之；行而自衒，人莫之取也。今子徧從人而說之，何其勞也！」子墨子曰：「今夫世亂，求美女者眾，美女雖不出，人多求之。今求善者寡，不強說人，人莫之知也。且有二生於此，善筮。一行爲人筮者，一處而不出者。行爲人筮者，與處而不出者，其糈孰多」公孟子曰：「行爲人筮者，其糈多。」子墨子曰：「仁義鈞，行說人者其功善亦多，何故不行說人也？」（〈公孟篇〉）

墨子認爲現今「求善者寡」，所以不得不強說人以善。他認爲他的主義可以救世，所以不管別人如何批評，他總是「徧從人而說之」，因爲他堅信「有力者疾以助人，有財者勉以分人，有道者勸以教人。」（〈尚賢下篇〉）可使「飢者得食，寒者得衣，亂者得治」，如此乃得生生也，因此他不憚煩向人宣傳。像魯人吳慮那種行爲，墨子是不贊同的：

> 魯之南鄙人有吳慮者，冬陶夏耕，自比於舜，子墨子聞而見之，吳慮謂子墨子：義耳義耳，焉用言之哉？子墨子曰：子之所謂義者，亦有力以勞人，有財以分人乎？吳慮曰：有。子墨子曰：翟嘗計之

矣，翟慮耕而食天下之人矣，盛然後當一農之耕；分諸天下不能人
得一升粟，籍而以爲得一升粟，其不能飽天下之飢者，既可睹矣。
翟慮織而衣天下之人矣，盛然後當一婦人之織，分諸天下，不能人
得尺布，籍而以爲得尺布，其不能煖天下之寒者，既可睹矣。翟慮
被堅執銳，救諸侯之患，盛然後當一夫之戰，一夫之戰，其不御三
軍，既可睹矣。翟以爲不若誦先王之道，而求其說，通聖人之言，
而察其辭，上說王公大人，次匹夫徒步之士。王公大人用吾言，國
必治；匹夫徒步之士用吾言，行必修。故翟以爲雖不耕而食飢，不
織而衣寒，功賢於耕而食之，織而衣之者也，故翟以爲雖不耕織乎，
而功賢於耕織也。(〈魯問篇〉)

吳慮還是不能了解墨子的意思，他認爲行義重在實行，似乎用不著像墨子一
樣到處去遊說，墨子乃以誨人不倦的態度又打了比方來說道：

子墨子曰：籍設而天下不知耕，教人耕，與不教人耕而獨耕者，其
功孰多？吳慮曰：教人耕者，其功多。子墨子曰：籍設而攻不義之
國，鼓而使衆進戰，與不鼓而使衆進戰，而獨進戰者，其功孰多？
吳慮曰：鼓而進衆者其功多。子墨子曰：天下匹夫徒步之士，少知
義而教天下以義者，功亦多，何故弗言也？若得鼓而進於義，則吾
義豈不益進哉？(〈魯問篇〉)

這是墨子決定走行義之路的一段心路歷程，也適足以做爲墨子「言誨」最好
的一個例証。

　　如前所說，墨子篤信義，更篤行義。因此，他一面以宗教家無比的熱忱
「強聒不捨」地教人爲義，一面也「摩頂放踵」孜孜不息地親身爲義。〈貴義
篇〉載：

子墨子自魯即齊，過故人，謂子墨子曰：「今天下莫爲義，子獨自苦
而爲義，子不若已！」子墨子曰：「今有人於此，有子十人，一人耕
而九人處，則耕者不可以不益急矣。何故？則食者衆而耕者寡也。
今天下莫爲義，則子如勸我者，何故止我？」

不僅如此，還分遣弟子遊仕各國，宣揚其學說，如使耕柱子於楚；管黔游、
高石子於衛；公尚過於越；曹公子於宋；勝綽於齊，期使天下之人接受其義，
並進而人人爲義，天下臻於和平的理想境界。所以，墨子爲義，不僅「坐而
言」，也是「起而行」的。其爲義的行動，可說包括了直接從事，親身爲義，

也包括了「強說人以義」的間接爲義。不管言誨或勤事，直接或間接爲義，都可視作墨門的爲義行動。

二、爲「義」的具體行動

《淮南子・脩務訓》稱：「孔子無黔突，墨子無暖席。」班固〈答賓戲〉亦云：「聖哲之治，棲棲遑遑，孔席不暖，墨突不黔。」孔、墨爲救世，未嘗一日安居，棲棲遑遑，奔走於各國之間，其義行令人感佩。墨子到過楚國、宋國、齊國、衛國，和魯君及其他國家執政者，也都經常接觸，他總是因地、因時、因人而制宜，遊說各國國君行義，在他及墨門弟子奔走協助之下，消弭了國際間不少的爭戰，胡適之先生稱他爲「實行的宗教家」，〔註7〕洵爲得體。

（一）在 楚

楚於其時和齊最爲強盛，國君也最有野心，因此墨子遊楚之事蹟甚眾。其中以「止楚攻宋」之義行最爲膾炙人口。〈公輸篇〉載：

> 公輸盤爲楚造雲梯之械成，將以攻宋。子墨子聞之，起於齊，〔註8〕行十日十夜而至於郢，見公輸盤。公輸盤曰：「夫子何命焉？」子墨子曰：「北方有侮臣，願藉子殺之！」公輸盤不說。子墨子曰：「請獻十金！」公輸盤曰：「吾義固不殺人。」子墨子起，再拜曰：「請說之！吾從北方，聞子爲梯，將以攻宋。宋何罪之有？荊國有餘於地，而不足於民。殺所不足而爭所有餘，不可謂智；宋無罪而攻之，不可謂仁；知而不爭，不可謂忠；爭而不得，不可謂強；義不殺少而殺眾，不可謂知類。」公輸盤服。子墨子曰：「然乎？不已乎！」公輸盤曰：「不可。吾既已言之王矣。」子墨子曰：「胡不見我於王？」公輸盤曰：「諾！」
>
> 子墨子見王，曰：「今有人於此：舍其文軒，鄰有敝轝，而欲竊之；舍其錦繡，鄰有短褐，欲而竊之；舍其梁肉，鄰有穅糟，而欲竊之。此爲何若人？」王曰：「必爲竊疾矣。」子墨子曰：「荊之地，方五千里，宋之地，方五百里，此猶文軒之與敝轝也；荊有雲夢，犀、兕、麋鹿滿之，江漢之魚、鼈、黿、鼉爲天下富，宋所爲，無雉、

〔註7〕 參見胡適之先生：《中國古代哲學史》，第六篇第一章「墨子略傳」，頁134。
〔註8〕 《呂氏春秋》卷二十一〈愛類篇〉作：「墨子聞之，自魯往。」

－79－

兔、狐狸者也，此猶梁肉之與糠糟也；荊有長松、文梓、楩柟、豫章，宋無長木，此猶錦繡之與短褐也。臣以三事之攻宋也，爲與此同類。臣見大王之必傷義而不得。」王曰：「善哉」，雖然，公輸盤爲我爲雲梯，必取宋。

於是，見公輸盤。子墨子解帶爲城，以牒爲械。公輸盤九設攻城之機變，子墨子九距之。公輸盤之攻械盡，子墨子之守圉有餘。公輸盤詘，而曰：「吾知所以距子矣，吾不言。」子墨子亦曰：「吾知子之所以距我，吾不言。」楚王問其故。子墨子曰：「公輸子之意，不過砍殺臣。殺臣，宋莫能守，可攻也。然臣之弟子禽滑釐等三百人，已持臣守圉之器，在宋城上而待楚寇矣。雖殺臣，不能絕也。」楚王曰：「善哉，吾請無攻宋矣。」

此一事實，《呂氏春秋·愛類篇》、《戰國策·宋策》、《淮南子·脩務訓》均有詳略不同之記載。可見墨子以「九守」折服公輸盤之「九攻」，使楚王打消攻宋之念頭，相當能表現墨門「實行家之面目」，〔註9〕由此也可見，墨門是長於守備的，他們爲義的具體行動主要還是宣揚兼愛非攻思想，並且消弭國際間的戰禍。

在止楚攻宋之前，墨子有義鈞止戰之論，〈魯問篇〉載：

昔者楚人與越人，舟戰於江，楚人順流而進，迎流而退，見利而進，見不利則其退難。越人迎流而進，順流而退，見利而進，見不利則其退速，越人因此若埶，亟敗楚人。公輸子自魯南游楚，焉始爲舟戰之器，作爲鈎拒之備，退者鈎之，進者強之，量其鈎強之長，而制爲之兵。楚之兵節，越之兵不節，楚人因此若埶，亟敗越人。公輸子善其巧，以語子墨子曰：「我舟戰有鈎強，不知子之義亦有鈎強乎？」子墨子曰：「我義之鈎強賢於子舟戰之鈎強。我鈎強，我鈎之以愛，揣之以恭，弗鈎以愛則不親，弗揣以恭則速狎，狎而不親則速離，故交相愛，交相恭，猶若相利也。今子鈎而止人，人亦鈎而止子，子強而距人，人亦強而距子。交相鈎，交相強，猶若相害也，故我義之鈎強，賢子舟戰之鈎強。」

〔註9〕梁任公著《墨子學案》第六章論及：「這一段故事把墨子深厚的同情、彌滿的精力、堅強的意志、活潑的機變、豐富的技能都表現出來。細讀可以見實行家的面目。」此所謂「實行家之面目」，即其具體行動之眞面目。

公輸盤後來被墨子感動，對墨子說：「吾未得見之時，我欲得宋，自我得見之後，予我宋而不義，我不爲。」墨子回答說：「翟之未得見之時也，子欲得宋，自翟得見子之後，予子宋而不義，子弗爲，是我予子宋也。子務爲義，翟又將予子天下。」（〈魯問篇〉）墨子的熱忱，不知挽救多少殺戮與爭戰，使天下百姓免於恐懼與殺伐的厄運。

墨子游楚，因出身賤人，〔註10〕身分卑微，起初並不受重視，〈貴義篇〉載：

> 子墨子南游於楚，見楚惠王，惠王以老辭，使穆賀見子墨子，子墨子說穆賀，穆賀大說。謂子墨子曰：子之言則誠善矣。而君王，天下之大王也，毋乃曰：賤人之所爲，而不用乎。子墨子曰：唯其可行，譬若藥然，草之本，天子食之，以順其疾，豈曰一草之本而不食哉？今農夫入其稅於大人，大人爲酒醴粢盛，以祭上帝鬼神，豈曰：賤人之所爲，而不享哉？故雖賤人也，上比之農，下比之藥，曾不若一草之本乎？
>
> 且主君亦嘗聞湯之說乎？昔者湯將往見伊尹，令彭氏之子御，彭氏之子半道而問曰：君將何之？湯曰：將往見伊尹。彭氏之子曰：伊尹天下之賤人也，若君欲見之，亦令召問焉，彼受賜矣。湯曰：非汝所知也。今有藥於此，食之則耳加聰，目加明，則吾必說而強食之，今夫伊尹之於我國也，譬之良醫善藥也，而子不欲我見伊尹，是子不欲吾善也。因下彭氏之子，不使御。

墨子想在各國君主之間行義，鼓吹其主義，初時的確遭遇不少困難。但後來由於墨子的道術與熱誠，以及墨門集團的勇於赴義，提高了墨子的聲望，並使得君主們逐漸接納他，尊重他。

〈耕柱篇〉裡另載有數則墨子和魯陽文君的對話：

> 子墨子謂魯陽文君曰：大國之攻小國，譬猶童子之爲馬也。童子之爲馬，足用而勞。今大國之攻小國也，攻者，農夫不得耕，婦人不得織，以守爲事，攻人者，亦農夫不得耕，婦人不得織，以攻爲事，

〔註10〕墨子的出身，舊史不詳，學者亦持論不一。梁任公《墨子學案》，方授楚先生之《墨學源流》，陳師問梅之《墨學之省察》，俱認爲墨子出身微賤的平民。而錢穆、馮友蘭則以爲墨子出身於刑徒，亦即奴隸。其實，墨家之所以稱爲墨，殆與其生活菲薄刻苦，甚與刑徒之意有關，但並不意謂墨子必爲刑徒。否則，墨子何以能奔走各國，倡學說，薦官職，因此，墨子應該是出身平民。《墨子·貴義篇》載墨子和穆賀的對話，墨子自稱「賤人」，就是最好的証明。

故大國之攻小國也，譬猶童子之爲馬也。

魯陽文君掌握楚國政權，而又好攻伐，墨子以「小孩騎竹馬」爲喻，勸導魯陽文君，戰爭總是兩敗俱傷，得不償失的，所謂「所攻者不利，而攻者亦不利，是兩不利也。」〔註 11〕並曉喻魯陽文君攻人之國如偷食他人之餅，猶有竊疾也：

> 子墨子謂魯陽文君曰：「今有一人於此，羊牛犓豢，維人但割而和之，食之不可勝食也。見人之作餅，則還然竊之，曰：舍余食。不知日月安不足乎。其有竊疾乎」？魯陽文君曰：「有竊疾也」。子墨子曰：「楚四竟之田，曠蕪而不可勝辟，評靈數千，不可勝，見宋鄭之閒邑，則還然竊之，此與彼異乎？」魯陽文君曰：「是猶彼也，實有竊疾也。」（〈耕柱篇〉）

雖然不能完全去除魯陽文君攻伐他國的野心，但多少有些助益。有一次，魯陽文君欲攻鄭，墨子立刻加以勸止：

> 魯陽文君將攻鄭，子墨子聞而止之，謂魯陽文君曰：今使魯四境之內，大都攻其小都，大家伐其小家，殺其人民，取其牛馬狗豕布帛米粟貨財，則何若？魯陽文君曰：魯四境之內，皆寡人之臣也。今大都攻其小都，大家伐其小家，奪之貨財，則寡人必將厚罰之。子墨子曰：夫天之兼有天下也，亦猶君之有四境之內也。今舉兵將以伐鄭，天誅亦不至乎？魯陽文君曰：先生何止我攻鄭也，我攻鄭，順於天之志，鄭人三世殺其父，天加誅焉，使三年不全，我將助天誅也。子墨子曰：鄭人三世殺其父，天加誅焉，使三年不全，我將助天誅也。子墨子曰：鄭人三世殺其父，而天加誅焉，使三年不全，天誅足矣。今又舉兵，將以攻鄭，曰：吾攻鄭也，順於天之志。譬有人於此，其子強梁不材，故其父笞之，其鄰家之父，舉木而擊之，曰：吾擊之也，順於其父之志，則豈不悖哉？」（〈魯問篇〉）

大國經常以冠冕堂皇的理由去侵略小國，墨子思慮徇通，反應敏捷，除加勸阻外，並說以世人知小物不知大物的道理，又藉楚人「宜弟」的惡俗來宣揚非攻思想：

> 子墨子謂魯陽文君曰：「世俗之君子，皆知小物而不知大物，今有人於此，竊一犬一彘，則謂之不仁；竊一國一都，則以爲義，譬猶小

視白謂之白，大視白則謂之黑，是故世俗之君子，知小物而不知大
物者，此若言之謂也。」魯陽文君語子墨子曰：「楚之南有啖人之國
者橋，其國之長子生，則鮮而食之，謂之宜弟。美，則以遺其君，
君喜則賞其父，豈不惡俗哉？」子墨子曰：「雖中國之俗，亦猶是也，
殺其父而賞其子，何以異食其子而賞其父者哉？苟不用仁義，何以
非夷人食其子也？」（〈魯問篇〉）

終於使魯陽文君知道「天下之所謂可者，未必然也。」〔註12〕對消弭戰爭的
幫助，不可謂小。而從中也可見墨子強言聒耳、苦口諍諍地教人行義。由於
墨子和魯陽文君接觸頻繁，建立了深厚的友誼，文君甚至向墨子請教忠臣的
問題。〈魯問篇〉載：

魯陽文君謂子墨子曰：「有語我以忠臣者，令之俯則俯，令之仰則仰，
處則靜，呼則應，可謂忠臣乎？」子墨子曰：「令之俯則俯，令之仰
則仰，是似景也。處則靜，呼則應。是似響也。君將何得於景與響
哉？若以翟之所謂忠臣者，上有過，則微之以諫，己有善，則訪之
上，而無敢以告。外匡其邪，而入其善，尚同而無下比，是以美善
在上，而怨讎在下，安樂在上，而憂慼在臣，此翟之所謂忠臣者也。」

墨子認為忠臣應當是「扣亦鳴，不扣亦鳴。」〔註13〕不該唯唯諾諾，一味順
應君主，只做隨身影子和應聲蟲。凡此，都足以充分反映墨子積極、熱心的
「求興天下之利，除天下之害」的行義態度。

〔註12〕 《墨子‧魯問篇》載：「墨子謂魯陽文君曰：攻其鄰國，殺其民人，取其牛馬
粟米貨財，則書之竹帛，鏤之於金石，以為銘於鍾鼎，傳遺後世子孫，曰：
莫若我多。今賤人也，亦攻其鄰家，殺其民人，取其狗豕食糧衣裘，亦書之
竹帛，以為銘於席豆，以遺後世子孫，曰：莫若我多，亦可乎？魯陽文君曰：
然。吾以子之言觀之，則天下之所謂可者，未必然也。」

〔註13〕 《禮記‧學記》載有一段儒家答問法之要領：「善待問者如撞鐘，叩之以小者
則小鳴，叩之以大者則大鳴；待其從容然後盡其聲。不善答問者反此。」儒
家弟子奉此教條，答問以謹慎保守為誠。墨子不以為然，以為應權衡時宜，
並非墨守成規，一成不變。《墨子‧公孟篇》提到：「若大人行淫暴於國家，
進而諫，則謂之不遜，因左右而獻諫，則謂之言議，此君子之所疑惑也。若
大人為政，將因於國家之難，譬若機之將發也然，君之必以諫。然而大人
之利，若此者，雖不扣，必鳴者也。若大人舉不義之異行，雖得大巧之經，
可行於軍旅之事，欲攻伐無罪之國，有之也，君得之，則必用之矣，以廣辟
土地，著稅偽材，出必見辱，所攻者不利，而攻者亦不利，是兩不利也。若
此者，雖不扣必鳴者也。」〈非儒篇〉中，墨者於此亦有嚴屬批評。可見儒墨
兩家處事態度之迥異，於此也更凸顯墨門急於救世之精神。

（二）在 齊

《墨子・貴義篇》載墨子嘗遊齊而未果，又載「子墨子自魯即齊，過故人。」〈耕柱篇〉則載有墨子遣弟子高石子到衛做官，衛君雖致祿甚厚，但不採納其意見，高石子毅然放棄爵祿，「去而之齊，見子墨子」。可見墨子必常遊齊，有時候是住在齊國的。墨子遊齊，嘗見齊太王田和，曉以非攻的道理：

> 子墨子見齊大王曰：「今有刀於此，試之人頭，倅然斷之，可謂利乎？」
> 大王曰：「利。」子墨子曰：「多試之人頭，倅然斷之，可謂利乎？」
> 大王曰：「利。」子墨子曰：「刀則利矣，孰將受其不祥？」大王曰：
> 「刀受其利，試者受其不詳。」子墨子曰：「并國覆軍，賊敖百姓，
> 孰將受其不祥？」大王俯仰而思之，曰：「我受其不祥」。（〈魯問篇〉）

墨子善於譬喻，諄諄善誘，終於使齊太王明白殺人乃不義之事，枉殺無辜百姓將受天譴，以此遊說齊太王不要隨便侵略他國。有一次，齊將伐魯，墨子往見齊將項子牛：

> 子墨子謂項子牛曰：「伐魯，齊之大過也。昔者吳王東伐越，棲諸會
> 稽，西伐楚，葆昭王於隨；北伐齊，取國子以歸於吳。諸侯報其讎，
> 百姓苦其勞，而弗為用，是以國為虛戾，身為形戮也。昔者智伯伐
> 范氏與中行氏，兼三晉之地，諸侯報其讎，百姓苦其勞，而弗為用，
> 是以國為虛戾，身為刑戮，用是也。故大國之攻小國也，是交相賊
> 也，過必反於國。」（〈魯問篇〉）

說以戰爭「過必反於國」，雙方均無利之理。又派遣弟子勝綽去輔佐項子牛：

> 子墨子使勝綽事項子牛，項子牛三侵魯地，而勝綽三從，子墨子聞
> 之，使高孫子請而退之，曰：「我使綽也，將以濟驕而正嬖也，今綽
> 也祿厚而譎夫子，夫子三侵魯而綽三從，是鼓鞭於馬靳也。翟聞之：
> 言義而弗行，是犯明也。綽非弗之知也，祿勝義也。」（〈魯問篇〉）

不料項子牛三侵魯地，勝綽三從之。不僅不能「濟驕而正嬖」，反倒助紂為虐、同流合污。墨子知道如此，很生氣，乃派弟子高孫子去請求項子牛斥退勝綽，並嚴厲譴責勝綽無異於「鼓鞭於馬靳」，明知故犯，分明是為了利祿而出賣了義。雖然，墨子並未能阻止項子牛侵魯，但從墨子苦口婆心的教人行義，仍不失為百姓謀福利的義行。在戰國時代，諸侯拼鬥激烈，要兼行兼愛非攻的理想，本非易事，墨子能不憚艱鉅，孜孜地誨人以義，可見墨子的苦心。

（三）在 魯

墨子是魯人，〔註14〕但和魯政府關係並不密切，可能是因為墨子背周道，而魯為周文化之代表，在政治上，三桓專政，季氏尤橫，無法任賢之故。〔註15〕墨子雖然鄙視三桓，對他們的行徑鄙夷不屑，又諷刺季孫紹和孟伯常：

> 子墨子曰：「季孫紹與孟伯常治魯國之政，不能相信，而祝於叢社，曰：苟使我和。是猶弇其目，而祝於叢社也；苟使我皆視豈不繆哉？」（〈耕柱篇〉）

對魯君一意孤行私倖政治，不能任賢使能、唯才是用，也語多譏嘲：

> 魯君之嬖人死，魯人為之謀，魯人因說而用之。子墨子聞之曰：「謀者，道死人之志也，今因說而用之，是猶以來首從服也。」（〈魯問篇〉）

但當魯君以擇立太子之事請教他時，墨子仍把握機會，向魯君進言。〈魯問篇〉載：

> 魯君謂子墨子曰：「我有二子，一人者好學，一人者好分人財，孰以

〔註14〕墨子之國籍，是魯人，應無問題，但自從司馬遷在《史記・孟子荀卿列傳》後面載「蓋墨翟，宋之大夫」，遂引起諸多爭議。葛洪《神仙傳》、《文選》長笛賦李善注引《抱朴子》、《荀子・脩身篇》楊倞注，均以其為宋人。畢沅《墨子注》、《武億堂文鈔跋墨子》則以其為楚人。其他有以為是齊人的（宋成堦，著有〈墨子為齊國人考〉，見大陸雜誌，十一卷8期，頁20。和〈墨子為齊國人續考〉，見大陸雜誌，十六卷2期，頁16）。更有以為墨子是外國人的，如胡懷琛以其為印度佛教徒，衛聚賢以為是印度婆羅門教徒，金祖同則以為是阿拉伯回教徒，不一而論。《墨子・公輸篇》載墨子「歸，過宋」，〈魯問篇〉載：「子墨子出曹公子於宋，三年而反，睹子墨子。」可知墨子非宋人，梁任公《墨子學案》亦言之甚切。至於為楚人，梁氏以為「墨子南遊於楚」（〈貴義篇〉），謂若自楚之魯陽往，當云「遊郢」而非「遊楚」，又「墨子南遊使衛」，若自魯陽往，當云「北遊」，又從「南則荊吳之王」（〈非攻下〉）諸語，均可知墨子非楚人。另外墨子非中國人之說，方授楚先生於《墨學源流》下卷第二、三章有極詳盡之批駁，《墨子・魯問篇》、《呂氏春秋・高義篇》所載墨子之言，均可為証。墨子非齊人，王冬珍先生《墨學新探》中於墨子籍貫之確認（第一章，第二節），言之甚詳。至於墨子為魯人，《墨子・貴義篇》：「墨子自魯即齊」、〈魯問篇〉：「越王為公尚過束車五十乘，以迎子墨子於魯」、《呂氏春秋・愛類篇》載墨子止楚攻宋「聞之，自魯往」，並謂荊王：「臣北方之鄙人也」、《淮南子・脩務訓》：「自魯趨而往，十日十夜至於郢。」可証墨子為魯人。梁啟超、胡適之、方授楚、蔣伯潛、張純一均主是說。

〔註15〕語見方授楚先生：《墨學源流》，上卷第二章「墨子之事蹟」（丁）條居魯語，頁19。

爲太子而可？」子墨子曰：「未可知也，或所爲賞與爲是也，鮋者之
恭，非爲魚賜也。餌鼠以蟲，非愛之也，吾願主君之合其志功而觀焉。」

又有一次，魯君懼齊侵略，向墨子請教禦齊之法：

魯君謂子墨子曰：「吾恐齊之攻我也，可救乎？」子墨子曰：「可。
昔者三代之聖王，禹湯文武，百里之諸侯也。說忠行義，取天下。
三代之暴王，桀紂幽厲，讎怨行暴，失天下，吾願主君之上者尊天
事鬼，下者愛利百姓，厚爲皮幣、卑辭令，亟徧禮四鄰諸侯，敺國
而以事齊，患可救也，非此顧無可爲者。」（〈魯問篇〉）

魯與齊接壤，魯弱而齊強，魯君懼齊，墨子乃藉機向魯君進陳「尊天事鬼、愛
利百姓」的道理，並要魯君聯合四鄰諸侯，舉國去抗齊。墨子與魯君之接觸雖
僅如此，但墨子能因勢利導，「徧從人而說仁義」，也可見墨子的篤於行義。

（四）在　衛

墨子與衛之關係極密切，衛與魯相鄰，介於齊、晉兩大國之間，墨子與
執政大夫公良桓子善，對衛守禦的事情，相當關注，嘗勸衛節約以畜士。〈貴
義篇〉載：

子墨子謂公良桓子曰：「衛小國也，處於齊晉之間，猶貧家之處於富
家之間也。貧家而學富家之衣食多用，則速亡必矣。今簡子之家，
飾車數百乘，馬食菽粟者數百匹，婦人衣文繡者數百人，吾取飾車
食馬之費，與繡衣之財，以畜士，必千人有餘，若有患難，則使百
人處於前，數百於後，與婦人數百人處前後，孰安？吾以爲不若畜
士之安也。」

墨子以爲衛國在位者競尚奢華，注重生活享受，耗費國庫公帑，不知節制，
必使民窮財盡，一旦患難發生，將不知如何自處。不如節約用度以畜士，若
有患難，也可保國衛民，由此可見墨子謀慮之深遠。墨子也曾推薦弟子到衛
出仕，但派出去的弟子表現不一，〈貴義篇〉載：

子墨子仕人於衛，所仕者至而反。子墨子曰：「何故反？」對曰：「與
我言而不當，曰：待女以千盆。授我五百盆，故去之也。」子墨子
曰：「授子過千盆，則子去之乎？」對曰：「不去」。子墨子曰：「然
則非爲其不審也，爲其寡也。」

這個弟子因爲嫌俸祿少而不仕衛的行爲，簡直玷辱師門。但也有表現極好的，
像墨子推介高石子仕衛，衛君雖給予高官厚祿，但不能採用他的意見，高石

子毅然「背祿向義」離開衛國，其精神行爲就極令人感佩，他的行徑也深獲墨子讚許。

（五）在 宋

墨子一生並未出仕，但和宋卻有不少關係。〈魯問篇〉載墨子嘗介紹弟子曹公子仕宋，並勉以讓賢事鬼之理：

> 子墨子曰：不然。夫鬼神之所欲於人者多，欲人之處高爵祿，則以讓賢也。多財，則以分貧也。夫鬼神，豈唯擢季拑肺之爲欲哉？今子處高爵祿，而不以讓賢，一不祥也。多財而不以分貧，二不祥也。今子事鬼神，唯祭而已矣，而曰：「病何自至哉？」是猶百門而閉一門焉，曰：「盜何從入？」若是，而求福於有怪之鬼，豈可哉？

以富濟貧，禮賢下士，敬神事鬼是墨子所講行的道德，也是兼愛、尚賢、天志、明鬼等學說的具體行爲表現，也就是行義。

除此之外，最重要的是〈公輸篇〉所載「止楚攻宋」一事實。〔註16〕墨子本人勸阻楚王勿攻宋，另一方面則派遣弟子禽滑釐等三百人，持守圉之器在宋城嚴陣以待，以防止楚之蠢動，終使楚王打消攻宋之念頭。這種提倡非攻思想，消弭戰爭的行爲也是爲義行動。

由於墨子的奔走，墨者的篤於行義，當時確實解除不少國際間的戰禍。如前文所說，止楚攻宋、勸服齊太王和項子牛侵魯、又說明楚國執政魯陽文君停止伐鄭。梁任公引《詩經》稱讚墨子爲義之積極：「凡民有喪，匍匐救之。」〔註17〕墨子眞當得起這兩句話。因爲墨子的熱忱、墨者精良的守備器械及方法，使得各國貪暴之君不得不敬服墨子，也因此消弭了不少原欲發生的戰爭，這全都是墨子言誨、勤事，孜孜不倦地爲義所致。

第二節 行「義」精神

如前節所述，墨門的爲義行動可包括直接從事即直接爲義，和誨人以義即間接爲義。爲義是極艱苦的，從墨門集團的具體表現中可知，在當時，世俗看不起爲義者以至非毀爲義者的〔註18〕不可謂少，因此墨子才汲汲於宣揚

〔註16〕詳見前文（一）在楚。
〔註17〕同註9，頁33。
〔註18〕《墨子‧貴義篇》載：「子墨子曰，商人之四方，市賈信徒，雖有關梁之難、

義的學說，並且以具體行動貫徹之，期能移風易俗，匡時救弊。而在墨子全力爲義中，尤透顯其自苦利公、不計毀譽、不惜身殉的行義精神。

一、自苦利公

《淮南子・要略篇》說墨子「背周道而用夏政」，墨子的學說「背周道」是眞的，但不見得全用「夏政」，他所師法的是夏禹的精神，因爲《墨子》書中並未曾特別標榜夏禹，他稱夏禹總是和堯、舜、湯、文、武等古聖王並舉。莊子卻說墨子切實效法夏禹的榜樣，〈天下篇〉載：

> 不侈於後世，不靡於萬物，不暉於數度，以繩墨自矯，而備世之急。古之道術有在於是者，墨翟、禽滑釐聞其風而悅之。爲之大過，己之大循，作爲非樂，命之曰節用。生不歌，死無服。……
> 墨子稱道曰：昔者禹之湮洪水，決江河、而通四夷九州也。名山三百、支川三千，小者無數。禹親自操槀耜，而九雜天下之川。腓無胈、脛無毛、沐甚雨，櫛疾風，置萬國。禹大聖也，而形勢天下也如此。使後世之墨者，多以裘褐爲衣，以跂蹻爲服，日夜不休，以自苦爲極。曰：不能如此，非禹之道也，不足謂墨。

因爲夏禹治水有不畏犯難、舍己爲群的精神，且又刻苦勤儉的美名，所以墨子樂於倣效夏禹的精神，以此爲號召，去抵制以法周相號召的儒家。

墨子不但自己師法夏禹，也教人爲天下之公利而奉獻自己。墨門師徒的作爲，尤可見節儉勤勞的美德。〈魯問篇〉載墨子語公尚過曰：「翟將往，量腹而食，度身而衣」可見墨子自奉甚儉。《呂氏春秋・愛類篇》載：「公輸般爲高雲梯，欲以攻宋，墨子聞之，自魯往，裂裳裹足，日夜不休，十日十夜，而至於郢。」「裂裳裹足，日夜不休」，尤可顯其自苦爲義，不怕做「賤人之所爲」（〈貴義篇〉）的精神，所以孟子稱：「墨子兼愛，摩頂放踵，利天下爲之。」[註19] 他的弟子受到墨子「化之所致」，[註20] 人人不嗜奢侈，不事靡

盜賊之危，必爲之。今士坐而言義，無關梁之難、盜賊之危，此爲信徒，不可勝計，然而不爲。則士之計利，不若商人之察也。」「子墨子曰，世之君子欲其義之成，而助之修其身則慍：是猶欲其牆之成，而人助之築則慍也。豈不悖哉？」由此可知世俗之人對於墨子爲義之態度了。

〔註19〕語見《孟子・告子下》。陳澧案：「孟子所謂摩頂放踵，摩，猶糜也，謂糜爛也。劉孝標廣絕交論云：『皆願摩頂至踵，驪膽抽腸。』江文通詣建平王上書云：『剖心摩頂，以報所天。』任彥昇奏彈曹景宗云：『自頂至踵，功歸造化，

費，不務光華，取法夏禹「形勞天下」的精神，以自苦為極。〈備梯篇〉載有禽滑釐在泰山下學守禦之法三年，吃苦勞作的情形：

> 禽滑釐子事子墨子，三年，手足胼胝，面目黧黑，役身給使，不敢問欲。子墨子其哀之，乃管酒塊脯，寄于大山，昧葇坐之，以樵禽之，禽子再拜而嘆。子墨子曰：「亦何欲乎？」禽子再拜再拜曰：「敢問守道？」子墨子曰：「姑亡，姑亡！」

禽子篤實的精神，令人肅然起敬；墨者刻苦自勵的精神，更令人讚嘆。〈魯問篇〉另載：「子墨子出曹公子而於宋，三年而反，睹子墨子曰：『始吾游於子之門，短褐之衣，藜藿之羹，朝得之則夕弗得，祭祀鬼神。……』」墨子之門，雖「藜藿之羹」亦三餐無以為繼，刻苦可知。墨子因救世「席不暇暖，突不得黔」，不及注意飲食，其弟子亦然，甚而有因此使同門產生「客之不厚」的誤解，〈耕柱篇〉載：

> 子墨子游荊耕柱子於楚，二三子過之，食之三升，客之不厚，二三子復於子墨子曰：耕柱子處楚無益矣。二三子過之，食之三升，客之不厚。子墨子曰：未可智也。毋幾何，而遺十金於子墨子曰：後生不敢死，有十金於此，願夫子之用也。子墨子曰：果未可智也。

耕柱子的刻苦節儉，連他同門學弟都不諒解，可見墨門的節儉自苦已達極致。而耕柱子之所以如此，則是欲以所節奉其師，供其行道以救天下也。

墨子不僅在生活上自苦為義，排除一切享受，對自我修持的要求也不曾鬆懈，甚至要求弟子們以理智克制人性中脆弱的喜怒哀樂愛惡之情，而全心全意從事於義：

> 子墨子曰：必去六辟，嘿則思，言則誨，動則事，使三者代御。必為聖人，必去喜去怒，去樂去悲，去愛〔去惡〕，而用仁義。手足

潤草塗原，豈獲自己。』皆用孟子語也，皆摩爛而死之謂也。」（《東塾讀書記》、卷十二）錢賓四先生另有「截髮禿頭，穿鞋放腳。」之解。（詳見錢著《先秦諸子繫年考辨》、卷二）陳、錢二氏之解，皆與「斷指與斷腕，利於天下，相若無擇也。」（〈大取篇〉）之語近同，咸謂自苦至極之意也。

〔註20〕《淮南子・泰族訓》云：「墨子，服役者百八十人，皆可使赴火蹈刃，死不還踵，化之所致也。……」方授楚先生闡釋謂「化字最能傳達神恉，亦即所染篇之染也。死乃人所最難，而能赴火蹈刃，視死如飴，則墨子之感人必有在學問、文字、言語以外者，古語云：『以言教者訟，以身教者從。』其此之謂矣。」（見《墨學源流》，上卷第七章墨學之傳授一、墨子之教育）由此可見墨子人格精神之偉大，也可見墨門弟子深受墨子刻苦利公精神之感化。

　　口鼻〔目〕，從事於義，必爲聖人。(〈貴義篇〉)

墨子是如此砥礪自己及弟子們的修爲。在穿則「夏日葛衣、冬日鹿裘」；食則「食土簋、啜土刑、糲粱之食、藜藿之羹」；住則「堂高三尺、土階三等、茅茨不剪、采椽不刮」，如此惡劣的生活環境下，猶能不計個人利益，去私刻苦，切實使「手足鼻耳目，從事於義。」而他更時常叮囑弟子們：「爲義而不能，必無排其道，譬若匠人之斲，而不能，無排其繩。」(〈貴義篇〉)。墨門能如此，完全是因爲「憂道不憂貧」之故。顏回簞食瓢飲，身居陋巷，非力之不贍，乃因不暇計之，安貧而樂道也，所以孔子有云：「士志於道，而恥惡衣惡食者，未足與議也。」墨子及墨者如此刻苦自勵，也是如此之故。

　　那麼，「以裘褐爲衣，以跂蹻爲服，日夜不休，以自苦爲極」的墨子及墨者，所憂之道爲何？所憂者在墨子義的學說——「兼愛、非攻、尚賢、尚同、節用、節葬、非樂、天志、明鬼、非命」十論不能倡行，進而言之，天下人不能行義以利公。換言之，墨子自苦、去私完全是爲了利公。若非有此崇高的理想、堅定的信仰、熱烈的宗教精神，如何能以身作則率領墨者爲阻遏殘害生民的戰禍而奔走？如何能汲汲於親身爲義而又孜孜不倦地誨人爲義？他的自苦，完全是爲了行道，爲了利公。〈魯問篇〉載墨子「義辭越封」：

　　　子墨子游公尚過於越，公尚過說越王，越王大說，謂公尚過曰：先生苟能使子墨子於越而教寡人，請裂故吳之地方五百里，以封子墨子。公尚過許諾，遂爲公尚過束車五十乘，以迎子墨子於魯。……子墨子謂公尚過曰：子觀越王之志何若？意越王將聽吾言，用我道，則翟將往。量腹而食，度身而衣，自比於群臣，奚能以封爲哉？抑越不聽吾言，不用吾道，而吾往焉，則是我以義糶也。鈞之糶，亦於中國耳，何必於越哉！

唐・余知古《渚宮舊事》另載有墨子游楚獻書辭封一事。〔註21〕墨子之所以不爲所動，乃因志在行道利公，非圖封地，若道能行，雖「量腹而食，度身

〔註21〕《墨子・貴義篇》載：「墨子南游於楚，見楚惠王，獻書，惠王以老辭。」唐・余知古《渚宮舊事》(二)亦載：「墨子至郢，獻書惠王。王受而讀之，曰：『良書也。寡人不得天下，而樂養賢人。』墨子辭曰：『翟聞賢人進，道不行不受其賞，義不聽不處其朝。今書未用，請遂行矣。』將辭王而歸。王使穆賀以老辭。魯陽文君言於王曰：『墨子，北方賢聖人，君王不見，又不爲禮，毋乃失士！』乃使文君追墨子，以書社五(百)里封之，不受而去。」墨子一意求道行義之精神可見。

而衣」，亦樂前往；若不聽其言，不行其道，那麼「枉道而事人，何必去父母之邦？」所謂「道不行不受其賞，義不聽處其朝」，正是墨子行道爲義之決心，因爲行義是墨子的宗旨，他著眼的是天下人的公利，對一己私利是決然摒除的，墨子去私純然爲利公。如孟子所言：「萬鍾不辨禮義而受之，萬鍾於我何加焉？」（〈告子上篇〉），墨子認爲不合「義」者，雖五百里封地，也視之如草芥，他不忍見利而忘義，所以毅然拒絕接受。墨子這種去私利公的精神，直如孟子所謂的浩然正氣：「其爲氣也，至大至剛，以直養而無害，則塞於天地之間。其爲氣也，配義與道，無是餒也。是集義所生者，非義襲而取之也。」（〈公孫丑上篇〉），墨家一切以「義」爲準，誠具至大至剛、配義與道之浩然正氣也。

　　墨子這種勞心苦志，身體力行，一心只求行道的精神，比起宗教之苦行，有過之而無不及，確非常人所能做到。〈魯問篇〉另有一段記載，頗能說明墨子孜孜教人行義，乃求功善多，目的在利天下：

> 吳慮謂子墨子曰：「義耳，義耳，焉用言之哉？」子墨子曰：「籍設而天下不知耕，教人耕，與不教人耕而獨耕者，其功孰多？」吳慮曰：「教人耕者，其功多。」子墨子曰：「籍設而攻不義之國，鼓而使眾進戰，與不鼓而使眾進戰而獨進戰者，其功孰多？」吳慮曰：「鼓而進眾者，其功多。」子墨子曰：「天下匹夫徒步之士，少知義而教天下以義者，功亦多，何故弗言也？若得鼓而進於義，則吾義豈不益進哉？」

墨子乃一熱情的社會改革者，他那種實踐力行，摩頂放踵，利天下爲之的精神，有如「救世之警鐘」，〔註22〕所以莊子稱讚他：「墨子眞天下之好也，將求之不得也。雖枯槁不舍也，才士也夫。」

　　總括而言，墨子自苦去私，一心只爲求道行義。墨子說：「萬事莫貴於義」，行義是其行爲之宗旨。〈經上篇〉說：「義，利也。」墨子又說：「凡言凡動利於天鬼百姓者爲之，凡言凡動害於天鬼百姓者舍之。」（〈貴義篇〉），可見墨子自苦行義是爲利公。史墨卿先生謂：「其刻苦節儉者，即所以遂其『兼相愛』、『交相利』之和樂社會之目的也。換言之，墨子之所以如是刻苦節儉者，以其爲謀『天下大利』而然也。其所謂『天下之大利』者，即全天下之人安生

〔註22〕參見田鳳台先生著：《先秦八家學述》，第六章「墨子學述」肆、紀律論，頁205。

遂生之謂也。」〔註23〕可見墨子的行義精神，正是一種自苦以利公的偉大精神。

二、不計毀譽

墨子之世，世俗之人並不重視行義，而且還時常詆毀行義的人，叫墨子十分感慨。〈耕柱篇〉即載有巫馬子認為墨子有「狂疾」的故事：

> 巫馬子謂子墨子曰：「子之為義也，人不見而〔富〕耶？鬼而不見而富？而子為之，有狂疾。」子墨子曰：「今使子有二臣於此，其一人者，見子從事，不見子則不從事；其一人者見子亦從事，不見子亦從事。子誰貴於此二人？」巫馬子曰：「我貴其見我亦從事，不見我亦從事者。」子墨子曰：「然則，是子亦貴有狂疾也。」

墨子的為義精神是「見子從事，不見子亦從事」的。換言之，他行義不是要人稱譽，也不是要向鬼神求福，他孜孜苦幹，從未想過回報，即使別人詆毀他「有狂疾」，他還是「雖千萬人吾往矣」勇往直前地去努力為義。

墨子固守正道，力行大義，不避艱險，不貪封邑，不懼貪賤，化之所及，他的弟子也多半具此精神。〈耕柱篇〉載：

> 子墨子使管黔滶游高石子於衛。衛君致祿甚厚，設之於卿。高石子三朝必盡言，而言無行者。去而之齊，見子墨子，曰：「衛君以夫子之故，致祿甚厚，設我於卿。石三朝必盡言，而言無行。是以去之也。衛君無乃以石為狂乎？」子墨子曰：「去之苟道，受狂何傷？古者周公旦非關叔，辭三公，東處於商蓋，人皆謂之狂，後世稱其德，揚其名，至今不息。且翟聞之，為義非避毀就譽，去之苟道，受狂何傷？」……

高石子雖然能夠當下立斷離開不行其言的衛君，但還是不能超脫，擔心蒙受狂名。墨子則不然，他認為為義受毀是無傷的，受毀既然無傷，受譽也就不足為計了，所以他說：「為義非避毀就譽」，可見他的為義精神是不計毀譽的。

墨子守道不阿，行義不倦的精神，在當時可謂曲高和寡。但他雖然遭受許多阻難和諷刺，仍日夜奔波，以行義作為他一生努力的目標。墨子之所以能夠時受嘲諷，而信心依然堅定，完全是因為他篤信「義」才是利民的：

〔註23〕史墨卿先生著：《墨學探微》，第六章「墨家精神探原」，頁183。

> 子墨子曰：和氏之璧、隋侯之珠，三棘六異，此諸侯之所謂良寶也。
> 可以富國家、眾人民、治刑政、安社稷乎？曰：不可。所謂貴良寶
> 者，爲其可以利也，而和氏之璧、隋侯之珠、三棘六異，不可以利
> 人，是非天下之良寶也。今用義爲政於國家，人民必眾，刑政必治，
> 社稷必安？所爲貴良寶者，可以利民也。而義可以利人，故曰：義，
> 天下之良寶也。（〈耕柱篇〉）

在墨子看來，「義」遠勝過世人最珍愛的「和氏之璧、隋侯之珠、三棘六異」，他認爲唯有義可使「人民眾、刑政治、社稷安」，因此「義」才是「天下之良寶也」。但行義的工作是寂寞的，他爲了結合更多的人，成爲更大的力量，爲社會做有益的事，因此從不計較個人的毀譽得失，即使是曾經毀謗他的人，墨子也不排斥：

> 二三子復於子墨子曰：告子曰言義而行甚惡，請棄之。子墨子曰：
> 不可！稱我言以毀我行，愈於亡。有人於此，翟甚不仁，尊天事鬼
> 愛人。甚不仁，獨愈於亡也。今告子言談甚辯，言仁義而不吾毀，
> 告子毀，猶愈亡也。（〈公孟篇〉）

因爲行義不是一個人的力量可以做好，墨子希望行義路上多一些同志，所以不計別人的毀譽。

墨子爲義是如此的堅定和執著，所以在「止楚攻宋」的事件上，墨子「聞之，自魯往，裂裳裹足，日夜不休，十日十夜而至於郢。」〔註24〕游說楚王，又派弟子禽滑釐等持械守宋城，終於達成弭兵的爲義行動，卻沒想到「歸過宋，守閭者不內也。」（〈公輸篇〉）。世人是如此不解爲義，墨子卻不以爲忤。〈公輸篇〉最後說得好：「故曰：治於神者，眾人不知其功；爭於明者，眾人知之。」說明了墨子的爲義精神是超越了世俗的見知，而且是不計個人毀譽的。

三、不惜身殉

墨子的基本精神在救世，因此爲了行義，往往不惜身殉，視死如歸。〈魯問篇〉載有因其子學於墨子而殉道戰死之事：

> 魯人有因子墨子而學其子者，其子戰而死，其父讓子墨子。子墨子
> 曰：「子欲學子之子，今學成矣，戰而死，而子慍，而猶欲糶，糶讎

〔註24〕語見《呂氏春秋・愛類篇》。

則怓也，豈不費哉？」

魯人以其子之死責墨子，墨子則認爲學義成而又爲義死，猶如欲糶而糶出一樣，是死得其所。可見墨子的爲義精神是不惜以身殉義，超乎生死之上的。

因爲墨子有犧牲爲義的精神，所以在「止楚攻宋」中，有冒險與公輸盤對陣之舉，在楚王面前更有「雖殺臣，不能絕也。」置個人死生於度外的慷慨陳詞。他的弟子受墨子精神所化，也能見危受命，如禽滑釐等三百人持械爲宋守城，即爲此一精神所驅使。而《淮南子・泰族訓》有：「墨子服役者百八十人，皆可使赴火蹈刃，死不旋踵。」之言，陸賈《新語・思務篇》也有「墨子之門多勇士」之說，凡此均可見墨家可敬的犧牲精神。

墨子本人爲行義不懼犧牲，影響所及，他的弟子也都能勤生赴死，以任天下之急爲職志，只要是該做的義事，即使是赴湯蹈火也勇往直前，毫不退縮。墨子卒後，墨家鉅子〔註25〕孟勝嘗有爲行墨者之義，繼墨子之業，爲楚陽城君死難之舉。《呂氏春秋・上德篇》載：

> 墨者鉅子孟勝，善荊之陽城君。陽城君令守於國，毀璜以爲符。約曰：符合聽之。荊王薨，群臣攻吳起，兵於喪所，陽城君與焉，荊罪之，陽城君走。荊收其國，孟勝曰：受人之國，與之有符，今不見符，而力不能禁，不能死，不可。其弟子徐弱諫孟勝曰：死而有益陽城君，死之可矣。無益也，而絕墨者於世，不可。孟勝曰：不然，吾於陽城君也，非師則友，非友則臣也。不死，自今以來，求嚴師必不於墨者矣，求賢友必不於墨者矣，求良臣必不於墨者矣。死之，所以行墨者之義，而繼其業者也。我將屬鉅子於宋之田襄子。田襄子賢者也，何患墨者之絕世也。徐弱曰：若夫子之言，弱請先死以除路，還歿頭前於孟勝，因使二人傳鉅子於田襄子。孟勝死，弟子死之者，百八十三人，以致令於田襄子，欲友死孟勝於荊。田襄子止之曰：孟子已傳鉅子於我矣，不聽，遂反死之。……

孟勝等墨者，確切踐行了「生命的意義在創造宇宙繼起之生命」的人生規範。清儒孫詒讓謂：「彼勤生薄死，以赴天下之急，而姓名澌滅，與草木同盡者，

〔註25〕《莊子・天下篇》載：墨者「以鉅子爲聖人，皆願爲之尸，冀得其後世。」可見鉅子在墨家組織之地位。現今可考的鉅子，只有孟勝、田襄子、復豷三人，墨子當是墨家第一任鉅子。（參見業師周富美教授著：〈墨子的實學〉（三）墨子及墨者實踐其學說的精神及行爲，國立臺灣大學《文史哲學報》，22 期，頁 148。）

殆不知凡幾？嗚呼！悕矣。」〔註26〕就是慨嘆墨者「只見一義，不知生死」的為義精神。換言之，墨家的為義精神是不惜身殉的。

第三節　結　語

　　墨子及墨者行義能自苦利公、不計毀譽、不惜身殉，全是因為墨者能損己利人以成大義，因此勇於無畏而犧牲也。《墨子‧經上篇》有云：「任，士損己而益所為也。」〈經說上篇〉釋此條曰：「任，為身之所惡，以成人之所急。」李漁叔先生謂「損己」即「身之所惡」，「益所為」即「成人之所急」是也。〔註27〕綜合經義即殺身捨生，以救他人之危難。〈經上篇〉又曰：「忠，以為利而強低也。」謂凡有利天下國家者，當死生以赴。〈大取篇〉則曰：「殺一人以存天下，非殺一人以利天下也，殺己以存天下，是殺己以利天下。」墨家凡利於人者，摩頂放踵，在所不辭，但若殺一不辜而存天下，也是絕不為也。

　　墨家這種「不愛其軀，赴士之阨困」〔註28〕的犧牲精神，影響我中華民族至深且遠。梁任公嘗謂：「墨教之根本義，在肯犧牲自己。墨經曰：『任，士損己而益所為也。』經說釋之曰：『任，為身之所惡，以成人之所急。』墨子之以言教以身教者，皆是道也。」並進而申言其影響：

> 夫所謂「摩頂至踵利天下」者，質言之，則損己以利他而已。利億萬人固利他，利一二人亦利他，汎愛無擇固利他，專註於其所親亦利他也。己與他之利不可得兼時，當置他於第一位而置己於第二位，是之謂「損己而益所為」，是之謂墨道。今之四夫匹婦，曷嘗誦墨子書，曷嘗知有墨子其人者，然而不知不識之中，其精神乃與墨子深相懸契。其在他國，豈曰無之，然在彼則為畸形，在我則為庸德。嗚呼！我國民其念之。此庸德者非他，乃墨翟、禽滑釐、孟勝、田襄子諸聖哲，瀎百年之心力以蒔其種於我先民之心識中，積久而為國民性之一要素焉。我族能繼繼繩繩與天地長久，未始不賴是也。〔註29〕

〔註26〕孫詒讓著：《墨子閒詁》，「墨子後語上」。
〔註27〕李漁叔先生著：《墨辯新註》卷一。
〔註28〕《史記‧游俠列傳》第六十四：「今游俠，其行雖不軌於正義，然其言必信，其行必果，已諾必誠，不愛其軀，赴士之阨困，既已存亡死生矣，而不矜其能，羞伐其德，蓋亦有足多者焉。」
〔註29〕同註9，第二自序語。

梁氏之說，誠非虛言。革命志士張繼亦云：「先烈赴湯蹈火之行，及捨己救人之志，出於墨子任俠一派者多。」〔註30〕的確如此，墨家的義勇精神，創立了仗義任俠的形象，它深入民心，溶入民族血液中，對我學術文化影響深遠。吳錫澤先生讚賞墨家這種偉大的行義精神爲「天地之正氣、民族之寶光」：

> 這種偉大的犧牲精神，眞是天地的正氣，民族之寶光！我們中華民
> 國，數千年來，忠臣烈士，史不絕書，許多都是深受墨家精神感召
> 所致。此種精神已深入全民族的心坎，滲入每一個人的血液中，而
> 形成我們民族的主要精神；故不獨忠臣烈士，能視死如歸，即一般
> 沒有知識的人民，在日常生活上，無形中也常常有這種精神流露者。
> 〔註31〕

的確，墨子立義之堅、爲義之勇，堪稱卓絕千古，其義勇行爲更創立一種新的人格典範，深獲公眾肯定。他的影響是恆久的，精神則如日月之光輝，是永遠不朽的。

〔註30〕《張溥泉全集》，頁131。
〔註31〕參見吳錫澤先生：《中國學術思想論叢》，捌「墨家精神」，頁168。

第四章　結　論

　　先秦諸子的學術，均爲救時之弊而產生。而當時儒、墨之說尤爲盛行，莊子曾說：「天下大駭，儒墨皆起。」（〈天運篇〉），《淮南子》載：「孔子弟子七十，養徒三千人，皆入孝出悌，言爲文章，行爲儀表，教之所成也。墨子服役者百八十人，皆可使赴火蹈刃，死不旋踵，化之所致也。」（〈泰族訓〉）、《韓非子·顯學篇》則稱：「世之顯學，儒墨也。儒之所至，孔丘也；墨之所至，墨翟也。」可見在春秋戰國時代，儒墨均爲當時之顯學，而孔子和墨子則各爲兩家的代表人物。

　　據《淮南子·要略篇》載：「墨子學儒者之業，受孔子之術，以爲其禮繁擾而不說，厚葬靡財而貧民，久服傷生而害事，故背周道而用夏政。」墨子原先所學爲儒者之業，但眼見政治混亂，社會分崩離析，儒學末流淪爲形式主義，漸漸腐敗，緩不濟急，遂另創學說。在當時，墨家學說蔚爲風潮，盛行天下，孟子曾說：「楊朱墨翟之言盈天下」、「天下之言，不歸楊則歸墨」、「逃墨必歸楊、逃楊必歸墨」（〈盡心篇〉）。墨學之所以如此昌盛，顯赫一時，並非偶然。墨子一生爲拯救天下蒼生而奔走，所謂「孔席不暇暖，墨突不暇黔」，他念茲在茲的是「仁人之所以爲事者、必興天下之利，除天下之害」，故針對當時政治社會之積弊，提出理治之方：「凡入國，必擇務而從事焉。國家昏亂，則語之尚賢、尚同；國家貧，則語之節用、節葬；國家憙音湛湎，則語之非樂、非命；國家淫僻無禮，則語之尊天、事鬼；國家務奪侵凌，即語之兼愛、非攻。故曰：擇務而從事焉。」（〈魯問篇〉），其中「兼愛、非攻、尚賢、尚同、節用、節葬、非樂、天志、明鬼、非命」十論，都是針對社會況疴所下的針砭之道，不僅因應時代需要，更要求有利於國家社會百姓，因此都是統

攝於「義」之下的人生行為的應用，故墨子開創的哲學可謂為義的哲學，對烽火連天的當時，飽受蹂躪的黎庶而言，不啻是一大福音。

墨子窮其一生倡行義道，以「義」為最高的行為規範，嘗說：「萬事莫貴於義」(〈貴義篇〉)、「義，天下之良寶也。」(〈耕柱篇〉)、「夫義，天下之大器也。」(〈公孟篇〉)。但他對義的解釋和儒家不同，他說：「義者，善政也。」(〈天志〉中、下篇)、「義者，利也。」(〈經上篇〉)，可見墨子所講的義包括了「正」與「利」兩個意思，亦即涵括政治與經濟兩面意義。統言之，正當而且有利於人民的事情，才是義。然而，墨子雖然處處講求實用、實利，追求的卻非個人一己的私利，誠如業師周富美教授所闡述的：「指社會全人類的公利而言，而不是指個人的利或一階層的利。」(《救世的苦行者 —— 墨子》)，也就是利他、利公、利天下。他完全以國家百姓為前提，欲創造一健全的社會，使國家社會受大利，但「愛人不外己，己在所愛之中。」(〈大取篇〉)，在利人之下而互利，國家社會有利，個人也因此從中獲利。所以墨子的實利思想，仍是以萬民的福祉為目的，王讚源先生稱之為「理性的功利主義」，可謂極恰當。

墨子為了人們在行義為政時有所依據，因此提出了「三表法」，希望據此踐義興利，從而達到實利百姓的積極目的。

三表法，分別是「本之者」：是「義、正也。」的論證。「原之者」：原察百姓耳目之實，乃義之實踐。「用之者」：是「義，利也。」的有利論證。這三表法的論證證明了墨子的主張完全從實踐、實證、實利出發，不僅是理論與理想而已，從中更可達到實利百姓的目的。然而這論證法，卻也備受爭議，因為不能用形象表徵的意義，是無法用耳目經驗去驗證，所以用「原察百姓耳目之實」來證明「明鬼」、「非命」，是站不住腳的。但這一表卻也有大功用，這種講求耳目之實的方法，即是科學的根本 ——「無徵不信」的態度。雖然墨子的科學理論不免流於粗陋，但墨子當時宣揚學說的對象是群眾百姓，所以頗能發生效用。時至今日，民智已開，墨子講求的科學理論雖不完全切時，但其中表現的態度和方法，卻是追求真理的先決條件，也是極具現代意義，值得我們學習並發揚的。

墨學十論均可應用於人生行為，並於軍事行動、政治行為、社會經濟、宗教信仰諸端形成一套完密的實用之學，也就是統攝於「義」下的實用哲學。

十論中表現在軍事行動上的是「兼愛」和「非攻」：

　　兼愛是墨子學說的根本思想，他希望人間社會不要分親疏、貴賤，人人「兼相愛、交相利」，在互愛中達到互利，人們共存共榮。雖然這種「愛人，待周愛人，而後爲愛人；不愛人，不待周不愛人。不周愛，因爲不愛人矣。」（〈小取篇〉）以人類爲一體的平等周徧的愛要一般人實行並不容易，但墨子欲人相愛利的理想，卻是崇高而偉大的。由兼愛發揮於軍事行動上的便是非攻，兼愛非攻無非希望消弭國際間的爭戰，使人倫和諧，進而造成一愛的國際社會，人民生活其中，安居樂業，那就是大利了。

　　放眼今日世界，國際社會之紛擾較之戰國時代，毫不遜色。歐美眾強國爭霸，各國競相發展致命的核子武器，國際外交完全以利爲前提。韓戰、越戰均是在美蘇兩強較力之下所引發的衝突，中東兩伊戰爭、伊科戰爭不也是覬覦他國土地、石油財利所引起的紛爭？究其原因，乃因利害衝突，見利而忘義，這不正是墨子所說的「強執弱、富侮貧、貴敖賤、詐欺愚」的世界嗎？

　　綜觀人類歷史，始終未能和平共處，時至今日，情況尤烈。爲了己利，犧牲他人之事，不勝枚舉，正義與愛心幾乎蕩然無存，國際間的態勢更是一日數變，令人不禁仰首嘆息。這一切，都是因爲「愛其室不愛異室，愛其家不愛異家，愛其國不愛異國」所致。所以，此時正是推行兼愛非攻的良機。我們不僅要大聲疾呼，更必須切實踐履。

　　墨子一生反戰非攻，不但有一套理論，而且帶著一群紀律嚴整的墨門弟子，持其發明之器械，阻止即將發生的戰爭。墨子非攻的思想，在今日尤應倡揚之外，墨子發明創造器械的成就，也值得我們注意。《墨子》書從〈備城門〉至〈雜守〉，凡十一篇，講的都是守禦之法，其中關於建築製造之技術甚多。雖然並沒有圖案遺留，也沒有學理可以證實，但墨子創新發明又特重實行的態度，是值得我們肯定的。倘若墨子的實用與發明早受重視，那我國之科技必已領先歐美。再者，若能結合科技與良知道德，那麼，今日國際局勢必將改觀，人民也可安居樂業，天下太平。

　　十論中表現在政治行爲上的是「尚賢」與「尚同」：

　　尚賢是「任賢、事能」，可謂整頓當時變革的封建社會、貴族政治的不二法門。墨子在〈尚同中篇〉說：「上帝鬼神之建國設都立政長也，非高其爵，原其祿，富貴遊佚而錯之也。將以爲萬民與利除害，富貧眾寡、安危治亂也。」設立官員是要爲人民服務的。他又說：「不黨父兄、不偏富貴。」（〈尚賢中篇〉）、「官無常貴，民無終賤。」（〈尚賢下篇〉），用人不專用家族親戚，用人不勾

結達官、財閥，都是極現代的思想。

尚同是「取法乎上」與「上同而不下比」的意思，不但「上之所是，必皆是之，所非，必皆非之」（〈尚同上篇〉），而且還注重臣下對君主的規諫和推薦──「上有過則規諫之，下有善則傍薦之」（〈尚同上篇〉），以及政府與人民的溝通──「是故上下情請為通」（〈尚同中篇〉），都是合乎現代政治理念。尚賢主義輔以尚同主義，確可形成一套完善的政治政體，是極理想的政治典範。

十論中表現在社會經濟上的是「節用」、「節葬」和「非樂」：

這本來是針對當時社會特權階級的奢靡浪費之風，而提出的針砭之道。墨子不忍見民生財用被剝奪，百姓輾轉溝壑，野有餓莩，無法維持基本的生活，因此高聲疾呼努力工作，節省用度。墨子本意，劉向《說苑》引墨子語最為明白：「長無用，好末淫，非聖人之所急也。故食必常飽，然後求美；衣必常暖，然後求麗；居必常安，然後求樂；為可長，行可久；先質而後文，此聖人之務。」（〈反質篇〉）墨子並非不知道文明的好處，但在生存條件仍不足的情況下，空談提昇生活品質，是不切實際的。所以，墨子要人節用、節葬、非樂。莊子批評墨子：「其生也勤，其死也薄，其道太觳。」（〈天下篇〉），「自苦為極」人生太過刻苦，誠然墨子因救世心切，故不免矯枉過正，莊子之語是可以理解的，但荀子痛詆墨子「蔽於用而不知文」，則未免有失公允。

十論中表現在宗教信仰上的是「天志」、「明鬼」和「非命」：

墨子提倡天志，誇張鬼神賞善罰暴的能力，本意是作為人民行為的警誡，也就是為兼愛、尚同兩主義而立，有人卻依此批評墨子的思想開倒車，殊不知墨子的社會意識重於宗教意識，目的不在提倡迷信，相反的，藉此使人的行為多一份宗教的約束力，於道德淪喪之際，天志明鬼的提倡，不無作用。至於非命，墨子否認「命定」之說，主張勤力的人生哲學，標榜的是積極進取的人生態度，在今日尤具現代意義。

由於工商發達，投資管道增多，一般人生活水平提昇，不少人藉著投機不法的手段發財致富，也因此揮霍無度，沉迷於紙醉金迷不知醒改，「天志」、「明鬼」即可發揮嚇阻功效，使人不敢以不法手段掠奪財物，而且提倡節用，可稍加改善這種揮金如土的奢靡風氣。勤力的哲學則告訴現代人，要勤勉努力，有付出才有收穫，因為曾付出，所以懂得珍惜。如此，社會必可消弭因投機而造成的後遺症，也可以達到富國利民的積極目的。

墨子的學說是義的哲學，墨子和墨門弟子的行為更是義的應用。墨子的知行合一，表現的是實踐的精神，他戒「蕩口」，不僅言誨教人以義，更親身積極為義，墨門弟子受到墨子行為精神的感召，化之所及，也率多以「義」為行為最高指標。因此，在墨子熱心奔走及墨門精良守備器械幫助下，的確消弭不少國際間的爭戰。

而在墨子及墨門弟子全力為義的行動中，尤透顯出自苦利公、不計毀譽、不惜身殉的可貴精神。這種精神影響我民族至深且鉅，墨門義勇的行為更創立一種新的人格典範。王讚源先生在〈墨子的現代意義〉一文中，研究民間服務性社團——扶輪社、獅子會、青商會，發現它們的宗旨或信條，幾乎是和墨子的作風或思想不謀而合。他認為「發現墨子的人格，學說正是三大國際社團追求的理想。因而可以確認在這些方面有助於現代人的生活，也是現代人應該努力的方向，實在值得大家提倡和學習。」所論頗為允當。

在今日高倡恢復中華文化之際，韋政通先生有段話頗耐人深思，他說：「墨子能在中國文化中取得一重要地位，不在哲學家這一角色，更不在宗教家這一角色，而在他的反侵略，反戰爭，熱情救世、力行不懈的犧牲精神。他的思想是因受到這一精神的支持，才被重視。他的人格，不僅能感召一世，且足以震動萬代，這就是墨子的真正偉大處。」（《先秦七大哲學家》）的確，墨子義的哲學可貴，其犧牲救世的行為，更是今日研究墨學、發揚墨學，不可忽略的重要課題，墨子的理想，是人類永遠追求的理想，墨子的義行，則是人們師法的最好典範。

參考書目

一、墨子研究專書類

1. 《墨子注》，畢沅，經訓堂叢書本，清乾隆四十八年。
2. 《墨子閒詁》，孫詒讓，蘇州毛上珍聚珍排印本，清光緒二十年。
3. 《墨子箋》，曹耀湘，湖南官書局排印本，清光緒三十二年。
4. 《墨子閒詁箋》，張純一，世界書局，1975 年 10 月六版。
5. 《墨子集解》，張純一，文史哲出版社，1982 年 2 月再版。
6. 《墨子今註今譯》，李漁叔，商務印書館，1974 年 5 月初版。
7. 《墨子選注》，李漁叔，正中書局，1977 年 8 月台初版。
8. 《子墨子學說》，梁啓超，中華書局，1936 年 4 月初版。
9. 《墨子學案》，梁啓超，中華書局，1985 年 8 月台五版。
10. 《墨學源流》，方授楚，中華書局，1979 年 9 月台四版。
11. 《墨子》，錢穆，商務印書館，1935 年二版。
12. 《墨學新論》，王寒生，龍華出版社，1953 年 8 月初版。
13. 《墨學概論》，高葆光，中華文化出版事業委員會，1953 年 11 月初版。
14. 《墨子政治哲學》，陳顧遠，啓明書局，1961 年 10 月初版。
15. 《墨子簡編》，嚴靈峯，商務印書館，1968 年 4 月初版。
16. 《墨子知見書目》，嚴靈峯，學生書局，1969 年元月初版。
17. 《墨子集成》，嚴靈峯，成文出版社，1975 年 4 月台一初版。
18. 《墨學探微》，史墨卿，學生書局，1976 年 3 月初版。
19. 《墨子的人生哲學》，薛保綸，中華叢書編審委員會，1976 年 4 月。
20. 《墨家哲學》，蔡仁厚，東大圖書公司，1978 年 3 月初版。

21. 《墨學研究》，陳師拱，東海大學，1978 年 5 月再版。

22. 《墨子教育思想研究》，陳維德，文史哲出版社，1981 年 7 月初版。

23. 《墨子思想之研究》，周長耀，正中書局，1982 年 9 月台二版。

24. 《救世的苦行者——墨子》，周師富美，時報文化出版事業公司，1998 年四版。

25. 《墨學新探》，王冬珍，世界書局，1984 年 10 月三版。

26. 《墨子思想研究》，劉澤之，天山出版社，1988 年 3 月初版。

27. 《墨學的省察》，陳師問梅，學生書局，1988 年 5 月初版。

28. 《墨子：偉大的教育家》，李紹崑，商務印書館，1989 年 7 月初版。

二、先秦諸子類

1. 《荀子集解》，王先謙，世界書局，1981 年 10 月十版。

2. 《莊子今註今譯》，李漁叔，商務印書館，1975 年 12 月初版。

3. 《韓非子》，韓非，中華書局，1977 年 2 月台二版。

4. 《周秦諸子概論》，高維昌，商務印書館，1930 年。

5. 《諸子平議》，俞樾，商務印書館，1934 年。

6. 《諸子學纂要》，蔣伯潛，正中書局，1947 年 4 月台初版。

7. 《諸子通考》，蔣伯潛，正中書局，1948 年 5 月台初版。

8. 《諸子的我見》，王昌祉，光啓出版社，1961 年 12 月初版。

9. 《先秦諸子繫年》，錢穆，香港大學出版社，1966 年 6 月。

10. 《諸子管見》，金巨山，世界書局，1970 年 5 月再版。

11. 《先秦七大哲學家》，韋政通，牧童出版社，1974 年 10 月初版。

12. 《讀子卮言》，江瑔，成偉出版社，1975 年 10 月初版。

13. 《先秦八家學述》，田鳳台，文史哲出版社，1982 年 10 月初版。

三、學術思想類

1. 《中國哲學史》，馮友蘭，商務印書館，1934 年 9 月初版。

2. 《中國哲學史綱要》，蔣維喬，中華書局，1957 年 4 月台三版。

3. 《中國哲學史綱要》，范康壽，開明書局，1964 年 9 月台一版。

4. 《中國古代哲學史》，胡適，商務印書館，1965 年，三版。

5. 《中國哲學概論》，宇野哲人撰、王璧如譯，正中書局，1970 年，三版。

6. 《中國古代哲學史》，陳元德，中華書局，1971 年 3 月台三版。

7. 《中國哲學史》，周世輔，三民書局，1976 年 1 月再版。

8. 《中國哲學史概論》，渡邊秀方著、劉侃元譯，商務印書館，1979 年 7 月

台五版。

9. 《中國哲學史》，勞思光，三民書局，1984 年 1 月增訂出版。

10. 《中國哲學史》，臧廣恩，商務印書館，1987 年 10 月二版。

11. 《中國哲學史綱要》，蔡仁厚，學生書局，1988 年 8 月初版。

12. 《中國哲學大綱》，羅光，商務印書館，1989 年 9 月增訂一版。

13. 《中國哲學原論》，唐君毅，學生書局。

14. 《中國歷代思想家》（墨子），王冬珍，商務印書館，1978 年 6 月初版。

15. 《中國哲學思想中的天道與上帝》，李杜，聯經出版事業公司，1978 年 11 月初版。

16. 《先秦政治思想史》，梁啓超，中華書局，1984 年 4 月台十一版。

17. 《中國政治思想史》，蕭公權，聯經出版事業公司，1984 年 4 月三版。

18. 《中國思想史》，錢穆，學生書局，1988 年 10 月六版。

19. 《中國哲學思想論集》（〈先秦篇〉），梁啓超等人，牧童出版社，1977 年 5 月再版。

20. 《中國學術思想論叢》，吳錫澤，商務印書館，1988 年 4 月四版。

四、其他

1. 《十三經注疏》，阮元校勘，藝文印書館。

2. 《史記三家注》，司馬遷，鼎文書局，1981 年 8 月四版。

3. 《四書集注》，朱熹，藝文印書館，1965 年 9 月初版。

4. 《呂氏春秋》，呂不韋，中華書局，1982 年 4 月台五版。

5. 《淮南子》，劉安，世界書局，1984 年 9 月十一版。

6. 《論衡》，王充，中華書局，1976 年 9 月台四版。

7. 《意林》，馬總，世界書局，1967 年 3 月再版。

8. 《說苑》，劉向，世界書局，1988 年 4 月四版。

9. 《二程全書》，程頤、程顥，中華書局，1986 年 8 月台四版。

10. 《中國人性論史》，徐復觀，東海大學，1963 年。

11. 《孔子改制考》，康有爲，商務印書館，1968 年 4 月初版。

12. 《韓昌黎全集》，韓愈，中華書局，1980 年 1 月台三版。

13. 《郡齋讀書志》，晁公武，廣文書局，1967 年。

14. 《宋學士全集》，宋濂，新文豐出版社，1985 年，初版。

15. 《述學》，汪中，世界書局，1962 年。

16. 《東塾讀書記》，陳澧，中華書局，1966 年，台一版。

17. 《張溥泉全集》，張繼，中央文物供應社，1952 年。

18. 《古史辨》，顧頡剛，明倫出版社，1970 年 5 月台初版。

19. 《漢書》，班固，鼎文書局，1987 年 4 月四版。

五、期刊論文

1. 〈墨子非刑徒奴役辨〉，施之勉，《大陸雜誌》，三卷 8 期，1951 年 9 月。

2. 〈墨子的「尚同」與民主政治〉，王寒生，《民主憲政》，三卷 5 期，1952 年 5 月。

3. 〈自力苦行的墨子哲學〉，王覺源，《建設》，二卷 5 期，1953 年 10 月。

4. 〈論墨子兼愛〉，葉龍，《新亞校刊》，卷六，1955 年 3 月。

5. 〈墨書中的天與上帝〉，李紹崑，《恆毅》，五卷 3 期，1955 年 10 月。

6. 〈略談墨子精神〉，李紹崑，《恆毅》，五卷 9 期，1956 年 4 月。

7. 〈墨子學說的評價〉，遁翁，《人生》，十三卷 3 期，1956 年 12 月。

8. 〈論墨家的救世精神〉，老丘，《民主憲政》，十三卷 2 期，1957 年 11 月。

9. 〈墨子的天〉，杜而未，《恆毅》，八卷 6 期，1959 年 1 月。

10. 〈墨子的天志思想〉，吳怡，《現代政治》，五卷 3 期，1959 年 9 月。

11. 〈墨子的功利思想〉，吳怡，憲政論壇，六卷 6 期，1960 年 6 月。

12. 〈墨子的兼愛與天志〉，徐復觀，《人生》，二一卷 6 期，1961 年 2 月。

13. 〈墨學要義之省察（上）〉，唐亦男，《人生》，二三卷 6 期，1962 年 2 月。

14. 〈墨學要義之省察（下）〉，唐亦男，《人生》，二三卷 8 期，1962 年 3 月。

15. 〈墨子的尊天說〉，詹棟樑，《建設》，十一卷 5 期，1962 年 10 月。

16. 〈墨子思想異於孔子說〉，楊澤祥，《孔孟月刊》，二卷 10 期，1964 年 6 月。

17. 〈論墨子節葬短喪〉，朱守亮，《中國一周》，759 期，1964 年 11 月。

18. 〈墨子非儒篇中的孔子〉，周師富美，《孔孟月刊》，三卷 4 期，1964 年 12 月。

19. 〈墨子的非樂思想〉，詹棟樑，《建設》，十五卷 2 期，1966 年 7 月。

20. 〈墨子的思想體系及其功利主義（上）〉，嚴靈峰，《國魂》，二六〇卷，1967 年 7 月。

21. 〈墨子的思想體系及其功利主義（下）〉，嚴靈峰，《國魂》，二六一卷，1967 年 8 月。

22. 〈墨子人格闡微〉，陳師拱，《東海學報》，十卷 1 期，1968 年 1 月。

23. 〈墨子的宗教思想〉，周億孚，《景風》，十七卷，1968 年 6 月。

24. 〈墨學中的「義」和「利」〉，周億孚，《景風》，十九卷，1968 年 12 月。

25. 〈墨家〉，梅貽寶，《中研院歷史語言研究所》，39 期，1969 年 10 月。

26. 〈墨子的實學〉，周師富美，《文史哲學報》，二二卷，1973 年 6 月。

27. 〈墨子兼愛說平議〉，周師富美，《文史哲學報》，二六卷，1977 年 12 月。

28. 〈墨子與墨學〉，牟宗三，《鵝湖》，五卷 11 期，1980 年 5 月。

29. 〈墨子之非命蘊奧〉，王冬珍，《哲學與文化》，七卷 9 期，1980 年 9 月。

30. 〈論墨子的教育〉，周師富美，《臺靜農先生八十壽慶論文集》，1981 年。

31. 〈墨學與周文罷敝〉，陳師問梅，《中國文化月刊》，34 期，1982 年 8 月。

32. 〈論墨子「義」道與其思想系統的關係〉，郭鵬飛，《中華文化復興月刊》，十八卷 6 期，1985 年 6 月。

33. 〈墨子的宗教思想〉，張奉箴，《臺大中文學報》，1 期，1985 年 11 月。

34. 〈墨子兼愛之我見〉，張瑜，《東方雜誌》，十九卷 8 期，1986 年 2 月。

35. 〈墨子的現代意義〉，王讚源，《中國學術年刊》，8 期，1986 年 6 月。

36. 〈論墨子節葬說〉，周師富美，《臺大中文學報》，3 期，1989 年 12 月。

附錄一：先秦墨子喪葬思想初探

摘　要

　　喪葬文化，是人類經過思考沉澱所衍生出的一種社會儀式，經過時間的推移，它往往變成一種習俗的積累。墨子節葬的思想，是反省戰國初期厚葬久喪的習俗而產生。墨子是一位抱持為百姓「興天下之利，除天下之弊」的哲學家，他所提出的任何一種學說，無不是在興利除弊的基準上來思考，即便他的喪葬思想亦復如此。本篇論文首先由先秦時代喪葬的思潮及弊端切入，藉此了解形成墨子喪葬思想的時代背景。再就墨子節用的經濟觀，和墨子尊天、明鬼的神鬼思想，由此明瞭構成其喪葬思想的內在因素。進而以其批判事物所用的三表法，來體察他對喪葬思想判定的客觀理由，從而探究墨子節葬、短喪，卻又重視祭祀的主張。所以墨子的喪葬思想，其實包含了文化、經濟、宗教、社會等多重面向。雖然，墨子節葬的理念不見得被所有人接受，但墨子喪葬思想中拯世救弊的用心，值得吾人深入研析。

　　關鍵詞：墨子、節用、節葬、明鬼、喪葬觀

一、前　言

　　儒家文獻《禮記・祭法》云：「大凡生於天地之間者皆曰命，其萬物死皆曰折。人死曰鬼，此五代之所不變也。」〔註1〕萬物生於天地之間莫不有一死，當人死而爲鬼，古今皆同。根據人類學和考古學的資料證明，喪葬禮俗絕不是人類一開始就有的，當人類文明進化至某種程度，喪葬禮俗於焉產生。考察喪葬的由來，依《孟子・滕文公上》所言：「蓋上世嘗有不葬其親者，其親死，則舉而委之於壑。他日過之，狐狸食之，蠅蚋姑嘬之。其顙有泚，睨而不視。夫泚也，非爲人泚，中心達於面目，蓋歸，反虆梩而掩之。掩之，誠是也。則孝子仁人之掩其親，亦必有道矣。」〔註2〕孝子不忍見其親之屍骸任由蠅蚋肆虐，故而加以掩埋，求個心安。再加上「靈魂」觀念的制約，認爲人死靈魂仍存，仍能干預人事，禍福活人，喪葬於焉萌芽。

　　古代葬埋先人，根據《易經・繫辭下傳》所載：「古之葬者，厚衣之以薪，葬之中野，不封不樹，喪期無數。後世聖人，易之以棺槨，蓋取諸大過。」〔註3〕起先僅以厚「薪」裹葬遺體，並不作陵墓墳堆，也沒有豎立碑碣等標的物，或者植樹，之後才有「棺槨」的習俗。「喪」字與「葬」字早在殷商甲骨文中已經出現，大約到秦、漢之後，「喪」「葬」兩字才開始合稱。其最基本的含義是指人死後的屍體處理及其有關的禮儀習俗。〔註4〕喪葬的社會作用或意義而言，它主要體現在三方面：

　　1. 聯係與強化血緣和親族關係。
　　2. 重視與推崇敬愛先人的孝道觀念。
　　3. 強調喪葬的社會教化與文化積澱。〔註5〕

故而喪葬禮俗具有文化意涵。儘管如此，《禮記・檀弓上》云：「國子高曰：葬也者，藏也。藏也者，欲人之弗得見也。是故衣足以飾身，棺周於衣，槨周於棺，土周於槨，反壤樹之哉。」；〈王制篇〉亦曰：「不封不樹」。凡此，

〔註1〕《禮記・祭法》，見漢・鄭玄注，唐・孔穎達等疏：《禮記正義》，收於《十三經注疏》（臺北：藝文印書館，1989年），頁798。
〔註2〕《孟子・滕文公上》，見漢・趙岐注，宋・孫奭疏：《孟子正義》，收於《十三經注疏》（臺北：藝文印書館，1989年），頁102。
〔註3〕《易經・繫辭下傳》，魏・王弼・晉・韓康伯注，唐・孔穎達疏：《周易正義》收於《十三經注疏》（臺北：藝文印書館，1989年），頁168。
〔註4〕徐吉軍：《中國喪葬史》（江西：高校出版社，1998年），頁2。
〔註5〕同前註，頁2～5。

均表示墓葬不主張考究鋪張。

隨著人文進化，禮制愈趨完備。然而，自從周道衰微，禮崩樂壞，孔門弟子亦有不得其要旨之憾，就連孔子本人也都說過：「毋輕議禮」。〔註6〕《淮南子·要略篇》說墨子學儒者之業，受孔子之術，認爲「其禮煩擾而不說」、「厚葬靡財而貧民」、「服傷生而害事」，於是有不同的主張。〔註7〕墨子雖然背周道，但未必用夏政，〔註8〕由於眼見厚葬久喪的弊端有害於下民，於是挺身高呼「節葬」以移風易俗。

墨子的思想，固然是對儒家思想反省後，所產生的新思維；也是對應禮崩樂壞、社會變遷之下而提出的新觀念。「儒學是當時的顯學，墨子因社會背景、人生態度及哲學方法與儒家不同，而又對儒家末流所爲有所不滿，因而他的學說大都以儒家爲反對命題而建立；他的兼愛、尚賢、尚同、非樂、節葬、節用、天志、明鬼、非命，可以說是對儒家的親親、差等、正樂、厚葬、久喪、繁禮、天統、信命、疑鬼而發。」〔註9〕儒家「從周」，強調「親親之殺，尊賢有等」，這種宗法封建的等級制度，無疑的提供了厚葬的支撐力量，致使喪葬奢靡成風。本文擬從當時客觀環境喪葬禮俗的變遷，來了解周文疲弊之後厚葬久喪的弊病；並理解在此時代氛圍中，何以墨子提倡節葬？其次就墨子節用利民的經濟觀，來研判墨子對事務價值判定的標準；又探究墨子尊天事鬼的宗教觀，以闡明墨家重視祭祀的原因。墨子節葬、短喪、重視祭祀，形成墨家獨特的喪葬觀。然而，墨子並非宗教家，墨家的喪葬觀既不迷信，也不神秘。其宗旨全然爲謀求「生死兩利」，究其根源仍是人本的觀念。

〔註6〕《禮記·禮器》云：「孔子曰：誦詩三百不足以一獻，一獻之禮不足以大饗，大饗之禮不足以大旅，大旅具矣，不足以饗帝，毋輕議禮。」同註1，頁474～475。

〔註7〕《淮南子·要略篇》，漢·高誘注：《淮南子》（臺北：世界書局，1984年，頁375。

〔註8〕此說參見周師富美著〈論墨子節葬說〉一文：「墨子的喪葬法，學者多以爲淵源於夏后氏，所以咸以『桐棺三寸』『服喪三月』爲墨子的節葬短喪之法。其實，這是不正確的。墨子講的是『棺三寸』，不限定用『桐棺』；墨子講『哭往哭來，反從事乎衣食之財』『死則既已葬矣，生者必無久哭，而疾而從事』，從未提過『三月之服』的話。對於喪期，墨子沒有限定時間，或長、或短，端看各人情況而定，不過盡量『毋久喪用哀』。所以墨子所述，非夏后氏之禮。」載於《臺大中文學報》第3期（1989年12月），頁29。

〔註9〕參見周師富美著：〈墨子的實學〉，《臺大文史哲學報》第22期（1963年6月），頁142。

墨子節葬的思想，于當代不被時人接受；在現代，新的殯葬觀念卻呼應墨子
節用的理念。墨子的喪葬思想，值得今人深入探討與研析。

二、影響墨子喪葬思想的時代背景

（一）先秦時代喪葬禮俗的演變

原始社會的喪葬禮俗有：割體葬儀、塗朱習俗、歸葬習俗、人牲習俗、
人殉習俗、暖坑習俗、葬豬習俗等。〔註10〕原始社會的葬具和隨葬品，葬具
指棺槨，有瓮棺、石棺、木棺、樹皮棺、船棺等。隨葬品即明器，明器又作
「冥器」、「盟器」，是專為死者隨葬而製作的器物。《禮記·檀弓上》云：「既
殯，旬而布材與明器。」可見明器受重視的程度。至於其種類，〈檀弓下〉云：
「其曰明器，神明之也。塗車芻靈，自古有之，明器之道也。」大抵包含有
生產工具、生活用具、裝飾品、禮器、玩具、食物等。明器被正式確立為死
者陰間享用的隨葬品，在夏代；夏商周三代，均有豐富的明器。〔註11〕

葬埋之俗，除以明器陪葬外，在中國喪葬史中，曾出現慘無人道的「人牲」
與「人殉」的制度。「人牲」是把活人當作牲禮，像牲畜一樣的屠殺以祭拜祖先
和神靈，這種習俗起源於遠古時代的食人遺風。根據考古資料，最早的實例是
在遼寧省喀左縣東山嘴紅山文化祭祀遺址。〔註12〕「人殉」之俗，乃指尚活之
人畜，或令其自殺，或將之毒殺以從葬。《禮記》即載有兩則「人殉」的惡俗：

> 陳子車死於衛，其妻與其家大夫謀以殉葬。定，而后陳子亢至，以
> 告曰：「夫子疾，莫養於下，請以殉葬。」子亢曰：「以殉葬，非禮
> 也。雖然，則彼疾當養者，孰若妻與宰？得已，則吾欲已；不得已，
> 則吾欲以二子者之為之也。」於是弗果用。

> 陳乾昔寢疾，屬其兄弟而命其子尊己曰：「如我死，則必大為我棺，
> 使吾二婢子夾我。」陳乾昔死，其子曰：「以殉葬，非禮也。況又同
> 棺乎！」弗果殺。〔註13〕

雖然此二事件最終以「殉葬，非禮也。」為理由而「弗果殺」，然亦適足突顯
古代喪葬禮俗中殺人以殉之風俗，絕非虛言。

〔註10〕同註4，頁29～30。
〔註11〕同註4，頁35～42。
〔註12〕同註4，頁37。
〔註13〕《禮記·檀弓下》，同註1，分見頁186、頁187～188。

商代，是人殉制度的巔峰期。徐吉軍於《中國喪葬史》一書稱：「據考古資料表明，商代人殉現象十分普遍，凡是奴隸主的墓葬幾乎都有殉葬者，多者達數十乃至數百人，少者也有一二人。人殉的對象，也從原始社會末期興起的妻妾殉夫逐步擴大到近臣、近侍及奴隸等。」〔註14〕到了周代，考諸文獻，《左傳·文公六年》載：「秦伯任好卒，以子車氏之三子，奄息、仲行、鍼虎爲殉，皆秦之良也。國人哀之，爲之賦黃鳥。」〔註15〕〈黃鳥〉爲《詩經》秦風之篇章。詩序云：「黃鳥，哀三良也。國人刺穆公以人從死，而作是詩也。」〔註16〕都是對人殉的風俗表示遺憾。今人田靜根據考古資料發現：「秦王盛行人殉。秦墓殉人葬俗由來已久。考古資料表明，從禮縣大堡子山秦公墓地到秦始皇陵，各個時期秦公墓中均發現有人殉現象。……秦雍城大墓也發現大量人殉，其中一墓殉人達十九人之多。」〔註17〕可見，周代的人殉風氣是直接從商代沿襲下來的，當不會有太大變化。〔註18〕

人殉之事，史不絕書。諸如《左傳·宣公十五年》：「魏武子有嬖妾，無子。武子疾，命顆曰：必嫁是。疾病則曰：『必以爲殉』。」、〈成公十年〉：晉侯「如廁，陷而卒。小臣有晨夢負公以登天，及日中，負晉侯出諸廁，遂以爲殉。」、〈昭公十三年〉：楚靈王「縊於芋尹申亥氏，申亥以其二女殉而葬之。」還有《戰國策·楚策》亦載楚宣王時，江乙對安陵君獻策以願意身殉博得君王的信任：「願君必請從死，以身爲殉，如是必長得重於楚國。」安陵君說：「謹受令」。《戰國策·秦策》則載：秦宣太后將死，曾打算讓魏醜夫殉葬，後經雍瑞巧爲說辭才取消殉葬的命令。〔註19〕《史記·秦始皇本紀》載始皇死後，二世下令：「先帝後宮非有子者，出焉不宜。」皆令從死，死者甚眾。〔註20〕《漢書·楚元王傳》云：「秦始皇葬於驪山之阿，……又多殺宮人，生

〔註14〕同註4，頁85。

〔註15〕《左傳·文公六年》，周·左丘明傳，晉·杜預注，唐·孔穎達疏：《春秋左傳正義》收於《十三經注疏》（臺北：藝文印書館，1989年），頁313～314。

〔註16〕《詩經》秦風〈黃鳥〉，漢·毛亨傳、鄭元箋，唐·孔穎達疏：《毛詩正義》收於《十三經注疏》（臺北：藝文印書館，1989年），頁243。

〔註17〕田靜：〈秦喪葬文化〉，《歷史月刊》第158期（2001年3月），頁16。

〔註18〕詳見張捷夫：《中國喪葬史》（臺北：文津出版社，1985年），頁17～18。

〔註19〕《戰國策·楚策》、《戰國策·秦策》，參見溫洪隆注譯，陳滿銘校閱：《新譯戰國策》（臺北：三民書局，1996年），分見頁572、186。

〔註20〕《史記·秦始皇本紀》，漢·司馬遷撰，南朝宋·裴駰集解，唐·司馬貞索隱，唐·張守節正義：《新校本史記三家注》（臺北：鼎文書局，1981年），頁265。

蓰工匠，計以數萬。」〔註21〕人殉之俗，孔、墨皆反對。對於以人俑替代眞人殉葬，孟子曾引孔子之言感慨道：「『始作俑者，其無後乎！』，爲其象人而用之也。」〔註22〕足以說明厚葬人殉之俗影響之深遠。

西周以來，隨著小家庭經濟的形成與發展，孝的觀念逐漸發達起來。就孝的對象和內容來看，主要有兩種形態：一種是對在世父母的孝；另一種是對去世的父母、先祖的孝，即對「死人」的孝。周人對死人，尤其是對祖先的孝比對活人更加重視。〔註23〕孔子把孝和禮結合在一起，由孔子回答弟子樊遲：「生，事之以禮。死，葬之以禮，祭之以禮。」〔註24〕可知孔子認爲事奉父母，無論生前或死後均不可違禮。正因爲如此，宰我主張短喪，孔子便怒斥「不仁」，並說：「夫三年之喪，天下之通喪也。」〔註25〕孔子雖然不提倡厚葬，但他有關喪葬的一些論述，特別是三年之喪的思想，卻給厚葬提供了某些理論依據。〔註26〕所以《淮南子·氾論訓》說：「厚葬久喪以送死，孔子之所立也。」墨子生處戰國初期，據《墨子·節葬下篇》描述，王室、庶民爲厚葬「虛府庫」、「竭家室」，已蔚成風氣。〔註27〕孟子晚墨子近百年，彼時工商業興起，經濟繁榮，厚葬之風當不亞於戰國初期。孔子之後，從孟子開始，儒家喪葬從重精神轉化成重物質。不僅在思想上認爲唯有厚葬其親始可謂之孝，〔註28〕甚至有厚葬行爲。《孟子·公孫丑下》載：孟子的母親死，他派弟子充虞選購上好木材，請匠人趕製棺槨。充虞認爲過於奢侈，孟子答稱：「古者棺槨無度，中古棺七寸，槨稱之。自天子達於庶人，非直爲觀美也，然後盡於人心。不得不可以爲悅，無財不可以爲悅。得之爲有財，古之人皆

〔註21〕 《漢書·楚元王傳》，漢·班固撰，唐·顏師古注：《新校本漢書集注一百卷》（臺北：鼎文書局，1987年），頁1955。

〔註22〕 《孟子·梁惠王上》，同註2，頁14。

〔註23〕 同註4，頁60～61。

〔註24〕 《論語·爲政篇》，見魏·何晏注，宋·邢昺疏：《論語注疏》，收於《十三經注疏》（臺北：藝文印書館，1989年），頁16。

〔註25〕 《論語·陽貨篇》，同前註，頁158。

〔註26〕 同註18，頁29。

〔註27〕 《墨子·節葬下篇》：「存乎匹夫賤人死者，殆竭家室。存乎諸侯死者，虛庫府。」見清·孫詒讓著：《定本墨子閒詁》（臺北：世界書局，1986年），頁106～107。

〔註28〕 《孟子·離婁下》云：「養生者不足以當大事，惟送死可以當大事。」、〈公孫丑下〉亦云：「吾聞之，君子不以天下儉其親。」這些言論都是將厚葬等同於孝道。同註2，分見頁144、頁80。

用之；吾何為獨不然？且比化者，無使土親膚，於人心獨無恔乎？」可見一
斑。

墓葬禮俗，隨著時代的演進，也起了變化。從《禮記》載「孔子葬母親」
和「孔子之墳」兩件事可窺知：

> 孔子既得合葬於防，曰：「吾聞之，古也墓而不墳。今丘也東西南北
> 之人也，不可以弗識也。」於是封之，崇四尺。孔子先反，門人後。
> 雨甚，至，孔子問焉曰：「爾來何遲也？」曰：「防墓崩。」孔子不
> 應。三，孔子泫然流涕曰：「吾聞之，古不脩墓。」

> 孔子之喪，有自燕來觀者，舍於子夏氏。子夏曰：「聖人之葬人，與
> 人之葬聖人也，子何觀焉？」昔者夫子言之曰：「吾見封之若堂者矣，
> 見若坊者矣，見若覆夏屋者矣，見若斧者矣。從若斧者焉。馬鬣封
> 之謂也。今一日而三斬板而已封，尚行夫子之志乎哉。」〔註29〕

葬埋之事，古制「不封不樹」；〈檀弓上〉云：「易墓，非古也。」亦無掃墓、
上墳之制。當然《禮記》亦有：「禮，時為大。」〔註30〕之說，認為儀式不是
永遠一成不變的。可是由孔子葬母親，孔門弟子將之「封之崇四尺」，孔子為
之泫然流涕，感慨「古不修墓」來看，當時社會墓葬習俗確實已有改變。孔
子死後，孔門弟子遵師囑，化繁為簡自選墳墓形狀，均可見春秋時代民間墓
葬，和《周禮·春官》冢人所掌「以爵等為丘，封之度與其樹數」、墓大夫所
掌「令國民族葬而掌其禁令、正其位、掌其度數，使皆有私地域」〔註31〕，
以求嚴明尊卑差等已有相當距離。周天子禁令不能貫徹實施，禮崩樂壞可由
此覘之。

（二）當時統治階層厚作斂於百姓

春秋、戰國時代，不論在政治、經濟、社會各方面，均興起巨大的改變，
諸子之學乃應運而生。諸子所面對的，陳師問梅認為：「其中的種種問題與病
痛，正是決定諸子之學之所以形成的客觀因素。如此，則亦可說，周文罷敝，
乃是諸子之學之所以形成的共同背境。」〔註32〕墨子的年代，當在孔子之後

〔註29〕 《禮記·檀弓上》，同註1，分見頁112、頁149。
〔註30〕 《禮記·禮器》，同註1，頁450。
〔註31〕 《周禮·春官》，漢·鄭元注，唐·賈公彥疏、元有易注：《周禮注疏》，收於
　　　　《十三經注疏》（臺北：藝文印書館，1989年），頁334、頁336。
〔註32〕 語見陳師問梅著：《墨學之省察》（臺北：學生書局，1988年），頁75。

孟子之前。〔註 33〕如前文所言，孔子的時代倡久喪、重禮儀，喪葬禮俗起了很大的變化，稍晚的墨子觀察當時的社會情況，特別是統治階層，不僅在他們的生活上厚作歛於百姓窮奢極侈，就連死亡，依其禮俗，也是暴奪人民衣食之財，竭盡府庫從事厚葬。墨子以賤人的生活爲標準，心中不免激憤，因而大肆抨擊。《墨子・辭過篇》中對當時國君於宮室、衣服、飲食、舟車、蓄私等方面，有詳盡的評述。〔註 34〕眼看著「富貴者奢侈，孤寡者凍餒。」墨子因此感到痛心。〈七患篇〉中墨子更加激烈抨擊：

> 以其極賞，以賜無功，虛其府庫，以備車馬衣裘奇怪。苦其役徒，
>
> 以治宮室觀樂。死又厚爲棺槨，多爲衣裘。生時治臺榭，死又脩墳
>
> 墓，故民苦於外，府庫單於內，上不厭其樂，下不堪其苦。〔註35〕

足見當時統治者「非無足財也，我無足心也」，〔註36〕他們在喪葬上「厚爲棺槨」、「多爲衣裘」、「脩墳墓」，使得府庫空虛，可謂其生、死均有害於下民。然而，在上位者卻樂在其中，難怪百姓苦不堪言。〈節葬下篇〉特就統治階層的葬埋亦云：

> 今王公大人之爲葬埋，則異於此：必大棺中棺，革闠三操，璧玉即
>
> 具，戈劍鼎鼓壺濫，文繡素練。大鞅萬領，輿馬女樂皆具，曰必捶
>
> 塗，差通壟雖凡山陵，此爲輟民之事，靡民之財，不可勝計也，其
>
> 爲毋用若此矣。〔註37〕

墨子眼見統治階層的喪葬，「輟民之事，靡民之財」，奢華無度流弊叢生，因

〔註33〕關於墨子的生卒年，歷來學者所考，眾說紛紜。胡適考定：「墨子大概生在周敬王二十年與三十年之間（西曆紀元前 500 至 490 年），死在周威烈王元年與十年之間（西曆紀元前 425 年至 416 年）。墨子生時約當孔子五十歲六十歲之間（孔子生西曆紀元前 551 年）。到吳起死時，墨子已死差不多四十年了。」又云：「孟子生於周烈王四年四月二日，死於赧王二十六年十一月十五，年八十四。」（《中國古代哲學史》，臺北：遠流，1986 年，頁 131、255。）梁啓超：「墨子生於周定王元年至十年之間，約當孔子卒後十餘年。墨子卒於周安王十二年至二十年之間，約當孟子生前十餘年。」（《墨子學案》，臺北：臺灣中華書局，1985 年，頁 2。）方授楚考：「墨子之生年當爲敬王三十年（西紀前 490 年）而在孔子卒前十年也。至墨子之卒年，當在威烈王二十三年左右（西紀前 403 年）。」（《墨學源流》，臺北：臺灣中華書局，1979 年，頁 12。）故墨子「生當孔子之後，孟子之前」，爲學界所公認。

〔註34〕詳見《墨子・辭過篇》，同註27，頁 17～22。

〔註35〕《墨子・七患篇》，同註27，頁 17。

〔註36〕《墨子・親士篇》，同註27，頁 1。

〔註37〕《墨子・節葬下篇》，同註27，頁 114～115。

此主張節葬。

其實，儒家孔子也不主張厚葬，但後世俗儒爲葬者相禮，作爲衣食的來源，等於是助長厚葬久喪之風，因此《墨子》有「非儒」之說：「且夫繁飾禮樂以淫人，久喪僞哀以謾親，立命緩貧而高浩居，倍本棄事而安怠傲，貪於飲食，惰於作務，陷於飢寒，危於凍餒，無以違之，是若人氣。鼸鼠藏，而羝羊視，賁彘起，君子笑之，怒曰：散人焉知良儒。」〔註38〕不僅墨家反對，就是儒家荀子也曾經譏評那些借喪葬以餬口的儒者：「呼先王以欺愚者，而求衣食焉，得委積足以掩其口，則揚揚如也。隨其長子，事其便辟，舉其上客，億然若終身之虜而不敢有他志，是俗儒者也。」〔註39〕平心而論，儒家重視喪禮，本欲藉著「愼終」以體現「人道」〔註40〕，用意深遠。無奈俗儒借喪葬「得委積足以掩其口」，以致厚葬久喪之風愈趨熱烈。荀子猶且發言責難，墨子對流於形式的喪葬，自然更是不能接受。尤其喪葬的習俗，由作俑殉葬，甚至落到殺人以殉的地步，孔、孟無法忍受，墨子亦復如此。

三、墨子喪葬觀產生的相關思想

大凡一種思想的產生，必定有其內外錯綜複雜之因素促成。墨子的喪葬思想，乃爲對治厚葬久喪的弊端而發。牟宗三先生曾分析周文疲弊禮崩樂壞之下，諸子如何救世：「蓋周文演變至春秋戰國，已成虛架子，是其敝也，此之爲浮文。浮文無質，必救之以質，當時儒墨道三家皆欲以質救文。儒家是順而救之，墨道兩家則逆而救之。」〔註41〕儒、墨、道雖然各自以順逆不同的方式救世，然而「以質救文」卻是相同的。墨子反對形式，主張節葬，就是「以質救文」的表現。

（一）節用利民的經濟思想

〔註38〕《墨子·非儒下篇》，同註27，頁180。

〔註39〕《荀子·儒效篇》，見唐·楊倞著，清·王先謙集解：《荀子集解》（臺北：世界書局，1981年），頁88。

〔註40〕陳師拱認爲：「在儒家，厚葬、久喪之根本意義與價值，即在體現此人之所以爲人之道—簡言之，即在體現『人道』而已。……由於喪、葬是自致之大事，故尤不能不於此大事而竭盡以體現之，始能終身無憾！而這也可以說，就是儒家之所以必求『愼終』的唯一道理。」見氏著：《儒墨平議》上篇、四〈厚葬、久喪與盡於人心之不安、不忍〉（臺北：台灣商務印書館，1967年），頁51～52。

〔註41〕其詳參見牟宗三：〈墨子與墨學〉，《鵝湖》5:11（1980年5月），頁2～3。

太史公於《史記》中將墨子事蹟附於〈孟子荀卿列傳〉之後：「蓋墨翟，宋之大夫。善守禦，爲節用。或曰並孔子時，或曰在其後。」以「節用」概括墨子的思想。墨子的時代連年征戰，統治階層生活奢侈，貧富懸殊。百年之後，孟子猶感慨：「庖有肥肉，廄有肥馬，民有飢色，野有餓莩，此率獸而食人也！」〔註42〕可見貧富懸殊現象未見改善。雖然當時鐵器已經應用，但一切仍係手工生產。在一般人基本需求尚不能滿足的情況之下，墨子以「去無用之費」，作爲改善經濟的要務。他說：

> 聖人爲政一國，一國可倍也。大之爲政天下，天下可倍也。其倍之非外取地也；因其國家去其無用之費，足以倍之。〔註43〕

這個「倍」，乃指「利」。「去其無用之費」，也就是「節用」，方法雖然消極，仍不失爲一種濟世手段。墨子主張「節用」，有節省、節約、節儉的意思，也就是「用其所當用，而去其不當用」。〈節用上篇〉云：「聖王爲政，其發令興事，使民用財也，無不加用而爲者；是故用財不費，民德不勞，其興利多矣。」墨子提倡節用，目的在充裕民生，所以去奢崇儉。〈辭過篇〉亦云：「儉節則昌，淫佚則亡。」國家興亡之關鍵在是否能「儉」，因此小至衣服，大至宮室、蓄私，均不可不節。

墨子提倡節用的標準，〈節用中篇〉云：「古者聖王制爲節用之法，曰：凡天下群百工，輪車鞼匏，陶冶梓匠，使各從事其所能。曰：凡足以奉給民用則止；諸加費不加于民利者，聖王弗爲。」「奉給民用」乃生活必需品，「加費不加于民利者」則爲奢侈品。所以墨子說：「使民用財也，無不加用而爲者」〔註44〕、「諸加費不加于民利者，聖王弗爲」〔註45〕。墨子極爲反對奢侈，於是假託古聖王之規定，希望以之矯治流弊而用平民爲標準。〈節用中篇〉載古聖王對食、衣、住、行、兵器及喪葬之規定，〈辭過篇〉更闡明飲食求其「足以增氣充虛、疆體適腹而已矣。」；衣服僅求「適身體、和肌膚而足矣。」；至於宮室「便於生，不以爲觀樂也。」；舟車則只要「全固輕利，可以任重致遠。」；蓄私要求不以傷行；甲兵也僅以防衛身體即可。所以「節用」的主張，消極地說就是去其無用之費。〈節葬下篇〉云：「衣食者，人之生利也，然且

〔註42〕 《孟子・梁惠王上篇》，同註2，頁13。
〔註43〕 《墨子・節用上篇》，同註27，頁99。
〔註44〕 《墨子・節用上篇》，同前註。
〔註45〕 《墨子・節用中篇》，同註27，頁102。

猶尚有節；葬埋者，人之死利也，夫何獨無節於此乎？」活人猶且對衣食有所節制，往生的人也須如此。可是王公大人的喪葬卻非如此，因為上行下效，形成全國奢靡成風，因此墨子主張節葬。

其實，墨子不僅注重消費之省儉，生產之增加，尤為斤斤於懷。〈七患篇〉中所謂「其力時急」、「其生財密」，就是積極的生產。如前所言，墨子之時，雖已應用鐵器，仍無充分增加生產之工具，因此惟有在人力方面儘量增加以求效果。因此，墨子主張早婚，以為「眾人之道」。人口是一切生產的原動力，春秋戰國之際，普遍的現象是「有餘於地而不足於民」，統治階級所行的卻是「寡人之道」。墨子認為，增加人口始能增加生產，所以主張早婚。〔註46〕其實不獨墨子欲民早婚，《韓非子‧外儲說右下》亦載齊桓公下令於民曰：「丈夫二十而室，婦人十五而嫁」〔註47〕、《國語‧越語》則有勾踐生聚之法：「女子十七不嫁，其父母有罪。丈夫二十不娶，其父母有罪。」〔註48〕都是主張早婚以增加人口。墨子鑒於人口的增加最困難，所以凡是有礙於人口增加的行為措施，他都反對。反對厚葬久喪，這也是原因之一。再者，墨子希望人人勞作、強力從事。《墨子‧非樂上》云：「賴其力者生，不賴其力者不生。」墨子認為，禽獸即使雄不耕稼樹藝，雌不紡績織紝，亦無衣食之虞。但人和禽獸不同，君子不強聽治則刑政亂，賤人不強從事則財用不足。人不賴其力勤奮生產，只顧坐享他人成果，就是「不與其勞，獲其實」。〔註49〕墨子並且注重分工合作，各盡所能，〈節用中篇〉說：「凡天下群百工，輪車鞼匏、陶冶、梓匠，使各從事其所能。」厚葬久喪使得「上不聽治，下不從事」，將無法維持基本需求。

《墨子‧七患篇》云：「為者疾，食者眾，則歲無豐，故曰：財不足則反之時，食不足則反之用，故先民以時生財。」凡是費時而不生財者，墨子都

〔註46〕《墨子‧節用上篇》云：「昔者聖王為法曰：丈夫年二十，毋敢不處家；女子年十五，毋敢不事人。此聖王之法也。聖王既沒，于民次也。其欲蚤處家者，有所二十年處家，其欲晚處家者，有所四十年處家，以其蚤與其晚相踐，後聖王之法十年；若純三年而字子，生可以二、三人矣。此不惟使民蚤處家，而可以倍與且不然已。」同註27，頁100～101。

〔註47〕《韓非子‧外儲說右下》，見陳奇猷撰：《韓非子集釋》（臺北：世界書局，1981年），頁786。

〔註48〕《國語‧越語》，葉玉麟選註：《國語》（臺北：臺灣商務印書館，1967年），頁161。

〔註49〕《墨子‧天志下篇》，同註27，頁135。

反對。《莊子‧天下篇》稱墨子：「其生也勤，其死也薄。」、「日夜不休，以自苦爲極。」〔註50〕墨子正是勤勤懇懇宣揚其道，汲汲爲天下生利。墨子的學說是一貫的，他所欲實現的理想社會如〈天志中篇〉所云：「刑政治，萬民和，國家富，財用足，百姓皆得煖衣飽食，便寧無憂。」無論節約或生產，其目的均在求得家足國富。墨子經常愛、利並舉，所謂「兼相愛、交相利。」〔註51〕、「愛人者，人亦從而愛之；利人者，人亦從而利之。」〔註52〕節用從兼愛推出，興利是節用之鵠的。所以〈節用上篇〉墨子肯斷的說：「去無用之費，聖王之道，天下之大利也。」節葬短喪可減少浪費，是墨子節用觀念的延伸。

（二）尊天明鬼的神鬼思想

「天志」和「明鬼」是墨子學說中宗教思想。漢人王充曾批評墨子思想：「墨家之議，自違其術，其薄葬而又右鬼。……術用乖錯，首尾相違，故以爲非。」〔註53〕深對墨子既主節葬，又提明鬼，以爲自相矛盾。殊不知，「節葬」說乃立基於節用利民的思想上；而「明鬼」說的目的亦在「上交鬼之福，下以合驩聚眾取親鄉里」，不違人鬼之利。墨子以國家百姓爲主，求達到「上利天，中利鬼，下利人」的三利爲標的，「節葬」和尊天、明鬼的思想非但不衝突，且有著密切的關係。

1. 尊　天

「天」是中國古代哲學的重要範疇之一。《詩經》中雖有「形上天」觀念，但大多仍指「人格天」。此種「人格天」，即原始信仰之「神」，爲人間之最高主宰。「人格天」之起源，無法考定其時代。以「人格天」爲價值標準之根源，卻是日後墨子一派之學說。〔註54〕在先秦諸子中，墨子最具有濃厚的宗教思想，梁任公甚至認爲墨子的宗教思想是「墨子學說全體之源泉也。」〔註55〕墨子直承「人格天」的思想，再賦予新的意義，而建構一「有意志而全能的

〔註50〕《莊子‧天下篇》，晉‧郭象注，唐‧成玄英疏，唐‧陸德明釋文，清‧郭慶藩集釋：《莊子集釋》（臺北：世界書局，1985年），頁465、466。

〔註51〕《墨子‧兼愛篇》中、下，同註27，見頁65、67、75、79、80。

〔註52〕《墨子‧兼愛中篇》，同註27，頁67。

〔註53〕《論衡‧薄葬篇》，見漢‧王充撰，劉盼遂集解：《論衡集解》（臺北：世界書局，1975年），頁464。

〔註54〕勞思光：《新編中國哲學史》（臺北：三民書局，1981年），頁91～94。

〔註55〕梁啓超：《子墨子學說》（臺北：臺灣中華書局，1971年），頁6。

人格神」。

在《墨子・公孟篇》，墨子批評儒之道足以喪天下者有四政，第一項便是：「以天為不明，以鬼為不神，天鬼不說，此足以喪天下。」墨子的時代，因由神權社會進入君權社會，三代以來尊天事鬼的天道觀已漸生混亂。誠如學者所言：「戰國之時，執政者狠戾好戰，淫亂奢侈，嚴刑苛稅，暴虐人民。而儒者之學，拘泥末節，徒事儀文，順天而信命，多失古聖賢之本旨。老聃楊朱之徒，祇圖己身之曲全，遯世悲觀。墨子有憤於此，故以尊天、明鬼、非命之說，作為其宗教道德之基礎。」〔註56〕當時部分開明人士，對天道鬼神懷疑，導致天下失義，因此墨子乃思借助仍深植一般百姓心中的神權思想，來建立宗教道德觀。《墨子・魯問篇》裡墨子弟子魏越詢問墨子治國之道，墨子以「擇務而從事」回答，並且說：「國家淫僻無禮，則語之尊天、事鬼。」他的目的是想借天帝鬼神的制裁力量，做為改造政治社會的後盾。〈天志上篇〉又說：「我有天志，譬若輪人之有規，匠人之有矩。」顯見墨子將「天志」視為治國的一種工具。所以，墨子其實是一位「實用的宗教家」。〔註57〕

胡適之說：墨子想用「天」來統一天下。〔註58〕墨子肯定「天」有意志，且在眾神之上，是至高、至貴、至智的最高主宰。〈天志中篇〉云：「孰為貴？孰為知？曰：天為貴，天為知而已。」又曰：「今天下之人曰：『當若天子之貴諸侯，諸侯之貴大夫，僑明知之，然吾未知天之貴且知於天子也。』子墨子曰：『吾所以知天貴且知於天子者有矣。』曰：『天子為善，天能賞之；天子為暴，天能罰之。天子有疾病禍祟，必齋戒沐浴，潔為酒醴粢盛，以祭祀天鬼，則天能除去之，然吾未知天之祈福於天子也。』此吾所以知天之貴且知於天子者，不止此而已矣。」墨子跨越宗教，在政治領域中建立「天」的權威。「天」不僅在眾神之上統領鬼神，同時也在人世間統攝天子。

墨子要人以「天」為法儀。然而「天」有何條件能成為天下之明法？〈法儀篇〉指出：「天」有「行廣而無私」、「施厚而不德」、「明久而不衰」的特質，

〔註56〕田鳳台：《先秦八家學述》（臺北：文史哲出版社，1982年），頁175。

〔註57〕周師富美著：《救世的苦行者─墨子》（臺北：時報文化，1998年），頁269。

〔註58〕胡適之稱：「墨子生在春秋戰國時代之後，眼看諸國相征伐，不能統一。那王朝的周天子，是沒有統一天下的希望的了。那時『齊晉楚越四分中國』，墨子是主張非攻的人，更不願四國之中那一國用兵力統一中國。所以他想要用『天』來統一天下。」見氏著：《中國古代哲學史》（臺北：遠流出版社，1986年），頁152。墨子認為「天」是「至高」、「至貴」、「至智」（〈天志上篇〉），所以要人以「天」為「法儀」。

故而聖王以之爲法。「天」視天下萬民爲「天之邑人」，它普遍無私的兼愛天下萬民，如〈天志上篇〉所云：

> 然則何以知天之愛天下之百姓？以其兼而明之。何以知其兼而明之？以其兼而有之。何以知其兼而有之？以其兼而食焉。何以知其兼而食焉？四海之內，粒食之民莫不犓牛羊，豢犬彘，潔爲粢盛酒醴，以祭祀於上帝鬼神。天有邑人，何用弗愛也？〔註59〕

上天如此廣大無私地兼明、兼有、兼食、兼愛天下萬民；而天下萬民也能不分階級不論貴賤普遍地祭祀上帝鬼神，這種平等而相互的天人關係，啓示了墨子的喪葬觀，泯除了因「親親之殺，尊賢之等」所致成的喪葬禮俗差異。〔註60〕

〈法儀篇〉又說：「既以天爲法，動作有爲，必度於天。天之所欲則爲之，天之所不欲則止。」人既以天爲行爲之法儀，那麼自當依天的意志與欲惡來行事。那麼天之欲、惡爲何？《墨子》書載：

> 然而天何欲何惡者也？天必欲人之相愛相利，而不欲人之相惡相賊也。然則天之將何欲何憎？子墨子曰：天之意，不欲大國之攻小國也，大家之亂小家也，強之暴寡，詐之謀愚，貴之傲賤，此天之所不欲也。不止此而已，欲人之有力相營，有道相教，有財相分也。又欲上之強聽治也，下之強從事也。上強聽治，則國家治矣；下強從事，則財用足矣。〔註61〕

一言以蔽之，即是「天」欲人相愛相利，不欲人相惡相賊，「天志」便是「兼愛」。〈天志上篇〉又云：「天欲義而惡不義，然則率天下之百姓，以從事於義，則我乃爲天之所欲也。我爲天之所欲，天亦爲我所欲。」足見天人關係是相互的。「義」究竟是甚麼？〈天志上篇〉云：「義者，政也。」、〈經上篇〉云：「義，利也。」義的內涵是「正」與「利」，是有利於人類的正當行爲。「義」，具體的體現便是不能大亂小、強暴寡、詐謀愚、貴傲賤，人人「有力相營，有道相教，有財相分」。那麼，在喪葬上避免無謂的浪費，使家給人足，就是順天之意的作爲。

墨子既以天爲有意志的人格神，又是至高至貴至智的主宰，也是政治的最

〔註59〕《墨子・天志上篇》，同註27，頁121。
〔註60〕這意見是周師富美所指示，特此致謝。
〔註61〕分見《墨子・法儀篇》，同註27，頁12。《墨子・天志中篇》，同註27，頁123～124。

高權原，所以具有賞罰之制裁力。古代聖王如何得天之賞？暴王如何得天之罰？
〈天志〉上、中、下三篇及〈法儀篇〉有關記載甚夥，如〈法儀篇〉云：

> 昔之聖王禹湯文武，兼愛天下百姓，率以尊天事鬼，其利人多，故
> 天福之，使立爲天子，天下諸侯，皆賓事之。暴王桀紂幽厲，兼惡
> 天下之百姓，率以詬天侮鬼，其賊人多，故天禍之，使遂失其國家，
> 身死爲僇於天下，後世子孫毀之，至今不息。〔註62〕

〈天志上篇〉也說禹湯文武得賞，乃由於「上尊天，中事鬼神，下愛人」；桀
紂幽厲得罰，則因爲「上詬天，中詬鬼，下賊人」。兩相比較，墨子尊天之意
甚明，墨子意欲藉著神鬼思想使人達成兼愛人間、利益眾生之意亦甚明。墨
子之用心，學者評曰：「墨子論天特別強調此一意義，使人對天存敬畏之心，
以期達到『不識不知，順帝之則』而『兼相愛，交相利。』的目的。」〔註63〕
誠爲的論。〈天志下篇〉云：「天之志者，義之經也。」又云：「義自天出」。「義」
涵攝「正」與「利」，那麼「天志」便是人類最正當，最有利的行爲準則。陳
師拱說：「墨子思想好像一棵樹，義即是這棵樹的根柢。」〔註64〕則自「義」
顯發出來的墨子學說，包括節葬，當然也是對人類最正當、最有利的主張。

2．明　鬼

　　鬼神觀念的產生由來已久，《禮記・表記》云：「夏道尊命，事鬼敬神而遠
之。……殷人尊神，率民以事神，先鬼而後禮。……周人尊禮尚施，事鬼敬神
而遠之。」夏代是否崇敬鬼神，史無可考，但夏代之前，已有鬼的觀念應無疑
義。墨子的時代，已有許多人懷疑鬼神的存在，因此社會開始混亂。〔註65〕《左
傳・昭公十八年》載鄭國子產的話：「天道遠，人道邇，非所及也。」，孔子也
說：「吾不與祭，如不祭。」〔註66〕、「未能事人，焉能事鬼。」〔註67〕、「務民
之義，敬鬼神而遠之，可謂知矣。」〔註68〕因此孔子弟子稱說孔子：「子不語怪、
力、亂、神。」〔註69〕這些言論，代表了一些知識份子的思想已有程度的擺脫

〔註62〕《墨子・法儀篇》，同註27，頁13。
〔註63〕李杜：《中西哲學思想中的天道與上帝》（臺北：聯經出版事業公司，1978年），頁104。
〔註64〕同註32，頁275。
〔註65〕薛保綸：《墨子的人生哲學》（臺北：中華叢書編審委員會，1976年），頁60。
〔註66〕《論語・八佾篇》，同註24，頁28。
〔註67〕《論語・先進篇》，同註24，頁97。
〔註68〕《論語・雍也篇》，同註24，頁54。
〔註69〕《論語・述而篇》，同註24，頁63。

了鬼神的羈絆，可說是人的發現和人的理性初步覺醒。

　　墨子之所以仍提倡且肯定鬼神，其動機如〈明鬼下篇〉所載：「逮至昔三代聖王既沒，天下失義，諸侯力正。」欲重整日益混亂的政治社會，墨子以爲唯有「明鬼」一途。〈明鬼下篇〉又說：「今若使天下之人，偕若信鬼神之能賞賢而罰暴也，則夫天下豈亂哉？」若天下之人，都信鬼神有賞罰之能力，人人必戒慎恐懼，不敢爲惡，而朝愛人、利人的方向去做。因此墨子「明鬼」的目的和「尊天」一樣，乃是想借重鬼神的賞善罰暴的權能來整頓社會。墨子又說：

　　　　嘗若鬼神之能賞賢如罰暴也，蓋本施之國家，施之萬民，實所以治
　　　　國家利萬民之道也。……是治吏治官府，不敢不絜廉，見善不敢不
　　　　賞，見暴不敢不罪；民之爲淫暴寇亂盜賊，以兵刃毒藥水火，退無
　　　　罪人乎道路，奪車馬衣裘以自利者，由此止。是以莫放幽間，擬乎
　　　　鬼神之明顯，明有一人畏上誅罰，是以天下治。〔註70〕

人人若深信鬼神，那麼爲官吏者，自是不敢不絜廉，賞罰不致失措；而百姓也自然不敢爲非作歹。人人各盡自己的本分去做，天下就可平治。所以，「明鬼」是「治國家利萬民之道」。

　　墨子提倡「明鬼」，並從古聖王之事，來查考他們是否信仰鬼神？〈明鬼下篇〉云：

　　　　然則姑嘗上觀聖王之事，昔者武王之攻殷誅紂也，使諸侯分其祭，
　　　　曰:使親者受内祀，疏者受外祀，故武王必以鬼神爲有。是故攻殷伐
　　　　紂，使諸侯分其祭，若鬼神無有，則武王何祭分哉？非惟武王之事
　　　　爲然也。故聖王其賞也必於祖，其僇也必於社。賞於祖者何也？告
　　　　分之均也。僇於社者何也？告聽之中也。〔註71〕

周武王滅殷，命諸侯分掌祭祀；古聖王封賞功臣、誅戮罪人，必於祖廟、社祠舉行。古聖王治理天下，均「先鬼神而後人」。墨子以古聖王的行事來証明他們是信仰鬼神的。

　　墨子明揚鬼神的目的，在敬奉鬼神借重鬼神的權威。而要建立鬼神的威權，則須要有肅穆的祭祀的儀式。〈明鬼下篇〉云：

　　　　且惟昔者虞夏商周，三代之聖王，其始建國營都，日必擇國之正壇，

〔註70〕　《墨子·明鬼下篇》，同註27，頁150～151。
〔註71〕　《墨子·明鬼下篇》，同註27，頁145～146。

置以爲宗廟。必擇木之脩茂者，立以爲菆位。必擇國之父兄慈孝貞
良者，以爲祝宗。必擇六畜之勝腯肥倅，毛以爲犧牲。珪璧琮璜，
稱財爲度，必擇五穀之芳黃，以爲酒醴粢盛。故酒醴粢盛，與歲上
下也。故古聖王治天下也，故必先鬼神而後人者，此也。故曰官府
選劾，必先祭器。祭服，畢藏於府。祝宗有司，畢立於朝，犧牲不
與昔聚羣。〔註72〕

墨子「明鬼」的另一個用意在希望能達到「民德歸厚」的目的。墨子說：

古之今之爲鬼，非他也。……今有子先其父死，弟先其兄死者矣。
意雖使然，然而天下之陳物，曰：先生者先死。若是，則先死者，
非父則母，非兄而姒也。今絜爲酒醴粢盛，以敬愼祭祀，若使鬼神
請有，是得其父母姒兄，而飲食之也，豈非厚利哉？若使鬼神請亡，
是乃費其所爲酒醴粢盛之財耳，自夫費之，非特注之汙壑而棄之也。
內者宗族，外者鄉里，皆得如具飲食之；雖使鬼神請亡，此猶可以
合驩聚眾，取親於鄉里。〔註73〕

墨子以爲祭祀鬼神，一則「上於交鬼之福」；再則「下以合驩聚眾，取親乎鄉里」，
也可以說「得其父母弟兄而食之」，可盡孝道，並可發揮社會功能，取親鄉里。
可見，「墨子之本意，似不斤斤於有無之辯，乃僅就其效果言之者。」〔註74〕
的確，墨子「明鬼」的目的並不在探究宇宙的奧秘，而在實利的社會功能。〈明
鬼下篇〉墨子明白說道：「今天下之王公大人士君子，中實將欲求興天下之利，
除天下之害，當若鬼神之有也。將不可不尊明也。」對此，學者認爲：

墨子所倡導之天志神學復古思想也就不能簡單地定性爲逆歷史潮流
而動，開歷史倒車。相反，墨子在春秋戰國衰亂之世，權威認同危
機和價值認同危機并發之際，積極利用當時盛行的鬼神崇拜，試圖
重建鬼神的權威，借助宗教神學力量完成對社會的重新整合。這一
企圖是具有積極意義的。〔註75〕

的確，墨子試圖在神鬼和人之間搭起一座橋樑，鼓吹其宗教信仰。其目的不
在提倡迷信，相反的，墨子希望人人心中有所敬畏。即便不能得到鬼神的賜

〔註72〕《墨子·明鬼下篇》，同註27，頁146～147。

〔註73〕《墨子·明鬼下篇》，同註27，頁153～154。

〔註74〕見方授楚：《墨學源流》（臺北：臺灣中華書局，1979年），頁104。

〔註75〕張宏斌：〈論墨子的宗教神學與人的理性自覺〉，《華僑大學學報》哲學社會科
學版第四期，（1998年），頁100。

福，最起碼藉著祭祀可以取親鄉里。墨子藉著「尊天」、「明鬼」的思想，由祭祀的儀式來達到溝通神鬼和人的關係，並使人間社會由信仰而達到兼愛互利和平安樂的境地。墨子心目中的鬼神是善良愛民，主持正義的。是人間最公正的裁判者，且也是天與人之間的媒介。

四、墨子對喪葬的若干主張

（一）節　葬

　　墨子所提倡的「節葬」，包含短喪，是針對厚葬久喪而發。厚葬久喪是儒家所倡，由孔子以「三年之喪」爲「天下之通喪」，〔註76〕及孟子力勸滕文公實行三年之喪可知。〔註77〕雖然孔子曾說過：「禮，與其奢也寧儉；喪，與其易也寧戚。」〔註78〕而且痛罵「爲俑者不仁」。〔註79〕孔門弟子子張、子游對於喪葬，也戒過虛禮，說過盡哀而止的話。然而儒者末流卻過份重視禮樂而崇尚虛浮，以致侈靡浪費，厚葬蔚爲風氣。《墨子·公孟篇》裡墨子批判儒家：「厚葬久喪，重爲棺槨，多爲衣衾，送死若徙，三年哭泣，扶後起，杖後行，耳無聞，目無見，此足以喪天下。」厚葬久喪的結果，使得「上不聽治，下不從事」，對社會極爲不利。〈節葬下篇〉載墨子以「眾寡」、「富貧」、「治亂」三原則衡量厚葬久喪，墨子肯定其結果是：國貧、民寡、政亂、不能禁止攻伐、不能儌上帝之福，〔註80〕因此主張「節葬」。

　　〈兼愛下篇〉云：「非人者必有以易之」，墨子既非斥厚葬久喪，乃有「節葬」之主張，並歷引堯、舜、禹等古聖王之事，做爲節葬的理論根據。古聖王所制定的葬埋之法爲何？根據《墨子》書所載：

〔註76〕 見前文第二章第（一）節、先秦時代喪葬禮俗的演變，云孔子謂：「三年之喪，天下之通喪也。」（〈陽貨篇〉）宰我主張短喪，孔子怒斥爲「不仁」。

〔註77〕 《孟子·滕文公上篇》滕定章載：「滕定公薨。世子謂然友曰：『昔者孟子嘗與我言於宋：於心終不忘。今也不幸，至於大故。吾欲使子問於孟子，然後行事。』然友之鄒，問於孟子。孟子曰：不亦善乎！親喪，固所自盡也。曾子曰：『生，事之以禮；死，喪之以禮，祭之以禮；可謂孝矣。』諸侯之禮，吾未之學也。雖然，吾嘗聞之矣：三年之喪，齊疏之服，飦粥之食，自天子達於庶人，三代共之。然友反命，定爲三年之喪。」可見孟子主張久喪。同註2，頁89。

〔註78〕 《論語·八佾篇》，同註24，頁26。

〔註79〕 《禮記·檀弓下》，同註1，頁172。

〔註80〕 《墨子·節葬下篇》，同註27，頁108～111。

> 故古聖王制爲葬埋之法，曰：棺三寸，足以朽體，衣衾三領，足以
> 覆惡。以及其葬也，下毋及泉，上毋通臭，壟若參耕之畝，則止矣。
> 古者聖王制爲節葬之法，曰：衣三領，足以朽肉。棺三寸，足以朽
> 骸。掘穴深不通於泉，流不發洩，則止。〔註81〕

兩段敘述幾近相同，俱爲「棺三寸」、「衣（衾）三領」。墨子非斥厚葬久喪，本人也制定葬埋之法：

> 子墨子制爲葬埋之法，曰：棺三寸，足以朽骨；衣三領，足以朽肉：
> 掘地之深，下無菹漏，氣無發洩於上，壟足以期其所，則止矣。哭
> 往哭來，反從事乎衣食之財，佴乎祭祀，以致孝於親。〔註82〕

兩相比較，古聖王之法和墨子之法相同，文字亦大同小異，只是墨子所制葬埋之法多了「佴乎祭祀，以致孝於親。」古聖王之說極可能是託古，但墨子的本意是用以矯今。從以上敘述可知，墨子所認爲的「葬埋之法」是棺三寸，衣三領，足以朽體，覆惡就可以了，毋須侈靡浪費，耗費生人衣食之財。墨子在平等而節用的原則下，將「槨」制全廢除。上至王侯貴族，下至匹夫賤人，全部採用「棺三寸」。據《左傳》及《荀子》書記載，「桐棺三寸」是用來懲罰罪犯的，而墨子把它做爲天下之通喪，難怪荀子要批評他「大儉約，而僈差等」〔註83〕，而譏之爲「役夫之道」。儒家重視「親親之殺，尊賢有等」，對於墨子這種不別尊卑貴賤的節葬法，當然是無法接受的。

　　古聖王和墨子所制之「葬埋之法」，原典皆作「棺三寸」，其後如《莊子·天下篇》、《韓非子·顯學篇》、《淮南子·要略篇》、《史記·太史公自序》等書，忽略此原始資料，而輾轉誤引爲「桐棺三寸」，這恐怕有悖墨子原旨。在〈節葬下篇〉中墨子舉出「堯北教乎八狄，道死，葬蛩山之陰。衣衾三領，穀木之棺，葛以緘之」、「舜西教乎七戎，道死，葬南已之市。衣衾三領，穀木之棺，葛以緘之」、「禹東教乎九夷，道死，葬會稽之山。衣衾三領，桐棺三寸，葛以緘之」三聖王巡狩天下道死四方而就地安葬的例子，所用之棺不僅有「桐棺」，也有「穀棺」。桐與穀都是易腐賤木，質鬆而輕，不能做爲造宮室舟車之用。聖王用爲棺木之材，就是就地選用賤木爲棺的意思。墨子在

〔註81〕分見《墨子·節葬下篇》，同註 27，頁 111～112。《墨子·節用中篇》，同註 27，頁 103～104。
〔註82〕《墨子·節葬下篇》，同註 27，頁 117。
〔註83〕《荀子·非十二子篇》，同註 39，頁 58。

省費適用的原則下，認爲用桐、用縠、用任何賤木爲棺都不拘，最重要的是就地取材，而不要刻意選用可作其他用途的良材，或到遠處選取木材，以免徒然浪費，勞民傷財。〔註84〕

（二）短　喪

《禮記・王制》云：「天子七日而殯、七月而葬。諸侯五日而殯、五月而葬。大夫士庶人三日而殯、三月而葬。」可見儒家喪禮的制定，在於突顯尊卑上下差等。實則人死之後「魂氣歸于天，形魄歸于地。」〔註85〕形骸回歸於自然「藏」諸天地的定律，則是從天子至庶人都是一樣的。

墨子反對厚葬久喪，在他所制定的節葬之法中，還包括了短喪，也就是喪期的規定。〈節葬下篇〉云：

> 哭往哭來，反從事乎衣食之財。俱乎祭祀，以致孝於親。
>
> 死則既已葬矣，生者必無久哭，而疾而從事。人爲其所能，以交相
>
> 利也，此聖王之法也。
>
> 死者既葬，生者毋久喪用哀。〔註86〕

由「無久哭，疾從事」、「毋久喪用哀」等敘述，可見墨子主張短喪。但墨子主張的喪期究竟多長？《墨子》書〈節用〉、〈節葬〉諸篇，均未明白說明服喪之期。倒是在〈公孟篇〉載有儒者公孟子和墨子的一段對話，可以參考：

> 公孟子謂子墨子曰：「子以三年之喪爲非，子之三日之喪，亦非也。」
>
> 子墨子曰：「子以三年之喪，非三日之喪，是猶倮謂撅者不恭也。」
>
> 〔註87〕

這是《墨子》書中，唯一提到喪期之處。《後漢書》卷四十九〈王充王符仲長統列傳〉注引尸子也說：「禹之葬法，死於陵者葬於陵，死於澤者葬於澤，桐棺三寸，制喪三日。」〔註88〕然而《韓非子・顯學篇》卻云：「墨者之葬也，冬日冬服，夏日夏服，桐棺三寸，服喪三月。」漢・高誘注《淮南子・齊俗訓》亦云：「三月之服，夏后氏之禮。」因此，便有墨子主張短喪，以夏禹爲

〔註84〕同註8，頁19～20。

〔註85〕《禮記・郊特牲》，同註1，頁507。

〔註86〕分見《墨子・節葬下篇》，同註27，頁117。《墨子・節葬下篇》，同註27，頁113。《墨子・節用中篇》，同註27，頁104。

〔註87〕《墨子・公孟篇》，同註27，頁276。

〔註88〕《後漢書・王充王符仲長統列傳》，南朝宋・范曄撰，唐・李賢等注：《新校本後漢書九十卷原附獄中與諸甥姪書》（臺北：鼎文書局，1983年），頁1637。

法，爲期三月的說法。

其實，墨子葬埋之法中，並未說到服喪的事，既沒有守喪之服，也沒有明確的守喪之期。因此短喪不一定三日，也不一定三月，喪禮時間長短視各人情況而定，公孟子所謂「三日之喪」，乃極言其短也。周師富美於所著〈論墨子節葬說〉一文中說：「墨子葬埋之法中，根本沒說到服喪的事。……喪禮時間長短因人情況不同，而各隨己便。墨子要人儘快辦完喪事，喪事辦完就節哀而趕緊回到工作崗位上去。《莊子・天下篇》云：『今墨子獨生不歌，死不服，桐棺三寸而無椁，以爲法式。』正無服制，無喪期。這與「棺三寸」既無椁，又不限木材的用意是相同的。墨子主喪禮一切從簡，不論人力、物力、財力都不做無謂的浪費。」〔註89〕的是精論。現代部分學者有以三日之喪爲是者，然也提不出有利論證，仍然不能成爲定讞。

（三）祭 祀

墨子是先秦諸子中惟一公開研究宗教的學派，他相信鬼神與天，都是真實存在，天、鬼、人三者構成其天人觀的基本框架。如前文所言，墨子提倡「尊天」「明鬼」之說，主要的目的仍是求得達成政治社會的實利。爲此，墨子列舉了許多歷史的事例以爲世人警戒。《墨子・明鬼下》即載：周宣王枉殺其臣杜伯後遭杜伯射殺、句芒神賜鄭穆公十九年陽壽、燕簡公枉殺其臣莊子儀，後遭莊子儀鬼魂杖殺殪於車上、祝觀辜不依禮祭祀欺騙神明，遭附神之祝史以木杖擊斃於神壇、中里徼因訟案不實爲桃神殪於盟所等故事。墨子以載諸史冊「眾之所同見，眾之所同聞。」的鬼神故事，來証明鬼神能復仇施罰，賞善罰暴，因此人不應懷疑鬼神之有無及其能力。

墨子認爲鬼神是實有的，而其種類，〈明鬼下篇〉云：「子墨子曰：古之今之爲鬼，非他也。有天鬼，亦有山水鬼神者，亦有人死而爲鬼者。」他將鬼神分爲三類：天鬼、山川鬼神、人鬼。他深信鬼神，肯定鬼神，並且認爲鬼神是有明鑑隱密、賞善罰惡的能力。〈明鬼下篇〉云：

> 雖有深谿博林，幽澗毋人之所，施行不可以不董（俞云董字無義，疑董字之誤，董借爲謹），見有鬼神視之。……故鬼神之明，不可爲幽間廣澤，山林深谷，鬼神之明必知之。鬼神之罰，不可爲富貴眾強，勇力強武，堅甲利兵，鬼神之罰必勝之。〔註90〕

〔註89〕同註8，頁21～22。
〔註90〕《墨子・明鬼下篇》，同註27，頁145～151。

鬼神是無所不在、無所不能的，鬼神之罰，更是無所避逃。

如上文所言，墨子以天爲法儀，所謂「法天」、「上同於天」，必然需借助「祭祀」的儀式，以溝通天和人。誠如學者所言：「祭祀，在墨子看來，祭祀不僅是人與天、人與神、人與人、与鬼進行溝通的一種方法，而且還是人事奉天效法天和上同于天的一種儀式。因此，祭祀不是可有可無，而是必須舉行。」〔註91〕墨子言行合一，他既信鬼神，因此注重祭祀。《墨子・公孟篇》載儒者公孟子強調「無鬼神」，卻又主張「君子必學祭祀」。墨子於是嘲諷公孟子，這就如同「無客而學客禮」、「無魚而爲魚罟」，互相矛盾。墨子相信鬼神，重視祭祀，《墨子》書中對此載之甚詳：

> 故古者聖王，明天鬼之所欲，而避天鬼之所憎，以求興天下之利，是以率天下之萬民，齋戒沐浴，潔爲酒醴粢盛，以祭祀天鬼。其事鬼神也，酒醴粢盛，不敢不蠲潔，犧牲不敢不腯肥，珪璧幣帛，不敢不中度量，春秋祭祀，不敢失時幾。
>
> 故昔三代聖王，禹湯文武，欲以天之爲政於天子，明說天下之百姓，故莫不犓牛羊，豢犬彘，潔爲粢盛酒醴，以祭祀上帝鬼神，而求祈福於天。四海之內，粒食之民，莫不犓牛羊，豢犬彘，潔爲粢盛酒醴，以祭祀於上帝鬼神。〔註92〕

祭祀已故親人與祭天鬼一樣，儀式簡單隆重——齋戒沐浴，潔爲酒醴粢盛，犧牲腯肥，珪璧中度，按時祭祀。墨子特別關照葬埋之法需「佴乎祭祀，以致孝於親」，並且認爲與其以豐厚的物資陪葬，鋪張浪費，倒不如以虔敬、懷念之情按時祭祀，更能表達致孝於親的心意。而且，祭食一則可請已故親人享用，再則可合驩聚眾，取親鄉里，〔註93〕兼具慰藉與凝聚的功能。

《孟子・滕文公上》批評墨子：「墨之治喪也，以薄爲其道也。」其實，墨子非常重視孝道，《墨子》全書「孝」字四十五見，散見於十論及〈非儒〉二十四篇中。〔註94〕〈節葬下篇〉開宗明義墨子說：「仁者之爲天下度也，辟之無以異乎孝子之爲親度也。」葬埋之法墨子亦特別強調「佴乎祭祀，以致

〔註91〕 魏義霞、姚勝：〈天志・明鬼・非命：墨子哲學研究〉，《哈爾濱師專學報》2期（2000年2月），頁12。

〔註92〕 分見《墨子・尚同中篇》，同註27，頁50。《墨子・天志上篇》，同註27，頁120。《墨子・天志上篇》，同註27，頁121。

〔註93〕 《墨子・明鬼下篇》，同註27，頁154。

〔註94〕 同註8，頁27。

孝於親。」「侔乎祭祀」和孔子的「祭之以禮」〔註95〕並無不同，都是「致孝於親」的舉措，〔註96〕因此孟子之說，容有誤解。墨子主張「節葬」，與「節用」的精神是一致的，他兼顧死者與生者之利，今人孔炳奭治墨學即認為：

> 薄葬短喪並不是對死者的不尊敬，而厚葬久喪對死者也沒有太多的
> 意義或好處，只要能夠讓死者入土為安，親人表現適當的哀傷，並
> 且按時祭祀，不忘祖先的德澤，就是孝道的表現。所以薄葬短喪也
> 許比較符合現代繁忙的工商社會。〔註97〕

此說甚是客觀肯綮。

五、以「三表法」論証喪葬觀

　　墨子認為天下百工從事皆需有法度，否則不能成事。墨子以之為法儀的標準是「三表法」，又稱「三表」和「三法」。雖然三表法在〈非命篇〉提出，但墨子的每一種學說，也都是依照三表法的論證而確立的。它是墨子研判是非利害的法則，也是墨子知行合一邏輯的具體應用。所謂「三表」，〈非命上篇〉云：

> 何謂三表？子墨子言曰：「有本之者，有原之者，有用之者。於何本
> 之？上本之於古者聖王之事。於何原之？下原察百姓耳目之實。於
> 何用之？廢（讀為發）以為刑政，觀其中國家百姓人民之利，此所
> 謂言有三表也。」〔註98〕

三表法分別是「本之者」、「原之者」、「用之者」。這三表法，綜合〈非命〉上、中二篇，「本之者」指的是：「考之天鬼之志、聖王之事。」；「原之者」的依據是「徵以先王之書」、「百姓耳目之實」；「用之者」是「廢（讀為發）以為刑政，觀其中國家百姓之利」。統言之，墨子所本的是天鬼之志和先人的歷史事蹟，並以原察百姓的耳目之實為發言的依據。天鬼之志可以為法儀，歷史的經驗可以溫故知新、彰往察來；現實的經驗可以切中問題，尋繹適當的理治之方。堯、舜、禹、湯、文、武是上古聖王，善政的代表。墨子以之為言、

〔註95〕《論語·為政篇》，同註24，頁16。
〔註96〕同註8，頁27～28。
〔註97〕孔炳奭：「《禮記》與《墨子》喪葬思想比較研究」（臺北：臺灣師範大學國文研究所博士論文，王關仕先生指導，2002年），頁304。
〔註98〕《墨子·非命上篇》，同註27，頁164。

行是非判斷的標準，所謂：「持之有故，言之成理。」〔註99〕墨子由此樹立發言的根據，而這第一表與第二表就是「義，正也。」的論證。至於第三表強調的是理論結合現實的實施效果，具體實施時，若是對國家百姓萬民有利，這項措施或理念就是可用的；反之，則否。

（一）本之者——古聖王節葬

如上文所言，墨子以先王的歷史事蹟為本，由其中擷取經驗以為施政的標準。執厚葬久喪者以厚葬久喪為聖人之道反駁墨子，那麼堯、舜、禹三聖王之喪葬如何？〈節葬下篇〉云：

> 昔者堯北教乎八狄，道死，葬蛩山之陰。衣衾三領，穀木之棺，葛以緘之。既汜而後哭，滿坎無封，已葬而牛馬乘之。舜西教乎七戎，道死，葬南已之市。衣衾三領，穀木之棺，葛以緘之，已葬而市人乘之。禹東教乎九夷，道死，葬會稽之山。衣衾三領，桐棺三寸，葛以緘之。絞之不合，通之不埳。土地之深，下毋及泉，上毋通臭。既葬，收餘壤其上，壟若參耕之畝，則止矣。〔註100〕

堯舜禹之喪葬均用「衣衾三領」，以穀木之棺或用桐棺三寸，以葛藤束棺，因此古聖王的喪葬，都是薄葬。「厚葬久喪」非聖王之道，可以證明。墨子又說：「若以此若三聖王者觀之，則厚葬久喪果非聖王之道。故三王者，皆貴為天子，富有天下，豈憂財用之不足哉？以為如此葬埋之法。」三聖王貴為天子，富有天下，並不憂財用不足，卻如此葬埋，可見「節葬」才是聖王之道。所以墨子認為厚葬久喪「上稽之堯舜禹湯文武之道，而政逆之；下稽之桀紂幽厲之事，猶合節也。」綜言之，節葬是合乎聖王之道的。

（二）原之者——厚葬久喪的情況

除了以聖王之事、先王之書來作為取決的標準外，墨子往往以「百姓耳目之實」來作為立論的依據。當時社會喪葬的風氣如何？〈節葬下篇〉描述道：

> 此存乎王公大人有喪者，曰棺槨必重，葬埋必厚，衣衾必多，文繡必繁，丘隴必巨。存乎匹夫賤人死者，殆竭家室；〔存〕乎諸侯死者，虛車府，然後金玉珠璣比乎身，綸組節約，車馬藏乎壙，又必多為屋幕，鼎鼓几梴壺濫，戈劍羽旄齒革，寢而埋之，滿意，送死

〔註99〕《荀子‧非十二子篇》，同註39，頁58。
〔註100〕《墨子‧節葬下篇》，同註27，頁112～114。

若徙。曰天子殺殉，眾者數百，寡者數十；將軍大夫殺殉，眾者數
十，寡者數人。〔註101〕

這是就厚葬而言。從王公大人至匹夫賤人，可說全國上下喪葬奢靡成風。不
僅浪費錢財，甚至造成了一種不良的社會風氣，墨子用「送死若徙」來形容
厚葬之風多埋財富，於民不利。不僅如此，以殺殉來陪葬死者，天子之喪甚
至多達數百人，更是極不人道，令人扼腕。

當時處喪之法又如何呢？〈節葬下篇〉云：

處喪之法將奈何哉？曰：哭泣不秩聲翁，縗絰，垂涕，處倚廬，寢
苫枕塊；又相率強不食而為飢，薄衣而為寒，使面目陷陬，顏色黧
黑，耳目不聰明，手足不勁強，不可用也。又曰：上士之操喪也，
必扶而能起，杖而能行，以此共三年。〔註102〕

不僅父母之喪處喪三年，其他如「君死，喪之三年；……妻與後子死者，五
皆喪之三年；然後伯父叔父兄弟孽子其，族人五月；姑姊甥舅，皆有月數，
則毀瘠必有制矣。」〔註103〕依親疏遠近，處數月至三年之喪。如此處喪，不
僅耗費光陰，而且使人耳目不聰明，手足不強勁，不能工作；王公大人還必
須扶而能起，杖而能行，健康大傷損。〈節葬下篇〉又云：

若法若言，行若道，使王公大人行此，則必不能蚤朝（晏退）；使大
夫行此，則必不能治五官六府，辟草木，實倉廩。使農夫行此，則
必不能蚤出夜入，耕稼樹藝；使百工行此，則必不能修舟車為器皿
矣；使婦人行此，則必不能夙興夜寐紡績織紝。〔註104〕

若行厚葬久喪，上至王公大人，下至庶民百姓，無論社會百工，或是家中婦
女，均無法履行其職責，人人必將荒廢本業，因此墨子主張節葬。

（三）用之者──節葬利國利民

在墨子的心目中，是否可「用」和是否有「利」是相連的。他的善或不
善，是以可用不可用做標準。這個「用」，可中萬民之「利」，就是天下之大
「利」。厚葬久喪是否可用？端視其對百姓是否有利。根據《墨子‧節葬下篇》
所載，墨子認為行厚葬久喪不僅於民無利，其影響有五大害處：

〔註101〕《墨子‧節葬下篇》，同註27，頁106～107。
〔註102〕《墨子‧節葬下篇》，同註27，頁107。
〔註103〕《墨子‧節葬下篇》，同註27，頁109。
〔註104〕《墨子‧節葬下篇》，同註27，頁107～108。

1. 國家不能求富

如前文所引，墨子認為厚葬久喪，不僅為費不貲、窮奢極侈，又殺人以殉，可說慘無人道至極。久喪使得王公大人不能早朝，農夫不得耕稼，百工不能修舟車為器皿，婦人不能紡績織絍，所以墨子認為：「細計厚葬，為多埋賦之財者也，計久喪，為久禁從事也。財以成者，扶而埋之，後得生者，而久禁之，以此求富，此譬猶禁耕而求穫也，富之說無可得焉。」（〈節葬下篇〉）墨子將之譬喻為──「猶禁耕而求穫」，國家必不能求富。

2. 人民不能求眾

厚葬久喪，不僅不能使人脫貧致富，久喪又會使人「面目陷陬、顏色黧黑，耳目不聰明，手足不勁強」，必將使人「冬不仞寒，夏不仞暑」，人民因此身體羸弱，易致疾病而死。而且守喪三年，「敗男女之交」，阻礙人口的繁殖，因此墨子認為：「以此求眾，譬猶使人負劍，而求其壽也，眾之說無可得焉。」（〈節葬下篇〉）久喪有損健康、影響生育，就是「寡人之道」。

3. 刑政不能得治

墨子認為，厚葬久喪必使人陷於「扶而能起，杖而能行」的地步。王公大人如此，必不能早朝，治理五官六府；百姓如此，必不能從事正常工作。影響所及，「上不聽治，刑政必亂，下不從事，衣食之財必不足」，如不足，兄弟、父子、君臣，必相怨讎，而導致人倫失調。以致淫暴、盜賊之事必不可免，而刑政也將陷於大亂。若想求治，毋寧是「使人三睘而毋負己也」（〈節葬下篇〉）。

4. 不能禁止大國攻小國

墨子的時代，「天下失義，諸侯力征」，國與國之間兼併攻伐，擾攘不休。墨子認為大國之所以不攻小國，小國之所以能夠自保，殆因「積委多，城郭修，上下調和」（〈節葬下篇〉）。厚葬久喪若行之社會國家，將使國貧、民寡、政亂，不僅不能保障國家的安全，甚且可能招來大國的覬覦進犯，引發國際間的征戰。因此行厚葬久喪，想停止國際間的攻戰，是不可能的。

5. 不能儌上帝之福

厚葬久喪使得人民貧困，故而無法準備潔淨的粢盛酒醴；厚葬久喪使得人口減少，刑政混亂，將減少對上帝鬼神祭祀。既然未能事人，焉能事鬼，故鬼神不悅，不能儌上帝之福。故而厚葬久喪，可謂「上不利於天，中不利於鬼，下不利於人」，三利無所利。換言之，厚葬久喪不論在倫理、經濟、政

治、宗教、國防安全各方面均將蒙受其害。

墨子認為仁人為天下和孝子為親，其用心是相同的，不外乎皆欲使天下（親）富、眾、治。節葬短喪其實無害於孝子之事，《墨子·大取篇》云：「智（同知）親之一利，未為孝也。亦不至於智（同知）不為己之利於親也。」王冬珍教授釋此條曰：「是謂僅知事己親之一利，未能兼利人之親，不得謂孝，亦即不惟單利己之親，必及於利人之親，乃可謂之孝。然亦不至於不知不為己之利於親也，知不為己，則利於人者大，利於人者大，即兼利也。」〔註105〕意謂若僅利個人而不能利他人，不能稱為墨家精神，更不能稱為仁人、孝子之事。墨子以三表法，由古代聖王的行事和百姓耳目所見之事實及實施之成效，來探究利害得失。在內涵上，則以「義、利」為標準來檢驗厚葬久喪的實施。透過這種客觀的論証，墨子認為厚葬久喪於人於己皆不可用，因此非仁人、孝子之事。反言之，節葬短喪能夠「興利除害」，因此仁人必將求之，孝子也必將行之。

六、結　論

墨子的時代禮崩樂壞，當時在喪葬上普遍存在著厚葬久喪的習俗。厚葬使得陪葬豐厚的明器成風，猶且助長了慘無人道的人殉之俗，墨子對此深惡痛絕。久喪使得生者損害健康，不能生產，故而墨子主張節葬短喪。節葬是不希望人耗費衣食之財，短喪則可儘快恢復正常生活。墨子認為只要生者心裡追念，不曠廢祭祀，便算盡到了孝道。墨子是一個改革社會的哲學家，他對人生的關照也是全面性的，《墨子·節葬下篇》云：「子墨子之法，不失死、生之利者，此也。」足以說明。墨子不注重形式上的虛文，著重的是實利。節葬，可以「富貧」；並且達到「治亂」和「眾寡」的作用。又可使國際間不致相攻伐，上帝鬼神可依時祭祀，可謂利國家、利天下萬民了。所以〈節葬下篇〉墨子諄諄勉勵後學：「今天下之士君子，中請將欲為仁義，求為上士，上欲中聖王之道，下欲中國家百姓之利，故當若節喪之為政，而不可不察此者也。」節葬是聖王之道，可使天下同獲其利，這是墨子的根本用心。

對於喪葬，《論語·先進篇》載：「顏淵死，門人欲厚葬之。子曰：『不可』。」又載：「顏淵死，顏路請子之車以為之椁。子曰：『……鯉也死，有

〔註105〕見王冬珍：《墨學新探》（臺北：世界書局，1984年），頁193。

棺而無椁』。」足見孔子雖然贊同三年之喪，但並不主張厚葬。墨子同樣也是反對厚葬，但是學者卻常常援引荀子的話：「墨子蔽於用而不知文」〔註106〕來譏諷墨子；或者從墨子平民的身分，評論墨子的思想不足爲法。這一點，梅貽寶先生認爲：「就《墨子》書中記載，墨子能受當時很難得的教育，能充任大夫，能著書，書中順口引徵詩書，能授徒而且推薦了若干生徒去做官，旅途中還能『關中載書甚多。』這儼然是一位典型的士大夫。墨子若果有微賤身世，他必然早已自拔出來了。」〔註107〕堪稱獨到之見。史遷〈太史公自序〉載司馬談論墨家：「墨者儉而難遵，是以其事不可徧循；然其彊本節用，不可廢也。」又曰：「……夫世異時移，事業不必同，故曰『儉而難遵』。要曰彊本節用，則人給家足之道也。此墨子之所長，雖百家弗能廢也。」認爲墨子之學「儉而難遵」，但也認爲墨子之說追求「彊本節用」以使「人給家足」難能可貴。這正是墨子宣揚節用、節葬思想的目的，因此荀子抨擊墨子所爲是「役夫之道」，〔註108〕似乎有欠公允。

　　其實，墨子思想和其他大思想家相同，「無不上承我中華寄於全民族之文化精神，且由現實人生做起點而晉向超越的理境。」〔註109〕墨子喪葬思想，不僅是墨子基於節用的經濟觀，衡量對現實人生最大的善與利的原則下提出；它同時也反映出墨子的宗教思想，以祭祀鬼神來達到天、鬼、人三得利的社會意義。《墨子·修身篇》云：「喪雖有禮，而哀爲本焉。」孝子對父母表達心中的哀思，才是喪葬禮俗的根本。因此，墨子節葬的思想也可說是對「仁人」和「孝子」人格典型的新界定。〔註110〕時至今日，距離孔、墨數千年後，由於陪葬品豐富慘遭盜墓，墓地紛擾等問題層出不窮，使得死者不安、生者痛心。再者由於現代工商社會生活緊湊繁忙，土地資源又極爲有限，故而在喪葬上興起所謂「綠色殯葬」、「海葬」、「火葬」、「樹葬」〔註111〕等觀念。

〔註106〕《荀子·解蔽篇》，同註39，頁261。
〔註107〕梅貽寶：〈墨子學述（上）〉，《中國文化月刊》120期（1989年10月），頁11。
〔註108〕《荀子·王霸篇》，同註39，頁139。
〔註109〕語出王冬珍：〈守道行義的鉅子—墨子〉，《國文天地》14卷11期（1999年4月），頁6。
〔註110〕此乃吳進安教授之說。見氏著：《墨家哲學》（臺北：五南圖書，2003年），頁316～317。
〔註111〕〈樹葬花葬灑葬，往生新主張〉：「清明掃墓時節即將來臨。內政部刻正積極推動花葬、樹葬、灑葬等多元化葬法，未來民眾掃墓的畫面，很可能由爲逝去的親人焚香、燒冥紙，增加另一種新穎的『灑水、灌溉』等方式。……多

雖然現代殯葬在做法上，不無可議之處；但在精神上，可說是體現墨子節葬的精神，甚至已經接近了道家薄葬的境界。無可諱言，儒家重視喪葬，本來是爲了傳達子女的孝思，祭祀猶有愼終追遠的意義。但是俗儒一味強調厚葬久喪，不僅於生、死兩不利，而且不免有重視死後甚於生前之嫌。墨子的發言，是以社會最大多數人的利益爲利益。雖然墨子的喪葬思想從「實利」的觀點去立論，難免狹隘，但墨子發人所不敢言，追求人給家足、興利除弊的襟懷，是值得被肯定的。

《淮南子・氾論訓》云：「故聖人制禮樂，而不制於禮樂。治國有常，而利民爲本。政教有經，而令行爲上。苟利於民，不必法古；苟周於事，不必循舊。」治國之常道，乃以利民爲根本。若是有利於民，未嘗不可因時制宜。墨子的喪葬思想，就是在爲民「興利除害」的原則下提出。不僅如此，儒家親親之殺的層級性，來自於周文的宗法封建制，此正與墨子兼愛的平等性對反。墨子從「天志」、「兼愛」的平等精神，據此強調節用、節葬、敬事鬼神，以泯除因尊賢差等而造成的喪葬禮俗差異，揭示了人生死皆平等的想法，更是劃時代的創舉。唐代韓愈高舉發揚儒術之大纛，曾說：「孔子必用墨子，墨子必用孔子。不相用，不足爲孔墨。」〔註112〕的確，在喪葬上如能參酌墨子之思維加以簡化，那麼，當可去除厚葬久喪之弊，眞正使得生死兩利、生死平等。先秦之世思想開放，諸子爭鳴，乃能開創出「粲然」〔註113〕的文化。今日社會愈趨多元，如能將曾和儒家分庭抗禮的墨家，以平等之眼光看待，擷取其思想之長處，未嘗不能針砭當世之流弊。墨子以節用爲基調之喪葬思想，在現代社會裡，相信亦必有其正面意義！

元化葬法的概念，已經將國人傳統『入土爲安』的觀念，深化成『天人合一』，人出生於自然，死後也回歸自然；同時，藉由骨灰灑落栽種植物，也可視爲是另一個生命的再延續，對在世的親人而言，將更顯得意義非凡。」文見《中國時報》，第23版，2003年3月24日。

〔註112〕見唐・韓愈著：《昌黎先生集》，卷11〈讀墨子〉，（臺北：臺灣中華書局，1980年），頁16。

〔註113〕《荀子・非相篇》云：「禮莫大於聖王。聖王有百，吾孰法焉？故曰：文久而息，節族久而絕。守法數之有司，極禮而褫。故曰：欲觀聖王之跡，則於其粲然者矣，後王是也。彼後王者，天下之君也。舍後王而道上古，譬之是猶舍己之君而事人之君也。故曰：欲觀千歲，則數今日；欲知億萬，則審一、二；欲知上世，則審周道。」同註39，頁50～51。

附錄二：孔、墨「命」說之異同研究──
從「知天命」和「非命」二說談起

摘　要

　　先秦時代，儒家和墨家並稱爲「顯學」。從神權過渡到君權的時代裡，儒家孔子以「知天命」之說回應所處的時空環境，期望達到生命的安立。時代稍晚的墨家墨子，卻以「非命」說批駁當時流行的宿命論，目的也是爲了勉人爲義貞定人間。考察孔、墨二聖之「命」說，由於二聖天道觀不同，自然所孳演之「命」義亦不同。然而，若探究「知天命」與「非命」之哲學蘊義，孔子強調進德修業爲己之學，與墨子倡揚從事（強力）哲學追求公義與平等，二說無不是人的自覺與發現，均深具時代開創的意義。孔、墨二聖之說，儘管天道觀迥異，所論之「命」義亦不同，就其終極關懷而言，俱以提振人文精神之昂揚爲標的，可謂殊途而同歸。

　　關鍵詞：孔子、知天命、墨子、天志、非命、人文主義

一、前　言

　　「命」，在古代傳統思想中早已出現。《易傳・乾》提到：「乾道變化，各正性命。」〔註1〕、《中庸》有曰：「天命之謂性」〔註2〕、《詩經》亦云：「有命自天，命此文王。」〔註3〕。說命、載命之經典古籍，不勝枚舉。今人吳昌崙先生將「命」之義分爲五類：「性命」、「國家命運、祿命、福命、壽命」、「孔孟之知命、立命說」、「術數中之定命」、「道家之安命、從命」〔註4〕，足見「命」義爲一複雜之宗教、道德及人生思想。

　　「命」字之義，《說文解字》釋曰：「命，使也。從口令。」段玉裁說：「令者發號也，君事也，非君而口使之，是亦令也。故曰：『命者，天之令也。』」〔註5〕可見「命」字有「命令」之意涵，這也是「命」字的本義。在周人反神權的思想傾向下，「命」觀念乃由「命令義」轉爲「命定義」。「命定義」之命，以「條件性」或「決定性」爲基本內容，此處不必然涉及意志問題，而必涉及一「客觀限定」之觀念。「命定義」之命，固是晚出之義，但正與日後儒學所取之態度相符〔註6〕。無論是孔子「知天命」之說，或是孟子「立命」說，所稱之「命」義，俱由此而來。

　　《韓非子・顯學篇》云：「世之顯學，儒、墨也。儒之所至，孔丘也。墨之所至，墨翟也。」〔註7〕儒、墨兩家是先秦時代的顯學；孔子和墨子是兩大學派的代表人物。爲了回應所處的時空環境，尋求人在天地之間的定位與生命的安立，儒家孔子提出「知天命」（以下稱「知命」說同此）之說，墨家墨

〔註1〕見魏・王弼、晉・韓康伯注，唐・孔穎達疏：《周易正義》，收於《十三經注疏》（臺北：藝文印書館，1989年1月），頁10。

〔註2〕《中庸》曰：「天命之謂性，率性之謂道，修道之謂教。」見楊亮功、宋天正、毛子水、史次耘註譯，王雲五主編：《四書今註今譯》（臺北：臺灣商務印書館，1995年1月），頁2。

〔註3〕《詩經》大雅文王之什〈大明篇〉：「有命自天，命此文王，于周于京，纘女維莘，長子維行。」見漢・毛亨傳、鄭元箋，唐・孔穎達疏：《毛詩正義》，收於《十三經注疏》（臺北：藝文印書館，1989年1月），頁542～543。

〔註4〕吳昌崙：〈析論墨子的宗教思想〉，《吳鳳學報》第5期（1997年6月），頁282～283。

〔註5〕漢・許愼撰，清・段玉裁注：《說文解字注》（臺北：藝文印書館，1979年6月），頁57二篇上十八。

〔註6〕參見勞思光：《新編中國哲學史》（臺北：三民書局，1984年1月），頁98～99。

〔註7〕陳奇猷撰：《韓非子集釋》（臺北：世界書局，1981年3月），頁1080。

子則對彼時衍爲風尙的宿命論提出針砭之道，倡論「非命」思想。近人方授楚先生研究墨學認爲：「若莊子大宗師諸篇，列子力命篇所載，即其至完備之命定說也。然墨子當時所得見之命定說，乃孔子一派。」〔註8〕墨子的生卒年，歷來學者所考，眾說紛紜。「生當孔子之後，孟子之前」，爲學界所公認〔註9〕。因此，墨子所聞見之「命」義，除了原始觀念命令之本義，部分殆由孔子「知天命」之說而來。由於孔、墨二聖對天道鬼神的認知殊異，因此所孳演之「命」義並不相同。雖然二聖所說「命」義不同，卻又同樣彰顯人文精神，二說同中有異、異中有同，其間異同值得深入探究。本文擬由孔、墨的天道觀明瞭其天人思想，以探究二聖「命」說的根源；其次由二聖立說之不同，就其「命」說之所以產生歧異的原因進行探討；再就二聖「命」說之終極關懷，來闡明孔、墨思想所揭櫫之人文精神與價值，以釐清二說之異同。

二、孔、墨「命」說之根源

（一）孔子的天人思想

任何一種學術思想的形成，絕非憑空而來，必然有其主客觀因素交融而成。古代中國無論在觀念或習俗上，是崇拜神權的。在商代，尤爲崇信諸神，諸神之上有天、帝，具有無上權威，人只能依天的意志去行事。這種天人關係直到周人建國，將天命與民意聯繫在一起，強調「德」的重視〔註10〕，尤其是周公制禮作樂，乃由原始信仰轉變爲人文化成的新階段。根據《史記‧孔子世家》的記載：「孔子生魯昌平鄉陬邑，其先宋人也。……魯襄公二十二年而孔子生。」〔註11〕孔子雖是宋人，卻精熟禮制，他強調「周監於二代，

〔註8〕 方授楚：《墨學源流》（臺北：臺灣中華書局，1979 年 9 月），頁 98。

〔註9〕 墨子生卒年可參見梁任公、胡適之及方授楚等先生之推斷，「生當孔子之後，孟子之前」，可爲定說。其詳請參見拙作：〈先秦墨子喪葬思想初探〉，《興大中文學報》第 16 期（2004 年 6 月），頁 5。

〔註10〕 比如《尚書‧周書召誥》載：指有夏、有殷「爲不敬厥德，乃早墜厥命。……王其疾敬德，王其德之用，祈天永命。」見漢‧孔安國傳，唐‧孔穎達疏：《尚書正義》收於《十三經注疏》（臺北：藝文印書館，1989 年 1 月），頁 222～223。另，《論語‧爲政篇》載：「子曰：爲政以德，譬如北辰，居其所而眾星共之。」、《論語‧堯曰篇》云：「堯曰：咨！爾舜！天之曆數在爾躬，允執其中。四海困窮，天祿永終。舜亦以此命禹……。」都是重視德行修養的言論。見魏‧何晏注，宋‧邢昺疏：《論語正義》收於《十三經注疏》（臺北：藝文印書館，1989 年 1 月），頁 16、178。

〔註11〕 漢‧司馬遷撰，南朝宋‧裴駰集解，唐‧司馬貞索隱，唐‧張守節正義：《新

郁郁乎文哉！吾從周。」〔註12〕，以重建普遍的秩序為己任，而無取於天神崇拜的信仰。所以，孔子「實非上承古代原始信仰之思想家，而是完成周人所代表之精神之理論基礎之人文思想之宗主。」〔註13〕然而，孔子所繼承的傳統，絕非只有周代的文化遺產。在《史記》中另有一段孔子對弟子子貢的話可為參考：「天下無道久矣，莫能宗予。夏人殯於西階，周人於西階，殷人兩柱閒。昨暮予夢坐奠兩柱之閒，予始殷人也。」〔註14〕說明孔子對自己殷人的身分仍是認同的，所以殷人的天命思想必然與孔子的思想有所關聯。

要探究孔子的天人思想，除了明瞭時代的氛圍與思潮，當然應從《論語》去理解。《論語·為政篇》載：孔子說「五十而知天命」〔註15〕，孔子將「天」「命」合講，可見最初的意志神「天」和最初的宿命論「命」有某種關連。考察《論語》一書，與「天命」一辭相關者，或作天，或作天道，或作命，或作天命，或作鬼神。其中言及「天」的篇章，計有十例。諸如：

「獲罪於天，無所禱也。」（〈八佾篇〉）

「天將以夫子為木鐸。」（〈八佾篇〉）

「予所否者，天厭之！天厭之！」（〈雍也篇〉）

「大哉堯之為君也！巍巍乎唯天為大：唯堯則之！」（〈泰伯篇〉）

「天生德於予，桓魋其如予何！」（〈述而篇〉）

「天之未喪斯文也，匡人其如予何！」（〈子罕篇〉）

「顏淵死。子曰：『噫，天喪予！天喪予！』」（〈先進篇〉）

「死生有命：富貴在天。」（〈顏淵篇〉）

「子曰：『不怨天，不尤人：下學而上達，知我者其天乎！』」（〈憲問篇〉）

「子曰：『天何言哉！四時行焉；百物生焉。天何言哉！』」（〈陽貨篇〉）

關於「天道」者，則有一處：

「子貢曰：『夫子之文章，可得而聞也；夫子之言性與天道，不可得而聞也。』」（〈公冶長篇〉）

校本史記三家注》（臺北：鼎文書局，1981年8月），頁1905。

〔註12〕《論語·八佾篇》。見《論語正義》，頁28。

〔註13〕見勞思光：《新編中國哲學史》，頁106。

〔註14〕《史記·孔子世家》。見《新校本史記三家注》卷四十七，頁1944。

〔註15〕《論語·為政篇》：「子曰：『吾十有五而志於學，三十而立，四十而不惑，五十而知天命，六十而耳順，七十而從心所欲不踰矩。』」見《論語正義》，頁16。

〈公冶長篇〉子貢說不可得聞孔子天道思想的話頗值得注意。根據《論語‧子罕篇》所載：「子罕言：利，與命，與仁。」罕有希義，足見孔子並非完全不說「天命」，子貢應該是有所聞有所知卻又覺得不甚明瞭，故而有此一說。儘管如此，由《論語‧陽貨篇》所載：「子曰：『予欲無言』子貢曰：『子如不言，則小子何述焉？』子曰：『天何言哉！四時行焉；百物生焉。天何言哉！』」，《論語‧子罕篇》又說；「子在川上曰：『逝者如斯夫！不舍晝夜！』」，《論語‧陽貨篇》也有：「日月逝矣，歲不我與！」等言論，我們可以窺知孔子的天道觀是指自然之運行法則。這個「天」具有行健不息、偉大無盡的動能，這股不可思議的力量孕生萬物，使四時運行有序。

然而，我們似乎並不能如此簡化孔子的天道觀，因為孔子也說「唯天為大」（《論語‧泰伯篇》），他認為天是偉大的，人間聖君帝堯猶以之為法則。再者，孔子又說「畏天命」〔註16〕。「畏」字有豐富的義涵，它不僅只是恐懼，還包含驚羨、欽佩、興趣、尊重以及謙卑等多種情感狀態〔註17〕。「畏天命」，隱含了天是萬物創生的力量，天也是萬物存在價值的根源的意義。其他記載，諸如孔子見南子，子路不悅，孔子在學生面前對天發誓，說：「天厭之！」、孔子生病拒絕子路用家臣給孔子治喪，說：「欺天乎？」〔註18〕，這些「天」都是人格神、意志神。所以，孔子所認知的「天」，保持了天的超越的性格，他的天道觀是多元的。我們不必為了強調孔子的理性人文精神，而刻意否認或淡化他的天命意識，畢竟孔子所處的時代仍存在著神權思想。周人的天命思想雖說和殷人不同，但天作為一個臨在的意志神這一點，則是繼承了的〔註19〕。夏商周三代的文化，

〔註16〕《論語‧季氏篇》：「孔子曰：『君子有三畏：畏天命，畏大人，畏聖人之言。小人，不知天命而不畏也。狎大人，侮聖人之言。』」見《論語正義》，頁149。

〔註17〕常森先生謂：「如果說知命是孔子對神之存在及神之力量的體認，那麼可以說，"畏"是孔子知命之後的基本情感反映。……畏不只是恐懼，它還包含驚羨、欽佩、興趣、尊重以及謙卑等多種情感狀態。畏是孔子宗教情感的重要核心。」見氏著：〈孔子天命意識綜論〉，《孔子研究》（1999年第3期），頁35。

〔註18〕《論語‧雍也篇》載：「子見南子，子路不說。夫子矢之曰：『予所否者，天厭之！天厭之！』」、《論語‧子罕篇》另載：「子疾病，子路使門人為臣。病間曰：久矣哉，由之行詐也，無臣而為有臣，吾誰欺？欺天乎？且予與其死於臣之手也，無寧死於二三子之手乎！且予縱不得大葬，予死於道路乎！」分見《論語正義》，頁55、79。

〔註19〕這一點從《詩經》的記載可略窺一二，比如：大雅文王之什〈大明篇〉：「上帝臨女，無貳爾心。」、大雅文王之什〈皇矣篇〉：「皇矣上帝，臨下有赫。監觀四方，求民之莫。」見《毛詩正義》，頁544、567。

無疑義的存在著因襲損益的關聯，然而由於孔子將周公的一切進一步發展與普遍化，遂決定了後來文化與價值的方向。學者指出：

> 儒家爲代表的諸子百家並沒有一個神話時代作爲背景和出發點，宗教的倫理化在西周初即已完成。……在中國的這一過程裡，更多的似乎是認識到神與神性的局限性，而更多地趨向此世和「人間性」，對於它來説，與其説是「超越的」突破，毋寧説是「人文的」轉向。

〔註20〕

所以，儘管孔子說「知我者其天乎！」，他也說「天之未喪斯文也，匡人其如予何！」，他強調「下學而上達」，所著眼的是現實人生的實踐，而不是抽象玄虛。我們可以肯斷的說孔子繼承周人的天命思想，但他也不否認天是意志神、人格神。這乍看之下是矛盾的，但由孔子所說「予欲無言」、「天何言哉」（《論語‧陽貨篇》）的話，可得到進一步的推論與合理的解釋，那就是孔子所承繼殷人的天命思想，已經有所轉化，而且周文化的影響顯然更大。

對於鬼神的信仰，《論語》如是記載：

「子曰：『非其鬼而祭之，諂也。見義不爲，無勇也。』」（〈爲政篇〉）

「祭如在，祭神如神在。子曰：『吾不與，祭如不祭。』」（〈八佾篇〉）

「樊遲問知。子曰：『務民之義，敬鬼神而遠之，可謂知矣。』」（〈雍也篇〉）

「子不語：怪，力，亂，神。」（〈述而篇〉）

「子疾病，子路請禱。子曰：『有諸？』子路對曰：『有之。誄曰：禱爾于上下神祇。……』子曰：『丘之禱久矣。』」（〈述而篇〉）

「季路問事鬼神。子曰：『未能事人，焉能事鬼！』敢問死，曰：『未知生，焉知死！』」（〈先進篇〉）

鬼神觀念的產生由來已久，《禮記‧表記》云：「夏道尊命，事鬼敬神而遠之。……殷人尊神，率民以事神，先鬼而後禮。……周人尊禮尚施，事鬼敬神而遠之。」〔註21〕夏代是否崇敬鬼神，史無可考，但夏代之前，已有鬼的觀念應無疑義。由夏至殷到周，鬼神觀念仍一定程度的影響著人們的思想與行爲。

〔註20〕參見陳來：《古代宗教與倫理——儒家思想的根源》（臺北：允晨文化，2005年6月），頁11。

〔註21〕漢‧鄭玄注，唐‧孔穎達等疏：《禮記正義》收於《十三經注疏》（臺北：藝文印書館，1989年1月），頁915～916。

浸至春秋時代，部分開明人士漸不相信鬼神及天道。比如《左傳》記載史嚚云：「國將興，聽於民；將亡，聽於神。」（〈莊公三十二年〉）、鄭國子產說：「天道遠，人道邇，非所及也。」（〈昭公十八年〉）、仲幾曰：「薛徵於人，宋徵於鬼，宋罪大矣。」（〈定公元年〉）〔註22〕，孔子也說：「吾不與，祭如不祭。」、「未能事人，焉能事鬼。」、「務民之義，敬鬼神而遠之，可謂知矣。」因此孔子弟子稱說孔子：「子不語：怪，力，亂，神。」這些言論，代表了一些知識份子的思想已有程度的擺脫了鬼神的羈絆，可說是人的發現和人的理性初步覺醒。〈先進篇〉中孔子和季路的對話，代表了孔子對鬼神「敬而遠之」存而不論的態度。依照《論語》的記載，孔子並未否定或者肯定鬼神的存在，但孔子的確贊成祭祀，因為祭祀是「禮」，祭祀可以達到「慎終追遠，民德歸厚」〔註23〕的目的。透過喪禮的祭祀，恰恰可以反映人心自然的歸向〔註24〕，這是「禮」的核心價值，也是人文主義的表現。

那麼，孔子「知天命」的「命」又是何所指呢？天和命又有何關聯呢？考察《論語》，其中言及「命」字有七章：

> 哀公問：「弟子孰為好學？」孔子對曰：「有顏回者好學，不遷怒，不貳過。不幸短命死矣！」（〈雍也篇〉）
>
> 伯牛有疾，子問之。自牖執其手，曰：「亡之！命矣夫！斯人也而有斯疾也！斯人也而有斯疾也！」（〈雍也篇〉）
>
> 子罕言：利，與命，與仁。（〈子罕篇〉）
>
> 子曰：「……賜不受命，而貨殖焉。……」（〈先進篇〉）
>
> 司馬牛憂，曰：「人皆有兄弟，我獨亡！」子夏曰：「商聞之矣：『死

〔註22〕 周・左丘明傳，晉・杜預注，唐・孔穎達疏：《春秋左傳正義》收於《十三經注疏》（臺北：藝文印書館，1989年1月），分見頁181、841、941。

〔註23〕 《論語・學而篇》云：「曾子曰：『慎終追遠，民德歸厚矣！』」見《論語正義》，頁7。

〔註24〕 《孟子・滕文公上》云：「蓋上世嘗有不葬其親者，其親死，則舉而委之於壑。他日過之，狐狸食之，蠅蚋姑嘬之。其顙有泚，睨而不視。夫泚也，非為人泚，中心達於面目，蓋歸，反虆梩而掩之。掩之，誠是也。則孝子仁人之掩其親，亦必有道矣。」見漢・趙岐注，宋・孫奭疏：《孟子正義》收於《十三經注疏》（臺北：藝文印書館，1989年1月），頁102。根據人類學和考古學的資料證明，喪葬禮俗絕不是人類一開始就有的，當人類文明進化至某種程度，喪葬禮俗於焉產生。孝子不忍見其親之屍骸任由蠅蚋肆虐，故而加以掩埋，求個心安。再加上「靈魂」觀念的制約，認為人死靈魂仍存，仍能干預人事，禍福活人，喪葬於焉萌芽。請參見拙作：〈先秦墨子喪葬思想初探〉，頁325。

生有命，富貴在天。』，……君子何患乎無兄弟也！」（〈顏淵篇〉）

子曰：「道之將行也與？命也！道之將廢也與？命也！公伯寮其如命何？」（〈憲問篇〉）

孔子曰：「不知命，無以爲君子也。」（〈堯曰篇〉）

論及「天命」的亦有二處：

子曰：「吾十有五而志于學，三十而立，四十而不惑，五十而知天命，六十而耳順，七十而從心所欲，不踰矩。」（〈爲政篇〉）

孔子曰：「君子有三畏。畏天命、畏大人、畏聖人之言。」（〈季氏篇〉）

綜觀以上引文，可知儒家肯定人必有「命」。如前所述，孔子所講的「天」蘊含雙重意象，包括了自然規律和擁有意志的人格神。因此，孔子的「天命」思想，亦包含了和自然相對應的「生命」，以及和人格神相對應的「命運」兩個層面。徐復觀先生認爲《論語》中「命」與「天命」有不同的涵義〔註25〕。劉述先教授在〈論孔子思想中隱涵的「天人合一」一貫之道──一個當代新儒家的闡釋〉文中則說：

命指的常常是外在的命運，而天命卻關連到內在，常常顯示了很深的敬畏與強烈的擔負感。這樣的觀察是敏銳的，但我要指出的是，天命的來源固然是來自天，命的來源也還是同一個天，這由子夏從孔子那裏聽來的兩句話所謂『死生有命，富貴在天』可以得到明證。這樣我們既有可以理解的內在於我們生命的天命，也有不可以理解的同樣來自於天的外在的命運。必須結合這兩方面的體證，才能真正把握到知命的深刻的含義。〔註26〕

意指「命」的範疇包括「可以理解的內在於我們生命的天命」和「不可以理解的外在的命運」兩層意義。透過《論語》的記載，我們可以具體的理解到舉凡人在現實生活之遭遇，比如對於：死生、疾病、壽夭、窮通、貧富、貴賤、禍福、吉凶、利害、得失等等，以及其他非人力或自己所能做主的，在儒家，大抵都是可以謂之爲「命」的〔註27〕。

〔註25〕 徐復觀：《中國人性論史先秦篇》（臺北：臺灣商務印書館，1988 年 11 月），頁 83～90。

〔註26〕 劉述先：〈論孔子思想中隱涵的「天人合一」一貫之道──一個當代新儒學的闡釋〉，《中國文哲研究集刊》第 10 期（1997 年 3 月），頁 18～19。

〔註27〕 參見陳師拱著：《儒墨平議》上篇、墨子非儒的重要問題之疏導〈六、所以有命與不執有命〉（臺北：臺灣商務印書館，1988 年 6 月），頁 89。

孔子由現實生活之人生遭遇講「知命」，其目的誠如王冬珍教授所說：

> 實則孔子雖於心情不平靜、人力無可奈何時嘗曰：「亡之，命矣夫！斯人也，而有斯疾也！斯人也，而有斯疾也！」「道之將行也與，命也！道之將廢也與，命也！」然其平時處理任何事務，均持「知其不可而爲之」之態度，努力爲之，決非一宿命論者。至於其言：「不知命無以爲君子」朱子引程子（伊川）註此云：「知命者，知有命而信之也。人不知命，則見害必避、見利必趨，何以爲君子？」依程子此言，人若知命，始能見利不苟趨，見害不苟避，此當爲孔子「知命」之最佳注腳。……子夏曰：「死生有命，富貴在天。」似乎認爲凡事皆前定，不可損益，實則乃安慰司馬牛不必以無好兄弟而遺憾，蓋此乃己力所不可決定者，且亦勉勵司馬牛，若能「敬而無失，與人恭而有禮，四海之內，皆兄弟也。」又何患乎無兄弟耶？〔註28〕

乃就人生的某種限定加以理解，教人自處。因此，孔子「知天命」之說，可謂是一種尋求心情平復、慰藉人心的做法。孔子天命思想具有多重內涵，他一方面將殷商文化的天轉化成道德情感的天；一方面將周文化的天轉化成個體道德的依據〔註29〕。簡言之，孔子對殷周文化的繼承與發展是既不否定天的意志性，又能肯定人的地位和作用，是一種新型態的天人關係。

（二）墨子「非命」論與「天志」的關係

時代稍晚於孔子的墨家墨子倡「非命」，究其根柢亦與「天」相關，乃由墨子「天志」、「明鬼」的宗教思想根源而來〔註30〕。墨子觀念中，「天」的形象是「至高、至貴、至知」：

> 子墨子曰：吾所以知天貴且知於天子者有矣。曰：天子爲善，天能賞之；天子爲暴，天能罰之。天子有疾病禍祟，必齋戒沐浴，潔爲酒醴粢盛，以祭祀天鬼，則天能除去之，然吾未知天之祈福於天子

〔註28〕王冬珍：《墨學新探》（臺北：世界書局，1984 年 10 月），頁 326。

〔註29〕成雲雷先生認爲：「孔子繼承殷商文化原始宗教之天，對之進行了主體性的改造，使之成爲滿足主體精神慰藉的道德情感之天。孔子繼承周文化代表民心民意、作爲政權轉移依據的政治化的天，對之進行改造，使之成爲個體道德的依據。」見氏著：〈孔子天命思想與殷周文化傳統〉，《天府新論》（2004 年第 1 期），頁 103。

〔註30〕請參閱周師富美著：〈墨子的實學〉，《臺大文史哲學報》第 22 期（1963 年 6 月），頁 136。

也。此吾所以知天之貴且知於天子者。……曰：天爲貴、天爲知而
已矣，然則義果自天出矣。〔註31〕

即便是人間的至尊——窮貴、窮富的天子，當他遇到疾病禍崇時，還是要齋戒沐浴，準備豐盛的酒食來祭祀天鬼，以攘災去禍。從沒聽過天祈福於天子，所以墨子所講的「天」是具有意志且能賞罰的超越的人格神。

墨子相信鬼神與天都是眞實存在，天、鬼、人三者構成其天人思想的基本框架。爲了說服世人，墨子列舉了許多歷史的事例以爲世人警戒。《墨子·明鬼下篇》即載：周宣王枉殺其臣杜伯後遭杜伯射殺、句芒神賜鄭穆公十九年陽壽、燕簡公枉殺其臣莊子儀，後遭莊子儀鬼魂杖殺殪於車上、祝觀辜不依禮祭祀欺騙神明，遭附神之祝史以木杖擊斃於神壇、中里徼因訟案不實爲桃神殪於盟所等故事。墨子以載諸史冊「眾之所同見，眾之所同聞」的鬼神故事，來証明鬼神能復仇施罰，賞善罰暴，因此人不應懷疑鬼神之有無及其能力。鬼神的種類，《墨子·明鬼下篇》載：「子墨子曰：古之今之爲鬼，非他也。有天鬼，亦有山水鬼神者，亦有人死而爲鬼者。」他將鬼神分爲三類：天鬼、山川鬼神、人鬼。他深信鬼神，肯定鬼神，並且認爲鬼神是有明鑑隱密、賞善罰惡的能力。《墨子·明鬼下篇》說：

> 雖有深谿博林，幽澗毋人之所，施行不可以不董（俞云董字無義，疑董字之誤，董借爲謹），見有鬼神視之。……故鬼神之明，不可爲幽間廣澤，山林深谷，鬼神之明必知之。鬼神之罰，不可爲富貴眾強，勇力強武，堅甲利兵，鬼神之罰必勝之。〔註32〕

鬼神是無所不在、無所不能的，鬼神之罰，更是無所避逃。

其實，墨子之所以提倡「天志」、「明鬼」之說，主要的目的在達成政治社會的實利。《墨子·明鬼下篇》載：「逮至昔三代聖王既沒，天下失義，諸侯力正。」當時天下動盪社會失序，禮崩樂壞無以爲治，墨子以爲唯有「尊天明鬼」一途始能匡正人心。《墨子·明鬼下篇》又說：「今若使天下之人，偕若信鬼神之能賞賢而罰暴也，則夫天下豈亂哉？」若天下之人，都信鬼神有賞罰之能力，人人必戒愼恐懼，不敢爲惡，而朝愛人、利人的方向去做。因此墨子「明鬼」的目的和「尊天」一樣，乃是想借重鬼神的賞善罰暴的權

〔註31〕 《墨子·天志中篇》。見清·孫詒讓撰：《定本墨子閒詁》（臺北：世界書局，1986 年 10 月），頁 123。

〔註32〕 《墨子·明鬼下篇》。見《定本墨子閒詁》，頁 145～151。

能來整頓社會。而要建立鬼神的威權，則須要有肅穆的祭祀的儀式。祭祀鬼神，一則「上於交鬼之福」；再則「下以合驩聚眾，取親乎鄉里」，可達到「民德歸厚」的目的〔註33〕，這一點和儒家其實是相同的。

然而，學者常常質疑墨子篤信「天志」，甚至將之作為人間的法儀；又講「明鬼」，言之鑿鑿，何以不信「命」呢？這是否有矛盾衝突之處呢？愚以為「非命」說是反對「執有命」，要明瞭「非命」的真實意義，應先從命定論和「天志」的關係來加以梳理。這部分，我們可以從兩個面向來理解與認知：

其一：命定思想和「天志」所具賞罰之威權相牴觸。這一點，近人胡適之先生所論甚精闢，可為參考。他說：

> 原來墨子不信命定之說，正因為他深信天志，正因為他深信鬼神能賞善而罰暴。老子和孔子都把「天」看做自然而然的「天行」，所以以為凡事都由天定，不可挽回。所以老子說「天地不仁」、孔子說「獲罪於天，無所禱也」。墨子以為天志欲人兼愛，不欲人相害，又以為鬼神能賞善罰暴，所以他說能順天之志，能中鬼之利，便可得福；不能如此，便可得禍。禍福全靠個人自己的行為，全是各人的自由意志招來的，並不由命定。若禍福都由命定，那便不做好事也可得福；不做惡事，也可得禍了。若人人都信命定之說，便沒有人努力去做好事了。〔註34〕

胡先生認為墨子觀念中的天志、鬼神能賞善罰暴，人必須順天之志、中鬼之利，始能得到福報。人的吉凶禍福，實由自己的意志招來，並不由命定。人要「自求多福」反求諸己，怎可由命？若是凡事皆已命定，那恐怕沒有人要做好人、好事了；若是凡事皆已命定，天之意志亦無由施展，因此命定論和「天志」之權威正好互相牴觸。對此，徐復觀先生亦有類似的看法：

> 墨子既尊天明鬼，卻又非命，這似乎是一個矛盾。但如前所述，自宗教性的天、天命等觀念垮掉以後，命便由神意的目的性、合理性，

〔註33〕《墨子·明鬼下篇》云：「子墨子曰：古之今之為鬼，非他也。……今有子先其父死，弟先其兄死者矣。意雖使然，然而天下之陳物，曰：先生者先死。若是，則先死者，非父則母，非兄而姒也。今絜為酒醴粢盛，以敬慎祭祀，若使鬼神請有，是得其父母姒兄，而飲食之也，豈非厚利哉?若使鬼神請亡，是乃費其所為酒醴粢盛之財耳，自夫費之，非特注之汙壑而棄之也。內者宗族，外者鄉里，皆得如具飲食之；雖使鬼神請亡，此猶可以合驩聚眾，取親於鄉里。」見《定本墨子閒詁》，頁153～154。

〔註34〕胡適之：《中國古代哲學史》（臺北：遠流出版社，1986年5月），頁150～151。

> 變而爲盲目的超人，而可以支配人的神秘力量。……天對於墨子的
> 犧牲精神是積極的推動力，而命則恰是一種阻擾的力量。所以在墨
> 子的思想構造中，尊天而非命，是很自然的。〔註35〕

的確，在那天道遠、人事邇的時代裡，特別是兼併激烈、戰亂頻仍的社會中，人可能碰到許多不可預期的偶發事件，因此感覺到自己的渺小。這種不可預知、不能掌握自己命運的氛圍，是助長命定論孳生的溫床。自然的，在此情境中，人的無限的可能性受到壓縮，信命、認命，終於失去了人最可貴的創造進取的精神。墨子認爲：「我爲天之所欲，天亦爲我所欲。」〔註36〕、「然有所不爲天之所欲，而爲天之所不欲，則夫天亦且不爲人之所欲，而爲人之所不欲矣。」〔註37〕天固然是全知全能、涵有萬善、能夠賞罰，但天對人的賞罰，是從人的行爲生發出來。易言之，人的吉凶禍福，仍是操之在己，天只是如實對應人的行爲而行獎懲。梁任公即謂：「墨子固言天也者，隨人之順其欲惡與否而禍福之，是天有無限之權也。命定而不移，則是天之權殺也，故不有非命之論，則天志之論終不得成立也。」〔註38〕，梁任公所謂「天有無限之權」，仍然是相對應人的行爲而發揮，但若是凡事皆命定，那不啻扼殺天之權威。因此，「天志」之說若要成立，那必然是走向「非命」。

其二：命定思想和「天志」爲義之本質相牴觸。墨子認爲天的意志是欲「義」惡「不義」的，天是欲人強力從事的。《墨子・天志中篇》裡提到：

> 然則天之將何欲何憎？子墨子曰：「天之意，不欲大國之攻小國也，
> 大家之亂小家也，強之暴寡，詐之謀愚，貴之傲賤，此天之所不欲
> 也。」不止此而已，欲人之有力相營，有道相教，有財相分也。又
> 欲上之強聽治也，下之強從事也，上強聽治，則國家治矣，下強從
> 事，則財用足矣。〔註39〕

天之所不欲是「強之暴寡，詐之謀愚，貴之傲賤」；反之，天之所欲是「有力相營，有道相教，有財相分」。由此可知，天其實是欲人「上之強聽治」、「下之強從事」，如此才能國家治、財用足。墨子講「天志」，又講「非命」，是因爲墨子欲教人爲義，命定論使人弛緩了自身的努力，「它」是不義的，自然要

〔註35〕徐復觀：《中國人性論史先秦篇》，頁324。
〔註36〕《墨子・天志上篇》。見《定本墨子閒詁》，頁119。
〔註37〕《墨子・天志中篇》。見《定本墨子閒詁》，頁124。
〔註38〕梁啓超：《子墨子學說》（臺北：臺灣中華書局，1971年2月），頁17。
〔註39〕《墨子・天志中篇》。見《定本墨子閒詁》，頁123～124。

嚴加駁斥。更何況，天意的全幅內容又即是「義」，用執有命者之言，即等於「覆天下之義」〔註40〕。所以，對於和天之為義之本質相對立的命定思想，是絕對無法成立的。此外，《墨子·法儀篇》指出：「天之行廣而無私，其施厚而不德，其明久而不衰，故聖王法之。」綜觀《墨子》書，「天」視天下萬民為「天之邑人」，它普遍無私的兼愛天下萬民，如〈天志上篇〉所云：

> 然則何以知天之愛天下之百姓？以其兼而明之。何以知其兼而明之？以其兼而有之。何以知其兼而有之？以其兼而食焉。何以知其兼而食焉？四海之內，粒食之民莫不犓牛羊，豢犬彘，潔為粢盛酒醴，以祭祀於上帝鬼神。天有邑人，何用弗愛也？〔註41〕

上天如此廣大無私地兼明、兼有、兼食、兼愛天下萬民；而天下萬民也能不分階級不論貴賤普遍地祭祀上帝鬼神，這種平等而相互的天人關係，啟示了墨子的人生觀乃至喪葬觀，人應生、死皆平等。「命定論」使人相信身分階級的差異是與生俱來無法改變，而抹煞了人付出努力的差異；「命定論」使人相信富貴窮通皆是命定努力無效，因此失去了奮鬥的意志與行動，和上天的本質與要求相違背。所以，命定論和墨子的「天志」、「明鬼」思想相衝突，「天志」、「明鬼」之說如欲成立，倡「非命」乃必然之事。

孔、墨「命」說皆與其天道思想相關，孔子「命」義雖然是從隱含著人格意志超越的根據而來，「知天命」卻是落在現實人生來講的，他認為人生有種種的限定，我們必須體認這種客觀的規律，方能安立我們的精神生命。墨子則是藉著「天志」、「明鬼」的思想，由祭祀的儀式來達到溝通神鬼和人的關係，並使人間社會由信仰而達到兼愛互利、和平安樂的境地。墨子心目中的鬼神是善良愛民，主持正義的，是人間最公正的裁判者，也是天與人之間的媒介。孔子關懷的是人道，「知天命」的目的並不在探究宇宙的奧秘。墨子亦然，他看重的是實利的社會功能。「非命」論雖由「天志」思想孳演而來，仍然是著眼於人的本身，天的權威是相對應人的行為而發揮。孔子以至高的人生智慧，指導人們遵循規律，掌握本質，由敬天、順天追求超越安頓自我，從而達到「君子坦蕩

〔註40〕陳師拱（問梅）謂：「如上文所述，天意的全幅內容又即是義。所以上、下之人能實行非命，又即等於順天之意而『為義』了。而非命這一觀念之實質，亦必只是『義』。所以在本節上文，墨子以為『用執有命者之言』，即等於『覆天下之義』。這亦反顯出非命一觀念之實質必是『義』。」見氏著：《墨學之省察》（臺北：臺灣學生書局，1988年5月），頁222。

〔註41〕《墨子·天志上篇》。見《定本墨子閒詁》，頁121。

蕩」樂天知命的境界；墨子則將天的意志和人的行爲視爲一種相對應的因果關係，由此否定命定說，並要人從實踐中達到精神與行動的統一。所以，孔、墨之說，就其根源而言，二說和「天道」息息相關，卻有濃厚的人的自覺。學者認爲：「孔子從人生界立論，墨子卻改從宇宙界立論。」〔註42〕頗有墨子思想開倒車之意。其實，墨子雖然極力強調天的意志、能力，「天志」、「明鬼」不過是墨子爲促進政治社會改革的宗教制裁力，後人譏嘲墨子思想中神鬼色彩濃厚，提倡天帝鬼神，殊不知他的社會意識遠重於宗教意識，目的仍著眼於義政的實施和人生行爲的改進，他其實是一位「實用的宗教家」。〔註43〕由於當時仍有許多人相信神權，他爲了要引人爲義，乃以普羅大眾認知的途徑去訴求。

三、孔、墨「命」說歧異的原因

如上文所言，孔子「知天命」之說，是從人生的種種限定來加以認取，藉此觀照人生安頓生命。照理說，墨子「學儒者之業，受孔子之術。」〔註44〕他不可能不理解孔子的意思。更何況根據《墨子・貴義篇》所載，墨子治學甚勤，旅途中「關中載書甚多」，可隨口徵引詩書。〔註45〕那麼，墨子爲何還要提倡「非命」說呢？愚以爲這可能有幾個原因，以下分述之：

（一）孔、墨二聖的思維與做法俱不同

學者指出：「墨子對於當時的社會也不滿意，但他與孔子的做法不同，他主張因時改制，孔子主張因古改制，這兩種精神大有區別。倡因時改制，自然非命，主張前進。因古改制，自是保守，當然要走到定命論的。」〔註46〕可見，

〔註42〕 見錢穆：《中國思想史》（臺北：臺灣學生書局，1988年3月），頁22。

〔註43〕 周師富美著：《救世的苦行者——墨子》（臺北：時報文化出版公司，1998年6月），頁269。

〔註44〕 《淮南子・要略篇》云：「墨子學儒者之業，受孔子之術，以爲其禮煩擾而不說，厚葬靡財而貧民，服傷生而害事，故背周道而用夏政。」都說明了墨子長於思考、勇於批判的性格。見漢・劉安撰，漢・高誘注：《淮南子》（臺北：世界書局，1984年9月），頁375。

〔註45〕 《墨子・貴義篇》載：「子墨子南遊使衛，關中載書甚多。弦唐子見而怪之，曰：『吾夫子教公尚過曰：揣曲直而已！今夫子載書甚多，何有也？』子墨子曰：『昔者周公旦，朝讀書百篇，夕見漆十士，故周公旦佐相天子，其脩至於今。翟上無君上之事，下無耕農之難，吾安敢廢此。』」見《定本墨子閒詁》，頁268～269。

〔註46〕 王寒生：《墨學新論》（臺北：龍華出版社，出版年月不詳），頁33。

孔、墨二聖思想迥異，主張不同。《墨子》書有一段話記載墨子和儒者討論「何故爲室？」、「何故爲樂？」的論題，〔註47〕可以看出儒、墨兩家著重的方向不同。儒家重視的是動機和目的，墨家看重的則是進行的方法和結果。所以在禮崩樂壞大環境驟變之時，孔子由時局之不可爲，不禁發出：「道之將行也與？命也！道之將廢也與？命也！」的感慨。孔子對冉伯牛染病將死，乃以「亡之！命矣夫！斯人也而有斯疾也！」來表示慰問與疼惜之意。孔子一生克己復禮、周遊列國遊說諸侯，無奈其政治主張無法於現實中實現，他體察到自然變化的內在規律，它是客觀存在的，不因人們的意志而改變，故而將「道」之興廢繫之於「命」。對個體存在，孔子體認到命限客觀之事實。他雖然對人生感性積極的承擔，卻也理性的認知到唯有「知天命」乃能達到生命的安立。墨子和孔子不同，他是一位熱情救世的鉅子。墨子著眼的是社會風尚、國家積弱的改造，因此不計個人毀譽、得失、生死，以身體力行和強聒不捨的鼓吹人爲義。墨子是哲學實踐家，也是社會改革家，他不僅篤學，尤爲注重思辨與實踐，要求知行合一。〔註48〕他的企圖顯然在對當時的社會風尚提出解決方法和達到全面的具體有效的改善，《墨子·魯問篇》所記可見一斑：

> 子墨子曰：「凡入國，必擇務而從事焉。國家昏亂，則語之尚賢、尚同；國家貧，則語之節用、節葬；國家憙音湛湎，則語之非樂、非命；國家淫僻無禮，則語之尊天、事鬼；國家務奪侵凌，即語之兼愛、非攻。」〔註49〕

「昏亂」、「貧」、「憙音湛湎」、「淫僻無禮」、「務奪侵凌」是當時國家呈現出來的各種社會問題。墨子強調遊四方各國，應該運用他所提倡的十論，因時因地「擇務而從事」。墨子希望幫助各國切實改善政治、經濟、社會、宗教、倫理種種病狀。他堅信十論的實踐，是救當世的不二法門。他以身作則遊說各國，也派遣學成的優秀弟子出仕各國，更廣泛地發揮濟世的作用〔註50〕。

〔註47〕《墨子·公孟篇》曰：「子墨子問於儒者：『何故爲樂？』曰：『樂以爲樂也。』子墨子曰：『子未我應也。』今我問曰：『何故爲室？』曰：『冬避寒焉，夏避暑焉，室以爲男女之別也。』則子告我爲室之故矣。今我問曰：『何故爲樂？』曰：『樂以爲樂也。』是猶曰：『何故爲室？』曰：『室以爲室也。』」見《定本墨子閒詁》，頁 277。

〔註48〕請參見拙作：〈墨子的施教與影響析論〉，《東海中文學報》第 16 期（2004 年 7 月），頁 31～33。

〔註49〕《墨子·魯問篇》。見《定本墨子閒詁》，頁 288。

〔註50〕如《墨子》書記：「子墨子游耕柱子於楚」（〈耕柱篇〉）、「子墨子使管黔激游

因此，墨子認爲國家若是「熹音湛湎」，一味耽於逸樂、頹唐、消極，那麼必須提倡「非樂」、「非命」之說加以對治，始能收興利除弊之功。二聖一說「知命」一倡「非命」，實因思維、做法不同所致。

（二）墨子強調公義與平等和儒家主張迥異

除了孔、墨二聖思維與做法不同，墨子主張建立公義與平等的社會，和儒家也是不同的。在當時的時空環境，諸子蠭起如滿園群芳競艷，各家推介己說，期能救世之弊。墨子亦然，他提出「非命」的主張，期望透過議題的論辯，來達到發展學術、建立學派的目的，並由此建構他所追求的理想社會。諸子各自向世人講述著自己的學說；也往往相互攻訐，藉此宣揚自己的理念。這種現象直至戰國末葉，仍然持續進行著〔註51〕。《墨子·公孟篇》有段話記載墨子對話儒者程子，墨子抨擊儒之道足以喪天下者有四政：

> 儒以天爲不明，以鬼爲不神，天鬼不說，此足以喪天下。又厚葬久喪，重爲棺槨，多爲衣衾，送死若徙。三年哭泣，扶後起，杖後行，耳無聞，目無見，此足以喪天下。又弦歌鼓舞，習爲聲樂，此足以喪天下。又以命爲有，貧富、壽夭、治亂、安危有極矣，不可損益也。爲上者行之，必不聽治矣；爲下者行之，必不從事矣。此足以喪天下。〔註52〕

「以天爲不明，以鬼爲不神」、「厚葬久喪」、「弦歌鼓舞，習爲聲樂」、「以命爲有」是墨子觀察到的四種社會現象。無論是「天鬼」、「喪葬」、「禮樂」乃至「命」，

高石子於衛」（〈耕柱篇〉）、「子墨子游公尚過於越」（〈魯問篇〉）、「子墨子使勝綽事項子牛」（〈魯問篇〉）、「子墨子出曹公子於宋」（〈魯問篇〉）等。

〔註51〕 比如《莊子·大宗師》記：「許由曰：『而奚來爲軹？夫堯既已黥汝以仁義，而劓汝以是非矣，汝將何以遊夫遙蕩恣睢轉徙之塗乎？』」這是對儒家傳統主義的道德規範、理論價值進行批判。見陳鼓應註譯：《莊子今註今譯》（臺北：臺灣商務印書館，1989年5月），頁185、223。另，《韓非子·顯學篇》載：「故孔、墨之後，儒分爲八，墨離爲三，取舍相反、不同，而皆自謂眞孔、墨，孔、墨不可復生，將誰使定世之學乎？孔子、墨子俱道堯、舜，而取舍不同，皆自謂眞堯、舜，堯、舜不復生，將誰使定儒、墨之誠乎？殷、周七百餘歲，虞、夏二千餘歲，而不能定儒、墨之眞，今乃欲審堯、舜之道於三千歲之前，意者其不可必乎！無參驗而必之者，愚也，弗能必而據之者，誣也。故明據先王，必定堯、舜者，非愚則誣也。愚誣之學，雜反之行，明主弗受也。」強烈抨擊儒、墨兩家是「愚誣之學」、「雜反之行」。可見春秋戰國時代，各學派間學術論戰未曾衰歇。見《韓非子集釋》，頁1080。

〔註52〕 《墨子·公孟篇》。見《定本墨子閒詁》，頁277。

都是重大的議題。墨子本出自儒家，對孔子之說知之甚詳，再者他對自己的口才極自負〔註53〕，因此滔滔雄辯。他觀察到隨著社會的變遷，儒道亦需因革損益，因此提出「兼愛」、「尚賢」、「非命」……等主張，期能打破封建世襲制度之下以身分決定地位的不平等，從而建立選賢舉能、人我平等的公義社會。可是儒家不僅主張「親親有術，尊賢有等」〔註54〕，並且認為「以命為有，貧富、壽夭、治亂、安危有極矣，不可損益也。」墨子本關懷社會，他的學說在求「興天下之利，除天下之害」，四政的影響是「上不聽治，下不從事」，有違墨子興利除弊的主張。孔子不信鬼神卻又重視祭祀，墨子認為充滿了矛盾〔註55〕；「以命為有」之說，更造成人心的迷惑與行動的怠惰，於是嚴辭抨擊。儒家是大學派，墨子透過辯論，使得儒者無辭以對，自然達到宣揚己說之效。儒、墨兩家本就主張迥異，經由種種議題的論辯，不僅可以發展學術、建立學派，更可由此闡發理念利人救世，可能也是墨子提出「非命」論的原因之一。

（三）墨子從追求民利注重實用的目的發言

另一原因可能是墨子太過看重實用，以致無暇闡明原始命義。墨子以「三表法」論證「兼愛、非攻、尚賢、尚同、天志、明鬼、非命、非樂、節用、節葬」等十論。「三表法」〔註56〕是墨子自創的特殊哲學方法，第二表「原之

〔註53〕 墨子對自己的辯術相當自負，他曾經說：「天下無人，子墨子之言也，猶在。」
（《墨子・大取篇》）、「吾言足用矣，舍言革思者，是猶舍穫而攈粟也。以其言非吾言者，是猶以卵投石也，盡天下之卵，其石猶是也，不可毀也。」（《墨子・貴義篇》）足見墨子辯才無礙，充滿自信。

〔註54〕 《墨子・非儒篇》。見《定本墨子閒詁》，頁 178。

〔註55〕 《墨子・公孟篇》載：「公孟子曰：『無鬼神』又曰：『君子必學祭祀』子墨子曰：『執無鬼而學祭禮，是猶無客而學客禮也，是猶無魚而為魚罟也。』」見《定本墨子閒詁》，頁 276。

〔註56〕 《墨子・非命上篇》云：「故言必有三表。何謂三表？子墨子言曰：有本之者，有原之者，有用之者。於何本之？上本之於古者聖王之事。於何原之？下原察百姓耳目之實。於何用之？廢（讀為發）以為刑政，觀其中國家百姓人民之利，此所謂言有三表也。」（見《定本墨子閒詁》，頁 164。）墨子「三表」也稱「三法」（《墨子・非命中篇》）或稱「三表法」。「三表法」分別是「本之者」、「原之者」、「用之者」。「三表法」表面上是三條證明的程序或方法，但其內裡是人在行義為政或立論時，所依循的三條原理、原則，透過這三表法，也就可以知道人們的行事措施是否適當？「三表法」是客觀判斷是非利害的標準，墨子的十論，都是依循此三表法而成立的。請參見拙作：〈墨、韓二子思想關係研究〉，《臺大中文學報》第 18 期（2003 年 6 月），頁 39。

者」，特別重視人類的耳目經驗。《墨子》書中提到墨子重視人民的三患：「民有三患：飢者不得食，寒者不得衣，勞者不得息，三者民之巨患也。」〔註57〕因此第二表「下原察百姓耳目之實」，亦可解爲觀察人民生活之疾苦。作用和第三表「觀其中國家百姓人民之利」其實都是從追求民利、注重實用的目的出發。孔子側重生命心靈的安頓，尋求精神的信仰和價值系統的重建，故而倡「知天命」之說；墨子注重現實的改善，急切的求民利，故而倡「非命」說。二者的訴求，實可謂道不同。在當時，一般百姓未必能理解孔子高遠的深義，而「暴王」、「窮人」以及「非仁者」〔註58〕之流卻利用「命定」的言論，將之解讀爲逆來順受的「宿命論」。或將之做爲推諉責任的藉口；或做爲成功失敗的理由，因此社會漸漸流於怠惰。影響所及，「知天命」也就變成了對「命」既非人力所能自主，無可如何只好接受的態度。

　　平心而論，孔子「知天命」之言，亦爲針對當時之社會立論，本意在安定人心，使人修養品行，行爲收斂，不肆無忌憚。墨子並非不解原始儒家之所謂「命」義，墨子倡「非命」，其實也沒有甚麼神秘之處，他的目的在導引社會朝向積極正向的人生觀發展，所求的也是爲社會興利除弊。再者，誠如《韓非子·外儲說左上》所言：「墨子之說，傳先王之道，論聖人之言以宣告人，若辯其辭，則恐人懷其文忘其直，以文害用也。」〔註59〕墨子治世心切，故而「先質而後文」。墨子力斥執有命，「乃專事抨擊當世俗儒有命之邪說，而無暇闡明原始儒家之命義。」〔註60〕應是合乎情理。

四、孔、墨「命」說蘊涵之意義

（一）孔子「知天命」在提振人文精神

　　《論語·堯曰篇》裡孔子說：「不知命，無以爲君子也；不知禮，無以立也；不知言，無以知人也。」無疑的，孔子認爲「知命」是培養人格成爲君

〔註57〕《墨子·非樂上篇》。見《定本墨子閒詁》，頁156。
〔註58〕《墨子·非命下篇》：「命者，暴王所作，窮人所術，非仁者之言也。今之爲仁義者，將不可不察而強非者此也。」見《定本墨子閒詁》，頁177。
〔註59〕《韓非子·外儲說左上》。見《韓非子集釋》，頁623。
〔註60〕蔡明田教授謂：「墨子爲天下憂不足，勉人積極從事於義，不以文害用，『先質而後文』，以期天下由亂返治，故專事抨擊當世俗儒有命之邪說，而無暇闡明原始儒家之命義，此說亦可取。」見氏著：〈析論墨子的神道觀念〉，《國立政治大學學報》第40期（1979年12月），頁54。

子的必要條件。如前所述,命與天息息相關,「命」包括內在於我們生命的天命,以及外在的命運。「知命」的意義,簡單的說就是我們去體認人生種種的限定,並且承受這許多不確定和人所無法自主的變化。既然人無法主宰自己的命運,那麼「知命」說是否就是宿命論?此中之關鍵,愚以爲不在對「命」的認知或定義,而在人面對「天命」所表現的態度和作爲。

《論語‧雍也篇》載:樊遲問知,孔子回答:「務民之義,敬鬼神而遠之,可謂知矣。」孔子雖然認爲人生有種種限定,他對不屬於人事的天道鬼神卻是「敬而遠之」。他著重的是「務民之義」,可見得他認爲人所應該積極把握的不是哲學形上的玄想,或是抽象超越的精神界,人應把握的是實際人生。就是由於這種態度,當孔子見到川流不息的河水,所體悟的是「天行健,君子以自強不息。」〔註61〕他覺得人也要和天一樣努力修德,不斷精進。他說:「德之不修,學之不講,聞義不能徙,不善不能改,是吾憂也。」(《論語‧述而篇》),他也認爲「學而時習之」之後還要「爲之不厭,誨人不倦」〔註62〕,更要「己欲立而立人,己欲達而達人」〔註63〕。《論語‧子罕篇》說:「子罕言:利,與命,與仁。」孔子的確罕言「利」,然而「仁」字卻不少講。孔子以「仁」統貫諸德,「仁學」是孔子人文精神的發揮。「命」限制了人的種種,「仁」卻可發揮出人之可能,孔子即透過「仁」來建立必然而可能之人生理想〔註64〕。學者指出:

　　"知天命"在本質上可以看作是對於個人的內在精神生命與浩瀚宇宙之間找到一種內在的和諧與貫通。孔子把"知天命"放在自我修養歷程的一個重要位置上,只有在志於學以後,不僅有了"行仁"

〔註61〕《周易‧乾》象辭。見《周易正義》,頁 11。
〔註62〕《論語‧述而篇》:「子曰:『若聖與仁,則吾豈敢。抑爲之不厭,誨人不倦,則可謂云爾已矣。』公西華曰:『正唯弟子不能學也。』」見《論語正義》,頁 65。
〔註63〕《論語‧雍也篇》云:「子貢曰:『如有博施於民而能濟眾,何如?可謂仁乎?』子曰:『何事於仁?必也聖乎?堯舜其猶病諸?夫仁者,己欲立而立人,己欲達而達人,能近取譬,可謂仁之方也已。』」見《論語正義》,頁 55。
〔註64〕錢穆先生闡釋孔子思想「命」與「仁」之關係,他說:「命限制人的種種可能,卻逼出人一條惟一可能的路,這一條路,則是盡人可能的,那便是所謂仁。己欲立而立人,己欲達而達人,只在我們心上之一念,外面一切條件束縛不得。一切形勢轉移不得。只有仁不在命之內。孔子把命字來闡述宇宙界,把仁字來安定人界。儘在不可知之宇宙界裏,來建立必然而可能之人生理想。」見氏著:《中國思想史》,頁 13。

> 的自覺，同時也有了"不惑"的智慧，才能達到"下學而上達"之
> 境界，才能達到"上達天德"，以知天來認識和把握自己的立身處
> 世和生命進程。〔註65〕

孔子理解承受個體存在命限客觀之事實，轉而「志學」，「行仁」而達「不惑」，由此限定來掌握生命進程，這就是「知命」的義涵。

孔子對「命」有深刻的認知，儘管孔子認爲人在現實生活之種種遭遇，往往非人力或自己所能做主，但孔子並不懷憂喪志，反而於憂傷中超脫，以進德修業來彌平命的遺憾。孔子一生對行道充滿了使命感，然而由於現實的種種限制，使他充滿了：「道之將行也與，命也；道之將廢也，命也。」〔註66〕的無力感，然而他並不因此喪失鬥志，反而堅持「行其義」〔註67〕，表現出「知命」的積極態度。他雖然不遇，卻能不怨天不尤人，他說：「貧而無怨難，富而無驕易。」（《論語‧子路篇》）、「君子固窮，小人窮斯濫矣。」（《論語‧衛靈公篇》），充分表現出知命且自足的精神與修養。

孔子的「知命」說和「宿命論」的分野何在？學者指出：

> 必須注意，個人道德修爲與天命的一致，是孔子特有的生存體驗。
> 對孔子來說，主體之所以汲汲修德，是因爲他從生命自身意識到德
> 乃上天的要求，因而對道德的持有，歸根結蒂亦是上天的給予。也
> 就是說，在孔子的生存體驗中，自身善良德行的生成，實際上是無
> 法抗拒的上天的意志所必然達到的生成；真正知天命者，不是那些
> 冷靜認知天命之內涵的人，而是那些真切感受到天命使自己必須修
> 德行善，務"生民之義"的人。是故，孔子的天命意識，不僅不會
> 取消人的後天努力，而且恰恰說明了後天努力的必然性和必要性。
> 它正是在這一點上實現了對原始宿命論的"哲學的突破"。〔註68〕

的是精論。所以，對於孔子所肯定的「命」的觀念，我們必須從人之生命的限定上加以認識；而教人處命之道，尤須從人之道德理性之本然上加以體會

〔註65〕見景雲：〈孔子"天命觀"再議〉，《青海民族學院學報》（社會科學版）第26
卷第3期（2000年7月），頁93。

〔註66〕《論語‧憲問篇》。見《論語正義》，頁129。

〔註67〕這本是孔子弟子子路所說的話。《論語‧微子篇》載子路跟隨孔子，卻落後了，
途中遇見一位隱士。孔子叫子路回去見他，卻不遇。子路說：「不仕無義！長
幼之節，不可廢也；君臣之義，如之何其廢之！欲潔其身而亂大倫！君子之
仕也，行其義也。道之不行，已知之矣！」見《論語正義》，頁166。

〔註68〕常森：〈孔子天命意識綜論〉，頁39。

〔註 69〕。他不怨天不尤人，汲汲行義，致力進德修業，從不放棄後天的努力，吳進安教授有進一步的分析：

> 儒家勉人面對「命」，要體「天命之道」，瞭解宇宙流行變化之幾，更要「立人極」，人是有自然生理生命的限制，但人卻是卓然自立於天地之間，因此立人之道是仁與義，人是道德性的動物，人立於天地之間，頂天立地，即在於不斷地、無止境地追求自我的實現。〔註 70〕

因此客觀地說，孔子所提振的是人文精神，並非一宿命論者。

（二）墨子「非命」論在呈顯人文主義

　　無可諱言的，儒家主張有命。孔子「命」說前已詳述，儒家孟子曾界說「天命」之定義：「……皆天也，非人之所能爲也。莫之爲而爲者，天也。莫之致而至者，命也。」〔註 71〕，遂有「順天知命」〔註 72〕之說。至現代，後儒猶謂「命是外在加於個人主體上之限制，爲人力所不能控制之客觀條件。」〔註 73〕這種論調固然闡述了「命」的部分眞實意義，卻也極易被誤解爲人既不能主宰自己的命運就只好「認命」，而至消極怠惰不思奮進，難怪孔子知天、知人，卻感慨：「莫我知也夫！」（《論語·憲問篇》）。孔子和墨子的時代，時勢仍不脫「戰禍連年百姓痛苦、社會階級漸漸銷滅、生計現象貧富不均、政治黑暗百姓愁怨」〔註 74〕幾項特色。爲了救時之弊，墨子眞切省思追根究柢提出十論對治，其中「非命」說就是從現實社會「執有命」的病癥而生的反動思想。《墨子·非命上篇》提到：「子墨子言曰：執有命者，以襍于民間者眾。」執有命的是誰？《墨子·非命下篇》指出：

> 然今以命爲有者，昔三代暴王桀、紂、幽、厲，貴爲天子，富有天下於此乎，不而矯其耳目之欲，而從其心意之辟。外之毆騁田獵畢弋，內湛於酒樂，而不顧其國家百姓之政，繁爲無用，暴逆百姓，遂失其宗廟。其言不曰：「吾罷不肖，吾聽治不強。」必曰：「吾命

〔註 69〕見周長耀著：《孔墨思想之比較》（臺北：周長耀，1980 年 1 月），頁 118。
〔註 70〕吳進安：《墨家哲學》（臺北：五南圖書公司，2003 年 2 月），頁 346～347。
〔註 71〕《孟子·萬章上篇》。見《孟子正義》，頁 169。
〔註 72〕《孟子·盡心上篇》曰：「莫非命也，順受其正。是故知命者，不立乎巖墻之下，盡其道而死者，正命也。桎梏死者，非正命也。」見《孟子正義》，頁 229。
〔註 73〕見施湘興：《儒家天人合一思想之研究》（臺北：三民主義研究所博士碩士論文獎助出版委員會，1981 年 6 月），頁 231。
〔註 74〕胡適之：《中國古代哲學史》，頁 29～36。

固將失之」。〔註75〕

暴王無論得勢或失勢均以「命」自解，甚至以「命」愚弄百姓。《墨子·非命下篇》又說：

> 雖昔也三代罷不肖之民，亦猶此也。不能善事親戚君長，其惡恭儉，而好簡易，貪飲食，而惰從事，衣食之財不足，是以身有陷乎飢寒凍餒之憂。其言不曰：「吾罷不肖，吾從事不強。」又曰：「吾命固將窮」，昔三代僞民，亦猶此也。昔者暴王作之，窮人術之。〔註76〕

這是「不肖之民」和「僞民」怠惰卸責的論調。另，《墨子·非命上篇》載：

> 執有命者之言曰：「命富則富，命貧則貧，命眾則眾，命寡則寡，命治則治，命亂則亂，命壽則壽，命夭則夭。」雖強勁何益哉？以上說王公大人，下以阻百姓之從事，故執有命者不仁。〔註77〕

執有命者認爲人的貧富、壽夭，國家的眾寡、治亂，乃爲命定，因此使人依賴命運，社會也因此造成一股不良的思潮。就墨子的觀察，命定論已然被暴王和窮人以及非仁者等失意者曲解爲宿命論，這種思想深植人心，使人相信努力無效，因而怠忽職守，甚至墮落失志。墨子由此體察到人的生命、生存如欲發展，唯有靠「力」、靠勞動，絕不可相信有命。《墨子·非樂上篇》說：

> 今之禽獸麋鹿蜚鳥貞蟲，因其羽毛，以爲衣裘。因其蹄蚤，以爲袴屨。因其水草，以爲飲食。故唯使雄不耕稼樹藝，雌亦不紡績織紝。衣食之財，固已具矣。今人與此異者也。賴其力者生，不賴其力者不生。〔註78〕

人類社會和動物世界迥異，人「賴其力者生，不賴其力者不生」，墨子認爲宿命論使人失去了奮鬥的意志，懈怠了自己應盡的本分，因此以「力」代「命」。墨子並沒有明確定義「非命」說之「命」義，由他所提出的「力」的哲學來看，他所肯定的「命」的意涵，可稱之爲「形成人生一切事業的原動力」〔註79〕。他所反對的不是「天命之謂性」的性命，也不是國運之命，或人的祿命、福命、壽命之命，當然更不是儒家正統派所謂的「知命」、「立命」之命，他所反對的是安命、命定，或「執有命者」之命。進言之，墨子反對的是認定

〔註75〕《墨子·非命下篇》。見《定本墨子閒詁》，頁173。
〔註76〕《墨子·非命下篇》。見《定本墨子閒詁》，頁173～174。
〔註77〕《墨子·非命上篇》。見《定本墨子閒詁》，頁163。
〔註78〕《墨子·非樂上篇》。見《定本墨子閒詁》，頁159。
〔註79〕蔣維喬：《中國哲學史綱要》（臺北：臺灣中華書局，1986年4月），頁211。

人力無可如何,與「力」相對之「命」〔註80〕。

宿命論使人相信人生種種均非人所能自主,因此失去了奮發向上的動力,也懈怠了人所應盡的責任。那麼,「非命」的主張對社會各階層具體而正面的影響是什麼?《墨子‧非命下篇》說:

> 今也王公大人之所以蚤朝晏退,聽獄治政,終朝均分,而不敢怠倦者,何也?……今也卿大夫之所以竭股肱之利,殫其思慮之知,內治官府,外斂關市山林澤梁之利,以實官府而不敢怠倦者,何也?……今也農夫之所以蚤出暮入,強乎耕稼樹藝,多聚叔粟,而不敢怠倦者,何也?……今也婦人之所以夙興夜寐,強乎紡績織紝,多治麻統葛緒,捆布縿,而不敢怠倦者,何也?曰:彼以為強必富,不強必貧;強必煖,不強必寒,故不敢怠倦。〔註81〕

這段話裡墨子屢次提到「強」,這個「強」字,周師富美闡釋道:「這個『強』便是『命』的反對,有了這個『強』,就不會聽任命運的擺佈,有了這個『強』,就會自求多福、努力進取。這個『強』,就是『勤』,就是『力』。」〔註82〕因此,「非命」說可謂一種「力命」哲學或「強力」哲學,也就是勤勉哲學。墨子主張「天志」、「兼愛」,認為人人平等,根本不承認天生即享有特權的特殊階級。他倡揚「非命」論,在消極方面排斥人們相信宿命論,而流於怠惰,或因此墮落喪志;積極方面則是要人不信命而強力從事,努力生產。墨子深信,強力哲學使王公大人早起晚睡、聽獄治政;使卿大夫竭盡心力、充實官府;使農夫早出晚歸、耕稼聚菽;使婦人夙興夜寐、紡績織紝。由是,刑政治、財用足,上利於天,中利於鬼,下利於人,成就天下萬民之利。社會各階層之所以如此兢兢業業,皆因他們相信人的貴賤、榮辱、貧富、寒煖,取決於自己是否努力付出,非關他人,更非命定。由是社會全體由上而下,各階層均努力從事,國家焉得不治?這段話可見墨子提倡非命論的用心,也可以了解墨子實由「非命」論透顯人人平等的精神和肯定人為勤勉的價值。

墨子希望人人努力,天下有大利,天下必大治。因此,墨子極力強調「力」

〔註80〕梁任公曰:「吾以為力與命對待者也。凡有可以用力之處,必不容命之存立。命也者,僅偷息於力以外之閒地而已。……」梁氏由《列子‧力命篇》引申出墨子命義,言之甚詳,亦頗精闢。詳見氏著:《子墨子學說》,頁12〜17。

〔註81〕《墨子‧非命下篇》。見《定本墨子閒詁》,頁175〜176。

〔註82〕請參閱周師富美著:《救世的苦行者——墨子》,頁301。

來否定命,他說:「天下皆曰其力也,必不能曰我見命焉!」〔註83〕而這個「力」,發以爲刑政,如《墨子‧非命下篇》所云:

> 故昔者禹、湯、文、武,方爲政乎天下之時,曰:必使飢者得食,
> 寒者得衣,勞者得息,亂者得治,遂得光譽令問於天下,夫豈可以
> 爲命哉?故以爲其力也。今賢良之人,尊賢而好功道術,故上得其
> 王公大人之賞,下得其萬民之譽,遂得光譽令問于天下,亦豈以爲
> 其命哉?又以爲其力也。〔註84〕

墨子舉上古聖王禹、湯、文、武爲政天下的例子,證明「義人在上,天下必治。」若是尚賢使能爲政,必然可臻「饑者得食,寒者得衣,勞者得息,亂者得治,遂得光譽令問於天下」的境地,可見國家安危治亂決定在「人」的身上,在於人是否無命。刑政治平、國家富有、人民眾多,這是爲政國家者追求的理想。墨子倡「非命」,極力強調「力」的哲學和其效用,仍是落實到自我對人生命運的掌握和創造,所著眼的仍是人生行爲的應用,故而「其行爲典型乃三代聖王,是人本的,而不是神本的」〔註85〕。

　　相對於孔子的「知命」說表現在「仁學」的發揮,從而使得主體挺立;墨子的「非命」理論,則是透過「強力從事」之法來觀照人生,墨子要人人「做自己的主人,反對命運,主張運命」〔註86〕,從而呈顯出人文主義的精神。「非命」論的具體內涵是「強力」哲學,其價值正是在掃除凡事命定、努力無效的消極思想,廓清暮氣沉沉的病態,使人人相信凡事操之在我。因此就精神心理層面而言,「非命」說實具有建構吾人新人生觀和新價值觀之意蘊。就積極面而言,墨子認爲人人生而平等,社會應追求一種客觀普遍之公義,人生的價值與發展取決於自身的努力非關命定,這毋寧是一種人的發現與自覺。

〔註83〕《墨子‧非命中篇》。見《定本墨子閒詁》,頁170。
〔註84〕《墨子‧非命下篇》。見《定本墨子閒詁》,頁173。
〔註85〕蔡明田教授認爲:「天志、明鬼、非命等觀念亦如此,他們只是對治『國家淫僻無禮』、『國家憙音湛湎』的良方,是政治命題,是爲政治服務的手段(工具),基本上是現實的、功利的,完全依附政治之形式而運作。因此,儘管爲著強化其「功能需要」(functional necessity)而作浪漫的、神奇的描述,但絲毫沒有可怖或神秘可言,都很『功利的』在政治社會中落實,其行爲典型乃三代『聖王』,是人本的,而不是神本的。」可謂闡發墨子「非命」思想之精要。同註60,頁55。
〔註86〕參見王讚源:《墨子》(臺北:東大圖書公司,1996年9月),頁245。

儒、墨兩家基本上並不否定天，反而在敬天、順天的前提下，肯定人的
存在並尋求人的定位。誠如李賢中教授所說：

> 在儒家，人存在價值的彰顯乃是能「與天地合德」（《易傳》），能「參
> 贊天地之化育」（《中庸》）。在墨家則是「順天之志，兼相愛，交相
> 利，行天所欲之義，除天下之害，興天下之利」。因此這種人文精神
> 是在敬天、順天的前提下，確立人的存在定位後所肯定的人之存在
> 價值。〔註87〕

儒家思想深具人文精神，自不待言；墨家是先秦之際最具有科學精神的一家
學派，又強調「天志」，但並不能因此就貶抑其人文精神與價值。根據《中國
大百科全書》釋「宗教」：「發展成熟的宗教，包括宗教信仰、宗教組織、宗
教設施和宗教教義、宗教教規、宗教儀式、專門的神職人員等，形成一種強
大的社會勢力和精神力量。」〔註88〕宗教的定義，應具有信仰、組織、教規、
儀式、神職人員等基本條件。從形式上看，儒家和墨家乃是學術派別，並不
是宗教〔註89〕。孔、墨二聖敬天、愛人，擁有宗教家的情懷，但他們所關懷
的絕對是此世的現實人生。從「非命」說轉引出的「強力哲學」，除了勉人勤
奮不懈的意義外，必須指出的是，墨子意欲藉此打破由於封建制度所造成身
分階級的不平等，進而泯滅了個人的智慧與能力，衍為機會的不公平，並由
此肯定自我的人生的發展與價值在於個別努力的差異所創造，正是在這層意
義上，方可顯見墨子「非命」說獨特之人文精神與價值。由此，我們亦可理
解到墨子的學說並非是單獨孤立的，墨子倡「天志」、「兼愛」、「尚賢」乃至

〔註87〕 見李賢中：《墨學—理論與方法》（臺北：揚智文化事業股份有限公司，2003
年10月），頁219。

〔註88〕 《馬克思恩格斯全集》第23卷，第97頁。

〔註89〕 蔡仁厚教授以為：「從『形式』方面看，儒家的確不像一個宗教。例如：（1）
儒家沒有教會的組織；（2）儒家沒有僧侶的制度；（3）儒家沒有特殊儀式（如
入教受洗、出家受戒等）；（4）儒家沒有教條和對獨一真神的義務；（5）儒家
沒有權威性的教義（如明確的來生觀念，決定的罪惡觀念，特定的救贖觀念
等）。」見氏著：《孔子的生命境界—儒學的反思與開展》（臺北：臺灣學生書
局，1998年4月），頁15。今人竺靜華研究墨家，認為：「墨子雖是墨家學派
的創始人，但他不是神的代表。墨家的信仰是繼承三代已有的信仰，墨家雖
有戒律與組織，乃因其為軍隊團體。他們的目的是在拯救天下，而不是使自
己得救，組織中沒有宗教特有的倚賴感和需要感。所以，似乎不應將墨子思
想視為宗教。」參氏著：〈前期墨家的鬼神觀〉，《中國文學研究》第17期（2003
年6月），頁109。二說所見略同，有異曲同工之效。

「節葬」等學說，亦立基於這種人我平等的認知與價值上。「人文」，其基本內涵是肯定人類存在的價值，重視人的地位與尊嚴。墨子「非命」說不僅重視人的地位與尊嚴，尤更進一層重視人與人之間的平等的地位，這是墨子對「命」新的詮釋，也是他對人生與社會的「終極關懷」〔註90〕。

五、結　論

　　由以上種種剖析可知，孔子的天道觀是多元的，他的天命意識一定程度的影響了他的人生觀，但由於孔子著重現實人生的實踐，他對人生的承擔與人的能力某種程度上的自覺，使他表現出理性人文精神。他不否定天，也肯定了人的地位與作用，可謂是一種新的天人關係。由「知天命」而闡發的「仁學」思想，尤其閃耀著人本的光芒。墨子的想法、做法和孔子稍有不同。墨子利用了當時猶深具影響力的神權思想來說服世人，他強調天的意志和權能，然而他也認為人除了信仰天志鬼神，最重要的還是要自求多福。墨子認為若人人皆抱持宿命論，那麼將失去奮發向上的動力，同時鬼神的賞罰、宗教的制裁也都會歸於無效，所以力斥「執有命」。「非命」說是從「天志」思想超越的根據而來，它是成就墨子「兼愛」、「尚賢」、「節葬」種種理想的動機，也可以說墨子諸理想之實踐乃以「非命」說為基礎而促成。墨子為了實現理想社會，才會非斥充塞當時社會已然滋生流弊的命定說。墨子講「非命」，也就是不認命、不向命運屈服，就個人而言，固可增強信心突破人生的困境；就社會整體而言，亦可由此追求符合公義與平等的制度與理想。這種「操之在我」、「人我平等」的信念，也是一種人文精神的萌發。

　　由於孔、墨天道觀殊異，故此表面上看，孔子講「知命」與墨子倡「非命」，其「命」的根源和「命」的定義，二聖的主張似乎不同。深入去看，孔子「知命」說，其「命」義「由作為群己相涵的『共命』性質的『天命』到

〔註90〕劉述先教授在〈論孔子思想中隱涵的「天人合一」一貫之道──一個當代新儒學的闡釋〉文中云：「當代新儒家的一大貢獻在於指明儒家思想絕不限於一俗世倫理，實具豐富宗教意涵。我繼承這一傳統在七十年代初即借田立克（Paual Tillich）重新界定「宗教」（religion）為「終極關懷」（ultimate concern）之說，以英文撰文暢論儒家思想之宗教意涵；嗣後不斷以中英文著述闡發斯旨，自謂不無會心之處。」其說同註26，頁1。儒、墨兩家均非宗教，然孔子與墨子均表現出宗教家的情懷，愚以為用「終極關懷」形容儒家固無疑義，用於墨家亦能恰如其分地闡發墨子之道術與入世之精神。

屬己意義的『命』概念發展。」〔註91〕，他強調進德修業推己及人成就「仁」道來應天處命；墨子倡「非命」說，疾呼「強力」哲學，要人以「力」為「命」努力從事以回應天道，實則二說都是為了生命的安立，都代表了人文精神的昂揚。二說就處「命」的態度與作為而言，皆是諸子面對周文疲弊，回應所處時空環境，企圖在天地之間尋求人的定位與安頓的一種關懷，某種層面上客觀而言二聖所見略同。

先秦時代，孔、墨二聖各自以其對生命安立的體悟，提出「知命」與「非命」的學說。這代表了先哲悲天憫人的襟懷，也體現了彼時人文精神的昂揚，更發揮出動盪時代激迸出的人類智慧。在神權過渡到君權的時代裡，天命意識猶一定程度的影響著人心，能挺立主體，以人為本，深具時代開創的意義。孔子和墨子雖然立說不同，猶如兩條大河各自奔流；就其終極關懷而言，卻是萬流歸宗齊聚大海，可說是殊途而同歸的。

〔註91〕 吳建明指出：「就『命』一概念而言，經由時代的遞嬗由作為群己相涵的『共命』性質的『天命』到屬己意義的『命』概念發展，在這時代變動的契機中隱然成形，而此中作為其意義的體察者則是孔子。」見氏著：〈論莊子對「命」的思考及其「安命」之可能〉，《鵝湖月刊》第 26 卷第 11 期總號第 311（2001年 5 月），頁 55。

附錄三：墨子的施教與影響析論

摘　要

　　墨子是春秋戰國時代和孔子齊名的偉大思想家與教育家。他的教育理念乃以天志為法，目的在培養學生敬天、愛人、節用的情操。墨子有教無類，並且依照學生的個人特質以「談辯」、「說書」、「從事」三科施教，並以發展潛能、改善社會為施教之標的。墨子為了行道立法儀，講求科學精神，影響所及，墨門特重求知方法、實驗應用，並注重溝通與表達。此外，墨子以獎、懲並行來規範學生的行為，也以無比的愛心輔導學生。墨門弟子在墨子的教育下，由於受到墨子人格精神的感召，表現出為義天下、犧牲小我的可貴行為，真正將人類生命乃為創造宇宙繼起之生命之意義發揚出來。部分弟子傳承墨子注重邏輯、推理論証的思想，因應時勢轉變為論理名家。墨學雖然在秦、漢之後驟然消失，但墨子施教的方法，相信仍有足以讓現代教育取法之處。

　　關鍵詞：墨子、天志、三表法、墨辯、知識論

一、前　言

　　春秋戰國時代，儒家和墨家並稱為「顯學」〔註1〕。孔子和墨子二聖「修先聖之術，通六藝之論」〔註2〕，作育無數英才。他們在教育上的貢獻，《呂氏春秋》〈當染篇〉評曰：「此二士（孔墨）者，無爵位以顯人，無賞祿以利人。舉天下之顯榮者，必稱此二士也，皆死久矣，從屬彌眾，弟子彌豐，充滿天下。……孔、墨之後學，顯榮於天下者眾矣，不可勝數，皆所染者得當也。」〔註3〕儒家弟子眾多，表現非凡自不待言〔註4〕，墨門弟子的成就亦極高（詳論於後文）。而且，墨家也是一個聲勢浩大，並具有影響力的學術團體，在戰國時代盛極一時，所以孟子說：「楊朱、墨翟之言盈天下，天下之言不歸楊則歸墨。」〔註5〕可知墨家思想為當時主流思想之一。漢初《淮南子》〈脩務訓〉說：「孔子無黔突，墨子無煖席。是以聖人不高山，不廣河，蒙恥辱以干世主，非以貪祿慕位，欲事起天下利，而除萬民之害。」〔註6〕足見孔、墨二聖熱心救世，為世人所推崇。直到秦世漢初，學界仍將墨子與孔子相提並論。

　　墨子和孔子同樣以有教無類的胸襟教育學生，並以積極的行動對當時國際社會產生重大影響力。然而，儒、墨兩家教育哲學不同。李紹崑先生認為：「孔子的教育哲學以『人』為中心，他的教育目的是把他的弟子培養成為『士』。……墨子的教育哲學是以『天』為中心，他的教育目的是把他的弟子培

〔註1〕《韓非子》〈顯學篇〉云：「世之顯學，儒、墨也。儒之所至，孔丘也；墨之所至，墨翟也。」見陳奇猷，《韓非子集釋》（臺北：世界書局，1981），頁1080。

〔註2〕《淮南子》〈主術訓〉曰：「孔丘、墨翟，脩先聖之術，通六藝之論。口道其言，身行其志，慕義從風，而為之服役者不過數十人。使居天子之位，則天下偏為儒墨矣。」見漢・劉安撰，漢・高誘注，《淮南子》（臺北：世界書局，1984），頁144。

〔註3〕《呂氏春秋》仲春紀第二卷第二〈當染篇〉，秦・呂不韋撰，漢・高誘注，《呂氏春秋》（臺北：臺灣中華書局，1982），頁10。

〔註4〕《史記》中〈孔子世家〉說：「孔子以詩書禮樂教，弟子蓋三千焉，身通六藝者七十有二人。」、〈仲尼弟子列傳〉云：「孔子曰『受業身通者七十有七人』，皆異能之士也。德行：顏淵，閔子騫，冉伯牛，仲弓。政事：冉有，季路。言語：宰我，子貢。文學：子游，子夏。」足見孔門弟子學有所長，成就非凡者眾。見漢・司馬遷撰，南朝宋・裴駰集解，唐・司馬貞索隱，唐・張守節正義，《新校本史記三家注并附編二種》（臺北：鼎文書局，1981），頁1938、2185。

〔註5〕《孟子》〈滕文公下〉。見漢・趙岐注，宋・孫奭疏，《孟子正義》收於《十三經注疏》（臺北：藝文印書館，1989），頁117。

〔註6〕《淮南子》〈脩務訓〉。同註2，頁333。

養成爲『尊天、事鬼、愛人、節用』的智者。」〔註7〕的確，墨子曾說：「萬事莫貴於義」〔註8〕、「義，天下之良寶也。」〔註9〕，又說：「義，天下之大器也。」〔註10〕，天下沒有比「義」更重要的事物了。墨子所說的「義」，來自於萬善的「天志」〔註11〕。墨子貴「義」就是以天志爲法，就是要人敬天愛人節用，表現出正當合宜且有利於全體人類的行爲，落實於實踐就是積極爲義〔註12〕。所以，在墨子的教育下，他的學生也都成爲推動十論的義勇之士。

　　教育是立國的根本，其發展和個人的素養、社會的品質以及國家的基礎息息相關。什麼是教育？根據歐陽教先生所述教育的歷程或目的，學者所論不外乎「教育即生長、教育是自我實現、教育即社會化、教育即文化陶冶、教育是文化開發」五大觀點〔註13〕。簡言之，教育的消極功能在改善個人，培養個人潛能使之適應社會需要；而其積極功能更要知道如何改善社會，導引社會之變遷，朝著至善之境邁進〔註14〕。尋繹墨子的教育理念與方法，不外乎激發弟子的潛能，導引其門弟子了解社會的需要，並積極謀求社會的改善。墨子教育學生，依其志趣分設「談辯」、「說書」、「從事」三科施教，如同孔門分「德行、言語、政事、文學」四科〔註15〕。墨門三科所學習之內容，

〔註7〕　見李紹崑，《墨子：偉大的教育家》（臺北：臺灣商務印書館，1989），頁19。
〔註8〕　《墨子》〈貴義篇〉。見清·孫詒讓著，《定本墨子閒詁》（臺北：世界書局，1986），頁265。
〔註9〕　《墨子》〈耕柱篇〉。同前註，頁259。
〔註10〕　《墨子》〈公孟篇〉。同註8，頁279。
〔註11〕　《墨子》〈法儀篇〉云：「天之行廣而無私，其施厚而不德，其明久而不衰，故聖王法之。」、〈天志中篇〉又云：「子墨子曰：吾所以知天貴且知於天子者有矣。……曰：天爲貴、天爲知而已矣，然則義果自天出矣。」故可知，「天」具有種種美善，而墨子之「義」，乃自聖王亦師法之「天志」而出。其詳請參見拙著，〈墨家義利相容論〉，《聯合學報》22（2003年5月），頁20～23。
〔註12〕　《墨子》〈法儀篇〉云：「天必欲人之相愛相利，而不欲人之相惡相賊也。」、〈天志中篇〉曰：「天之意，不欲大國之攻小國也，大家之亂小家也，強之暴寡，詐之謀愚、貴之傲賤，此天之所不欲也。……欲人之有力相營，有道相教，有財相分也。又欲上之強聽治也，下之強從事也。」故而〈天志上篇〉墨子斷言：「天欲義而惡不義」，天的意志就是要爲義。詳見拙著，〈墨家義利相容論〉，頁22～24。
〔註13〕　參見歐陽教，《教育哲學導論》（臺北：文景出版社，1989），頁40～43。
〔註14〕　林永喜，《孔孟荀教育哲學思想比較分析研究》（臺北：文景出版社，1986），頁58～59。
〔註15〕　除《史記》〈仲尼弟子列傳〉載孔門四科，見前註4；《論語》〈先進篇〉亦載：「子曰：『從我於陳蔡者，皆不及門也。德行：顏淵、閔子騫、冉伯牛、仲弓。

李紹崑先生說：「能談辯的固當專精於宗教和哲學的研究，能說書的則當發展他們的社會經濟事業，能從事的則當投入保家衛國的國防事務。」〔註 16〕是否如此分類？迄無資料可驗證。總之，談辯與訓練口才，說書與研發古書，從事與訓練防禦必定有關，亦各有所長。由《墨子》整部著作來看，《墨子》書七十一篇論文中，一至三十九篇屬於「說書」科的經世濟民之學，四十至四十五篇屬於「談辯」科的論理學，五十二至七十一篇則爲「從事」科的防禦戰略之學。科別之間性質迥異，教學目標亦截然不同。至於四十六至五十一篇則詳贍記載著墨子施教的實錄。《墨子》〈魯問篇〉記載墨子將遊四方各國，弟子魏越問老師墨子：「既得見四方之君子，則將先語？」墨子回答：

> 凡入國，必擇務而從事焉。國家昏亂，則語之尚賢、尚同；國家貧，
> 則語之節用、節葬；國家憙音湛湎，則語之非樂、非命；國家淫僻無
> 禮，則語之尊天、事鬼；國家務奪侵凌，即語之兼愛、非攻。〔註 17〕

「昏亂」、「貧」、「憙音湛湎」、「淫僻無禮」、「務奪侵凌」是當時國家呈現出來的各種社會問題。墨子遊四方各國，將運用他所主張的十論，因時因地「擇務而從事」。墨子希望幫助各國切實改善政治、經濟、社會、宗教、倫理種種病狀。他堅信十論的實踐，是救當世的不二法門。他以身作則遊說各國，也派遣學成的優秀弟子出仕各國，更廣泛地發揮濟世的作用。〔註 18〕

《淮南子》〈泰族訓〉云：「墨子服役者百八十人，皆可使赴火蹈刃，死不還踵，化之所致也。」「化」之一字，適足以說明墨子的施教對學生鉅大的感染力。《呂氏春秋》〈勸學篇〉中提到高何和縣子石二人本爲「齊國之暴者」，遭鄉里所斥。由於學於墨子受到感染，本該是「刑戮死辱之人」，卻變成「天下名士顯人」。〔註 19〕這充分證明了教育對人的重要，也見墨子施教影響深刻之一斑。因此，墨子對學生的教育方法，師生之間的輔導互動，墨門弟子在社會上的表現，乃至墨門集團的利他行動成爲我民族之精神，都值得我們去思考、

言語：宰我、子貢。政事：冉有、季路。文學：子游、子夏。』」。見魏·何晏注，宋·邢昺疏，《論語注疏》收於《十三經注疏》（臺北：藝文印書館，1989），頁 96。

〔註 16〕同註 7，頁 4。

〔註 17〕《墨子》〈魯問篇〉。同註 8，頁 288。

〔註 18〕如《墨子》書記：「子墨子游耕柱子於楚」（〈耕柱篇〉）、「子墨子使管黔敖游高石子於衛」（〈耕柱篇〉）、「子墨子游公尚過於越」（〈魯問篇〉）、「子墨子使勝綽事項子牛」（〈魯問篇〉）、「子墨子出曹公子於宋」（〈魯問篇〉）等。

〔註 19〕《呂氏春秋》孟夏紀卷第四〈勸學篇〉（一作〈觀師篇〉）。同註 3，頁 6。

探討。本篇論文擬從墨子施教的方法，來闡述墨子對其門弟子的影響。透過墨子的教育和墨門弟子的表現，以驗証《韓非子》所謂「顯學」之說，並由此深入了解先秦時代墨子之思想，從而給予客觀的評價。

二、墨子施教的方法

《墨子》〈貴義篇〉云：「必去六辟。嘿則思，言則誨，動則事，使三者代御，必為聖人。」墨子這種去感情、重理性的教育方法，似乎過於嚴苛。然而他是本著這種求己為聖的精神去影響學生，所以墨子一方面以言語諄諄教誨，一方面則以實際的行動成為學生學習的模範，可說理論與實務雙管齊下。茲將墨子教育學生的方法分述於下：

（一）講求科學的精神與論證

儒家和墨家在態度方法上，基本上存在著極大的差異。由《墨子》〈耕柱篇〉載墨子批評孔子的政論可見一斑：

> 葉公子高問政於仲尼，曰：「善為政者若之何？」仲尼對曰：「善為政者，遠者近之，而舊者新之。」子墨子聞之，曰：「葉公子高未得其問也，仲尼亦未得其所以對也。葉公子高豈不知善為政者之遠者近也，而舊者新是哉？問所以為之若之何也。不以人之所不智告人，以所智告之。故葉公子高未得其問也，仲尼亦未得其所以對也。」
> 〔註20〕

墨子認為葉公子高和孔子的問答並未觸及「若之何」，也就是實踐的方法的問題，因此問者與答者皆不得要領。在〈公孟篇〉另有一段可以說明儒、墨兩家所著重的地方不同：

> 子墨子曰：「問於儒者，『何故為樂？』」曰：「樂以為樂也。」子墨子曰：「子未我應也。」今我問曰：「何故為室？」曰：「冬避寒焉，夏避暑焉，室以為男女之別也。」則子告我為室之故矣。今我問曰：「何故為樂？」曰：「樂以為樂也。」是猶曰：「何故為室？」曰：「室以為室也。」」〔註21〕

由這段論辯，可見儒家重視動機和目的，墨家看重的則是進行的方法和結果。

〔註20〕《墨子》〈耕柱篇〉。同註8，頁259～260。
〔註21〕《墨子》〈公孟篇〉。同註8，頁277。

鐘友聯在《墨家的哲學方法》一書中提到:「墨家的思維方式,是主客對立的,講求分析,重視觀察。墨家之認識事物,是把事物置於主體之外,而以固定的理智的概念對事物,不斷加以概念之規定,這是科學的方法。」〔註22〕的確,墨子喜歡問「爲什麼?」,這便是科學精神的表現。〈公孟篇〉載墨子問:「何故爲室?」、「何故爲樂?」就是一個很好的例子。

墨子具有理性思維的人格特質,他教育學生,行義天下,爲了使社會能有公是公非,因此立法儀。他認爲天下從事者,無論士人將相,都應該有一定的法則。百工不分巧拙,爲方以矩,爲圓以規,直以繩,正以縣,百工用以度量的矩、規、繩、懸等工具,均爲客觀的標準。因此墨子所謂「皆以此五者爲法」,這個「法」,有「標準」的意思。在當時,各學派皆以論辯的形式來推介自己的學說,墨子亦然。但墨子重實際,他說:「非人者必有以易之,若非人而無以易之,譬之猶以水救火也〔俞樾墨子平議校改爲『以水救水,以火救火也。』〕,其說將必無可焉。」〔註23〕因此他提出「三法」。〈非命中篇〉云:

> 凡出言談由文學之爲道也,則不可而不先立義法。若言而無義,譬猶立朝夕于員鈞之上也。則雖有巧工,必不能得正焉。然今天下之情僞,未可得而識也,故使言有三法。三法者何也?有本之者、有原之者、有用之者。於其本之也,考之天鬼之志、聖王之事。於其原之也,徵以先王之書。用之奈何?發而爲刑,此言之三法也。〔註24〕

墨子以爲,若是言談沒有法儀,那就如同在運轉的圓鈞上,置設測影器量測時間一樣,是不可能的。「三法」,又稱「三表」,或稱「三表法」。「三表法」究竟指甚麼?〈非命上篇〉云:

> 故言必有三表。何謂三表?子墨子言曰:有本之者,有原之者,有用之者。於何本之?上本之於古者聖王之事。於何原之?下原察百姓耳目之實。於何用之?廢(讀爲發)以爲刑政,觀其中國家百姓人民之利,此所謂言有三表也。〔註25〕

「三表法」分別是「本之者」、「原之者」、「用之者」。綜合〈非命〉上、中二

〔註22〕鐘友聯,《墨家的哲學方法》(臺北:東大圖書公司,1986),頁16。
〔註23〕《墨子》〈兼愛下篇〉。同註8,頁71。
〔註24〕《墨子》〈非命中篇〉。同註8,頁169。
〔註25〕《墨子》〈非命上篇〉。同註8,頁164。

篇，「本之者」指的是：「考之天鬼之志、聖王之事。」；「原之者」的依據是「徵以先王之書」、「百姓耳目之實」；「用之者」是「廢（讀爲發）以爲刑政，觀其中國家百姓之利」，「三表法」就是三條證明的程序或方法。墨子提倡「兼愛、非攻、尚賢、尚同、節用、節葬、非樂、天志、明鬼、非命」等各項主張，都是依循此三表法而成立的。

　　科學態度有一項最大的特點，就是依靠經驗資料。在「三表法」中，我們可以發現許多科學精神。尤其是第二表「原之者」，特別重視人類的耳目經驗；第三表「用之者」，講求實驗觀察實施成效，是科學的實驗精神。〔註26〕墨子提出檢驗認識眞理的標準問題，在中國哲學史上可說是創新的，這也是一大貢獻，對後世有深遠影響。墨子以歷史經驗、眾人的耳目聞見、對社會產生的實效爲眞理標準，強調「事」、「實」、「利」對檢驗認識的決定作用，乃是一種樸素唯物主義的經驗論的眞理觀。這不僅影響了後期墨家，即便是後代儒家荀子重「符驗」、韓非講「參驗」，乃至王充重「效驗」，也都是對墨子這一思想的繼承與發展。

（二）注重篤學思辨與實踐

《墨子》〈貴義篇〉載：

> 子墨子南遊使衛，關中載書甚多。弦唐子見而怪之，曰：「吾夫子教公尚過曰：『揣曲直而已！』今夫子載書甚多，何有也？」子墨子曰：「昔者周公旦，朝讀書百篇，夕見柒十士，故周公旦佐相天子，其脩至於今。翟上無君上之事，下無耕農之難，吾安敢廢此。翟聞之，同歸之物，信有誤者。然而民聽不鈞，是以書多也。今若過之心者數逆於精微，同歸之物，既已知其要矣，是以不教以書也。而子何怪焉！」〔註27〕

墨子治學勤奮，即便南遊於衛國，旅途中依然手不釋卷。周公旦大概是墨子效習的榜樣，墨子認爲周公旦輔佐天子，「夕見柒十士」，政事繁忙之餘，猶不忘「朝讀書百篇」。墨子客氣的說：自己既沒有君相的事業；也沒有耕農的困難，怎能荒廢讀書呢？更何況讀書是爲了「揣曲直」，也就是建立正確的是非對錯判斷的標準，因此墨子即便出遊也攜帶大量的書籍。學生不解墨子之意，而質疑墨子何以教公尚過「揣曲直而已」的話。墨子認爲書固然要多讀，

〔註26〕同註22，頁36～37。
〔註27〕《墨子》〈貴義篇〉。同註8，頁268～269。

但天下的道理殊途而同歸，已經理解道理的就不必再死讀。墨子好學不倦，是身教最好的典範，但在教育上絕不侷限於書本。墨子認為學習應勤於思考、敏於實踐。書本知識並非萬能，若能對事理觀察深入，明白其義理，那麼不用書本，也可以達到教育的效果。墨子不僅對書本知識珍視，也同樣重視知識的思辨與判斷。

墨子在篤學與思辨之外，也注重實踐。實踐首在知行合一，與言行一致。一般人往往言行不能合一，或者口是心非。造成的結果，輕則使議論空泛毫無價值，嚴重的恐怕是整個社會失去標準，甚至是非黑白顛倒，影響極鉅。《墨子》〈貴義篇〉以瞽者論黑白為例：

> 今瞽曰：「鉅者白也，黔者墨也。」雖明目者無以易之。兼白黑，使瞽取焉，不能知也，故我曰瞽不知白黑者，非以其名也，以其取也。〔註28〕

講的就是「行動一方面是分辨真知識與假知識的試金石，另一方面亦是衡量知識價值的尺度。」〔註29〕墨子是一位哲學實踐家，他「坐而言，起而行」，除了言誨不倦地宣揚其理念，更勤事不輟的實踐其理念。墨子的義行包括「義鉤止戰之論」、「曉喻魯君愛利百姓」、「勸說衛國執政大夫公良桓子節約以畜士」、「止楚攻宋」、「勸阻齊太王和項子牛侵魯」、「說服楚國魯陽文君停止伐鄭」等〔註30〕。他注重篤學、思辨與實踐，要求知行合一，樹立言教與身教的榜樣。

（三）重視溝通與表達的技巧

墨子的時代，諸侯割據，王室沒落，再加上工商業的發達，諸子蜂起，各家學派為了宣揚自己的思想與學說，不得不用辯術。不僅墨家重辯，連儒家的孟子和道家的莊子，也都極重視。墨子對自己的辯術相當自負，他曾經說：「天下無人，子墨子之言也，猶在。」〔註31〕、「吾言足用矣，舍言革思者，是猶舍穫而攈粟也。以其言非吾言者，是猶以卵投石也，盡天下之卵，其石猶是也，不可毀也。」〔註32〕足見墨子辯才無礙，充滿自信。

〔註28〕《墨子》〈貴義篇〉。同註8，頁267～268。
〔註29〕梅貽寶，〈墨子學述（中）〉，《中國文化月刊》121，（1989年11月），頁6。
〔註30〕請參見拙著，〈論墨家「義」學的實踐〉，《聯合學報》22（2003年5月），頁7～12。
〔註31〕《墨子》〈大取篇〉。同註8，頁246。
〔註32〕《墨子》〈貴義篇〉。同註8，頁271。

　　墨子重辯，亦即注重溝通與表達。如前所述，墨子的十論都是依循「三表法」而成立的。除了「三表法」，墨子還用了「兩而進之」的論證，來維護自己的主張。在《墨子》〈兼愛下篇〉裡可以看到這種論證：

> 然而天下之士，非兼者之言，猶未止也。曰：「即善矣！雖然，豈可用哉？」子墨子曰：「用而不可，雖我亦將非之，且焉有善而不可用者？」姑嘗兩而進之，設以為二士，使其一士者執別，使其一士者執兼。是故別士之言曰：「吾豈能為吾友之身，若為吾身，為吾友之親，若為吾親。」是故退睹其友，飢即不食，寒即不衣，疾病不侍養，死喪不葬埋。別士之言若此，行若此。兼士之言不然，行亦不然。曰：「吾聞為高士於天下者，必為其友之身，若為其身；為其友之親，若為其親，然後可以為高士於天下。」是故退睹其友，飢即食之，寒則衣之，疾病侍養之，死喪葬埋之，兼士之言若此，行若此。……我以為當其於此也，天下無愚夫愚婦，雖非兼之人，必寄託之於兼之有是也。此言而非兼，擇即取兼，即此言行費也。不識天下之士，所以皆聞兼而非之者，其故何也？〔註33〕

這段話墨子闡述了兼士和別士「言相非行相反」，倘若此二士言行相合猶如符節，那麼即便是愚夫愚婦，也要選擇兼士。墨家主張以「兼」易「別」，墨子就將「兼士」與「別士」言行對舉。他以言行合一的理論為基礎，透過世人選擇兼士卻又反對兼愛，這種言行不一致的謬誤，來辯駁世人非難兼愛，以為不可行是錯誤的。

　　從《墨子》書觀察，墨子正是善用論據，並以推理方法論述觀點。墨子透過探原、類比、歸納，乃至詭論……等種種方法來闡揚其主張，因此《墨子》書篇篇俱為邏輯嚴密、結構完整的議論文。雖然墨子的邏輯「有反對形式化的傾向，重視語意關係，甚於重視語法關係」〔註34〕，學者仍然認為：「墨子所創立的『三表法』和『辟』、『侔』、『援』、『推』四法，無疑是對中國論文寫作與發展的一個極為卓越的貢獻。這些論辯方法對後世乃至今日論文的寫作都有著非常重要的，理論上和實踐上的指導意義。」〔註35〕「辟」、「侔」、

〔註33〕《墨子》〈兼愛下篇〉。同註8，頁72～74。

〔註34〕王讚源教授認為：「墨子不注重推理形式結構的邏輯分析，卻用心於推論中概念實質的分析。換言之，墨子邏輯有反對形式化的傾向，重視語意關係，甚於重視語法關係。」見氏著，《墨子》（臺北：東大圖書公司，1996），頁144。

〔註35〕趙紹君，〈中國論文的先河──《墨子》〉，《南都學壇》（哲學社會科學版）16

「援」、「推」四法見於後期墨家的辯學〈小取篇〉，然而前期墨家的論文已充分運用此四法。王冬珍教授探論墨家的辯術，尤有肯斷的評價，她說：

> 《墨子》書的文字雖較質樸無華，但推理周密有序，辭句諷寓犀利，且警切顯豁，平易近人，並能廣徵博喻，以說明事理。尤其文體，乃上承《老子》、《論語》之說明式文體，下啓《孟》《莊》《荀》《韓》之論辯式文體，誠可謂先秦諸子文體轉變之橋樑，開戰國二百餘年議論文學之風氣也。〔註36〕

所謂「推理周密有序」、「辭句諷寓犀利，且警切顯豁」、「廣徵博喻，以說明事理」，皆可見墨家爲了宣揚己見善用辯術，這就是墨子教育重視溝通與表達的證明。

（四）傳述與創新並重

如前所言，儒、墨兩家在態度方法上存在著差異。孔子作春秋，曾謙虛的說自己「述而不作」，後儒卻反而奉此爲行事爲文之圭臬時，墨子就認爲這種態度太過消極保守，缺乏創造性。《墨子》〈耕柱篇〉云：

> 公孟子曰：「君子不作，術而已。」子墨子曰：「不然。人之甚不君子者，古之善者不述，今也善者不作；其次不君子者，古之善者不述，己有善則作之，欲善之自己出也。今述而不作，是無所異於不好述而作者矣。吾以爲古之善者則述之，今之善者則作之，欲善之益多也。〔註37〕

顯見墨子不以傳述者爲滿足，更希望成爲創作者。儒、墨之所以有此差異，殆因「墨家以平等而欲實現理想之社會，故不憚革命而無先例可循；儒家雖不乏溫情之改良而不敢有所破壞，故『述而不作』。此乃對於歷史之態度，亦儒墨所以相非也。」〔註38〕墨家篤信天志，講求兼愛、平等，爲了追求理想社會，在知識的追求與技術的創發上顯然更積極。墨子說：「吾以爲古之善者則述之，今之善者則作之，欲善之益多也。」意味著傳述固然重要，但不應畫地自限；創新才能前瞻未來，使「善之益多」。〈非儒篇〉中也有這樣的議

（1996 年第 5 期），頁 57。
〔註36〕 王冬珍，〈墨家的辯術〉，收於《鄭因百先生八十壽慶論文集》（臺北：臺灣商務印書館，1985），頁 179。
〔註37〕 《墨子》〈耕柱篇〉。同註 8，頁 261～262。
〔註38〕 方授楚，《墨學源流》（臺北：臺灣中華書局，1979），頁 112。

論：

> 儒者曰：「君子必古服古言然後仁。」應之曰：「所謂古之言服者，皆嘗新矣。而古人言之服之，則非君子也。然則必服非君子之服，言非君子之言，而後仁乎？」〔註39〕

一味守舊，社會就會退步，文化也會衰敗。所以，「君子必古服古言而後仁」，墨子並不能接受。〈非儒篇〉又說：

> 又曰：「君子循而不作。」應之曰：「古者羿作弓，伃作甲，奚仲作車，巧垂作舟，然則今之鮑函車匠，皆君子也。而羿、伃、奚仲、巧垂，皆小人邪？且其所循，人必或作之，然則其所循，皆小人道也。」〔註40〕

隱然有不以法古而自限的意味。墨子「學儒者之業，受孔子之術。」〔註41〕，由於長於思考、勇於批判〔註42〕，繼而開創新的學派，成爲一代宗師。墨子鼓勵學生，知識固然要傳承，更要加以應用並且創新。墨子創造發明的精神，使得他成爲哲學科學家，也是科學發明家。墨子的思想乃在期許學生積極主動的學習與投入，追求眞理、創新思想。這種觀念，直至今日也是歷久而彌新的進步思想。

（五）勸學、責行、輔導三效並用

1. 啓發學習

墨子教育學生，注重教學方法，講求教育成效；在師生的互動上，也有許多溫馨感人的故事。《墨子》〈公孟篇〉即載學生由於未成熟，往往並不能理解到學習的重要。墨子乃以「出仕」的誘因，來激發學生學習的動機，使

〔註39〕《墨子》〈非儒篇〉。同註8，頁181。

〔註40〕同前註。

〔註41〕《淮南子》〈要略訓〉。同註2，頁375。

〔註42〕墨子對儒家的批判，根據《墨子》〈公孟篇〉記載墨子對話儒者程子，墨子認爲：「儒之道，足以喪天下者，四政焉：儒以天爲不明，以鬼爲不神，天鬼不說，此足以喪天下。又厚葬久喪，重爲棺槨，多爲衣衾，送死若徙。三年哭泣，扶後起，杖後行，耳無聞，目無見，此足以喪天下。又弦歌鼓舞，習爲聲樂，此足以喪天下。又以命爲有，貧富、壽夭、治亂、安危有極矣，不可損益也。爲上者行之，必不聽治矣；爲下者行之，必不從事矣，此足以喪天下。」（前揭書，頁277。）類似的記載亦見於《淮南子》〈要略訓〉：「墨子學儒者之業，受孔子之術，以爲其禮煩擾而不說，厚葬靡財而貧民，服傷生而害事，故背周道而用夏政。」（前揭書，頁375。）都說明了墨子長於思考、勇於批判的性格。

人勤學、樂學：

> 有游於子墨子之門者，身體強良，思慮徇通，欲使隨而學。子墨子
> 曰：「姑學乎！吾將仕子。」勸於善言，而學其年，而責仕於子墨子。
> 子墨子曰：「不仕子！子亦聞夫魯語乎？魯有昆弟五人者，亦父死，
> 亦長子嗜酒而不葬，亦四弟曰：「子與我葬，當爲子沽酒。」勸於善
> 言而葬。已葬，而責酒於其四弟，四弟曰：「吾未予子酒矣。子葬子
> 父，我葬吾父，豈獨吾父哉？子不葬，則人將笑子，故勸子葬也。」
> 今子爲義，我亦爲義，豈獨我義也哉？子不學，則人將笑子，故勸
> 子於學。〔註43〕

這個學生「身體強良，思慮徇通」，誠乃不可多得的人才。墨子基於愛才，苦
口婆心的勸導該生學習。當該生學成責仕於墨子時，墨子以「子葬父」之喻
教導學生。學習乃出於自身自覺的要求，是爲了成就自己的人格、豐盈自己
的生命（爲義）而學，不能因別人而改變。墨子以爲不學，猶如子不葬父一
樣，必招人恥笑。

此外，〈公孟篇〉另載：

> 有游於子墨子之門者。子墨子曰：「盍學乎？」對曰：「吾族人無學者。」
> 子墨子曰：「不然。未好美者，豈曰吾族人莫之好，故不好哉。夫欲
> 富貴者，豈曰我族人莫之欲，故不欲哉。好美、欲富貴者，不視人，
> 猶強爲之。夫義，天下之大器也。何以視人，必強爲之。」〔註44〕

亦可見墨子對弟子因材施教，諄諄教誨，循循善誘。墨子遇到可造之材，不
惜以仕誘導爲學，不外乎想多培植一個有用的人，爲社會多貢獻一份力量。
如不幸遇到太熱衷名利，只想追求富貴的弟子，他還是苦口婆心地曉以大義，
勸勉他爲學，這可顯見墨子啓發學生的熱忱。

2. 糾正行爲

墨子重實際，戒「蕩口」，而且要求言行一致。這一點墨子很堅決，在《墨
子》書中重複記錄了兩次：

> 子墨子曰：言足以復行者常之，不足以舉行者勿常。不足以舉行而
> 常之，是蕩口也。〔註45〕

〔註43〕《墨子》〈公孟篇〉。同註8，頁278～279。
〔註44〕《墨子》〈公孟篇〉。同註8，頁279。
〔註45〕《墨子》〈耕柱篇〉。同註8，頁260。

子墨子曰：言足以遷行者常之，不足以遷行者勿常。不足以遷行而
常之，是蕩口也。〔註46〕

因此他檢視一個人，不僅注重他的動機，更要看實際做是如何。《墨子》〈公
孟篇〉載墨子對弟子告子說：「政者，口言之，身必行之。今子口言之，而身
不行，是子之身亂也。子不能治子之身，惡能治國政？子姑亡，子之身亂之
矣。」政治的事，應該是能說能行，只說不做就是言行不能一致，也就是亂
的開始，一般人又何嘗不是如此？

除了言行一致，明辨是非對錯更是重要。如前文所舉〈貴義篇〉所云「瞽
者論黑白」之例〔註47〕，墨子感慨：「天下之君子不知仁者，非以其名也，亦
以其取也。」〔註48〕墨子自律嚴謹，他認為當時的「士」要求自己的態度還
不如商人用錢謹慎。〔註49〕讀書人不能自制的結果，「厚者入刑罰，薄者被毀
醜」，因此墨子教育學生注重行為表現。賞與罰的定義，〈經上篇〉云：「賞：
上報下之功也。……罰：上報下之罪也。」、「功：利名也。……罪：犯禁也。」
做的好，墨子不吝鼓勵他的學生；做的不好，墨子也不客氣的予以懲處。《墨
子》〈耕柱篇〉云：

子墨子使管黔激游高石子於衛，衛君致祿甚厚，設之於卿。高石子三
朝必盡言，而言無行者。去而之齊。見子墨子曰：……「昔者夫子有
言曰：『天下無道，仁士不處厚焉。』今衛君無道，而貪其祿爵，則是
我為苟陷人長也。」子墨子說而召子禽子曰：「姑聽此乎？夫倍義而鄉
祿者，我常聞之矣。倍祿而鄉義者，於高石子焉見之也。」〔註50〕

高石子「倍祿而鄉義」，極為難能可貴，因此墨子褒揚他。對於政聲太壞的學
生，墨子甚至要求撤職。《墨子》〈魯問篇〉載：

子墨子使勝綽事項子牛。項子牛三侵魯地，而勝綽三從。子墨子聞之，
使高孫子請而退之，曰：「我使綽也，將以濟驕而正必嬖也。今綽也，

〔註46〕《墨子》〈貴義篇〉。同註8，頁267。
〔註47〕《墨子》〈貴義篇〉。詳見前文第二章、墨子施教的方法，第（二）節、注重篤學思辨與實踐。
〔註48〕《墨子》〈貴義篇〉。同註8，頁268。
〔註49〕《墨子》〈貴義篇〉云：「今士之用身，不若商人之用一布之慎也。商人用一布市，不敢繼苟而讎焉，必擇良者。今士之用身則不然，意之所欲則為之。厚者入刑罰，薄者被毀醜，則士之用身，不若商人之用一布之慎也。」同註8，頁268。
〔註50〕《墨子》〈耕柱篇〉。同註8，頁260～261。

祿厚而譴夫子。夫子三侵魯而緯三從，是鼓鞭於馬靳也。翟聞之：「言
義而弗行，是犯明也。緯非弗之知也，祿勝義也。」〔註51〕

墨子遣弟子勝緯去輔佐項子牛，不料項子牛三侵魯地，勝緯竟然三從之。不
僅不能「濟驕而正嬖」，反倒同流合污、助紂為虐。墨子知道後很生氣，乃派
弟子高孫子去請求項子牛斥退勝緯，並嚴厲譴責勝緯無異於「鼓鞭於馬靳」，
明知故犯，分明是為了利祿而出賣了義。

3. 心理輔導

墨子教育學生灌輸正確的觀念，行為符合義的予以獎勵，行為違反義的
也予以懲處。對於學生的心理輔導，《墨子》書中亦有所記載：

子墨子怒耕柱子。耕柱子曰：「我毋愈於人乎？」子墨子曰：「我將
上大行，駕驥與牛，子將誰敺？」耕柱子曰：「將敺驥也。」子墨子
曰：「何故敺驥也？」耕柱子曰：「驥足以責。」子墨子曰：「我亦以
子為足以責！」〔註52〕

由於墨子對耕柱子「愛之深」，因此「責之切」。耕柱子為此產生反彈的心理，
墨子乃以「敺驥」為譬，告訴耕柱子他心中對學生的要求。這段對話，充滿
了師生情感的交流和溫馨的互動。此外，在《墨子》〈耕柱篇〉另有一則墨子
安撫學生的故事：

子墨子游荊耕柱子於楚，二三子過之，食之三升，客之不厚。二三
子復於子墨子曰：「耕柱子處楚無益矣。二三子過之，食之三升，客
之不厚。」子墨子曰：「未可智也。」毋幾何，而遺十金於子墨子，
曰：「後生不敢死，有十金於此，願夫子之用也。」子墨子曰：「果
未可智也。」〔註53〕

墨子推薦門人耕柱子出仕楚國，有幾位同門經過前往拜訪，卻得到「客之不
厚」的對待，於是向老師墨子抱怨。墨子安慰他們，稍安勿躁。果不其然，
耕柱子捎來十金孝敬老師。墨子以「同理心」接納學生的意見，予以支持；
另一方面則要求學生繼續觀察。最後避免了同門兄弟反目成仇，也給了耕柱
子證明自己清白的機會。在前文中，提到衛君因為看墨子的面子而讓高石子
為卿，享有很高的俸祿，卻不接納高石子的進言。為此，高石子決定「倍祿

〔註51〕 《墨子》〈魯問篇〉。同註8，頁290～291。
〔註52〕 《墨子》〈耕柱篇〉。同註8，頁254。
〔註53〕 《墨子》〈耕柱篇〉。同註8，頁257～258。

而鄉義」，卻又擔心蒙受狂名。墨子除了支持高石子去職的決定，並以「爲義非避毀就譽」來予以心理建設，更加堅定其信心，這些都是墨子輔導學生的實例。

三、墨子教育的影響

（一）墨門集團成就社會公益

墨子以法天、兼愛、貴義爲其教育目標，落實於實踐自然是改善社會、反對攻伐。墨子反對攻伐，乃是爲了天下蒼生，並非爲了求得功名利祿。《墨子》〈魯問篇〉載墨子「義辭越封」〔註54〕的故事，就是「富貴不能淫、貧賤不能移、威武不能屈」最好的例證。墨子不爲利祿富貴所動，堅持自己的理想，〈貴義篇〉說：「爲義而不能，必無排其道；譬若匠人之斲而不能，無排其繩。」可見墨子的精神。他的學生受其影響，也能以行義爲人生之目標，積極投入社會的公益事業。

《墨子》〈公輸篇〉載公輸盤爲楚造雲梯，準備攻宋。墨子乃以「竊疾」比喻爭戰，陳述戰爭之不義。但很遺憾，並不能說服楚王。墨子於是要求和公輸盤沙盤推演，最後，墨子以「九守」折服公輸盤之「九攻」，使得強橫的楚王終於打消攻宋的念頭。〔註55〕這樣的行爲，梁任公曾引《詩經》語讚嘆墨子：「凡民有喪，匍匐救之。」可謂相當貼切。〔註56〕更可貴的是墨門弟子禽滑釐等三

〔註54〕《墨子》〈魯問篇〉載：「子墨子游公尚過於越，公尚過說越王，越王大說，謂公尚過曰：先生苟能使子墨子於越而教寡人，請裂故吳之地，方五百里，以封子墨子。公尚過許諾，遂爲公尚過束車五十乘，以迎子墨子於魯。曰：吾以夫子之道，說越王，越王大說。謂過曰：苟能使子墨子至於越，而教寡人，請裂故吳之地，方五百里，以封子。子墨子謂公尚過曰：子觀越王之志何若？意越王將聽吾言，用我道，則翟將往。量腹而食，度身而衣，自比於群臣，奚能以封爲哉？抑越不聽吾言，不用吾道，而吾往焉，則是我以義糶也。鈞之糶，亦於中國耳，何必於越哉！」同註8，頁287～288。

〔註55〕〈公輸篇〉云：「於是見公輸盤，子墨子解帶爲城，以牒爲械，公輸盤九設攻城之機變，子墨子九距之，公輸盤之攻械盡，子墨子之守圉有餘，公輸盤詘。……子墨子曰：「公輸子之意，不過欲殺臣，殺臣，宋莫能守，可攻也。然臣之弟子禽滑釐等三百人，已持臣守圉之器，在宋城上，而待楚寇矣，雖殺臣，不能絕也。」同註8，頁295～296。墨子爲了行義，不辭辛苦走十日十夜到楚國，甚至連自己的生命都置之度外與侵略者激辯，這可說是最好的身教。

〔註56〕梁任公云：「當時事蹟可考見的，如齊欲攻魯，墨子見項子牛及齊王，說而罷之。楚欲攻鄭，墨子見楚國的執政魯陽文君，說而罷之。詩經說：『凡民有喪，

百人，早已持著墨子發明的守城器械，在宋城嚴陣以待，要協助宋國抵禦楚人的進犯。這件事《呂氏春秋》〈愛類篇〉亦載：「公輸般為高雲梯，欲以攻宋，墨子聞之，自魯往，裂裳裹足，日夜不休，十日十夜，而至於郢。」，所謂「裂裳裹足，日夜不休」，尤可顯現墨子不怕做「賤人之所為」(〈貴義篇〉)的精神，所以孟子稱：「墨子兼愛，摩頂放踵，利天下為之。」〔註57〕其實這樣的評價，用在墨門弟子禽滑釐等人的身上，也是適切的。

在墨子的身教下，他的弟子們也能人人不嗜奢侈、不事靡費、不務光華，取法夏禹「形勞天下」的精神努力為義。《墨子》〈備梯篇〉載有禽滑釐在泰山下學守禦之法三年，吃苦勞作的情形：

> 禽滑釐子，事子墨子，三年，手足胼胝，面目黧黑，役身給使，不敢問欲。子墨子其哀之，乃管酒塊脯，寄于大山，昧菜坐之，以樵禽子，禽子再拜而嘆。子墨子曰：「亦何欲乎？」禽子再拜再拜曰：「敢問守道？」子墨子曰：「姑亡！姑亡！」〔註58〕

禽子篤實的態度，令人肅然起敬；墨者刻苦自勵的精神，更令人讚嘆。〈魯問篇〉另載：

> 子墨子出曹公子而於宋，三年而反，睹子墨子曰：「始吾游於子之門，短褐之衣，藜藿之羹，朝得之，則夕弗得，祭祀鬼神。……」〔註59〕

墨門弟子，雖「藜藿之羹」亦無以為繼，刻苦可知。《莊子》〈天下篇〉云：「使後世之墨者，多以裘褐為衣，以跂蹻為服，日夜不休，以自苦為極。曰：不能如此，非禹之道也，不足謂墨。」〔註60〕墨子和墨門弟子，在如此惡劣的生活環境下，猶能不計個人利益，去私刻苦行義，切實使「手足鼻耳目，從事於義。」墨門弟子能如此，完全是因為受到墨子教育的緣故。

《史記》〈仲尼弟子列傳〉云：「受業身通者七十有七人，皆異能之士也。」、《孟子》〈公孫丑上篇〉載：「以德服人者，中心悅而誠服也，若七十子之服孔子也。」、《韓非子》〈五蠹篇〉記：「仲尼，天下聖人也，修行明道以遊海

葡匐救之。』墨子真當得起這兩句話了。」見氏著，《墨子學案》（臺北：臺灣中華書局，1985），頁 33。
〔註57〕《孟子》〈盡心上篇〉。同註5，頁 239。
〔註58〕《墨子》〈備梯篇〉。同註8，頁 322。
〔註59〕《墨子》〈魯問篇〉。同註8，頁 288～289。
〔註60〕《莊子》〈天下篇〉。見晉・郭象注，唐・成玄英疏，唐・陸德明釋文，清・郭慶藩集釋，《莊子集釋》（臺北：世界書局，1985），頁 466～467。

內。海內說其仁，美其義，而爲服役者七十人，蓋貴仁者寡，能義者難也。故以天下之大，而爲服役者七十人。」可見，孔子「服役」的學生有七十人。而墨子的學生依《淮南子》〈泰族訓〉載：「墨子服役者百八十人」，較之孔門毫不遜色。至於投身戰場，爲維護和平而努力，將個人生死置之度外的人數則有「三百人」。因此漢人陸賈有：「墨子之門多勇士」〔註61〕一說。凡此，均可見墨門弟子可敬的犧牲精神，也說明了墨子施教的影響。

　　墨子以爲義之所在，就應該去做，不僅如此，還分遣弟子遊仕各國宣揚其學說，如使耕柱子於楚、管黔激游高石子於衛，〔註62〕公尙過於越、曹公子於宋、勝綽於齊，〔註63〕期使天下人接受其理念，共同爲義，天下臻於和平的理想境界。墨子本人爲行義不懼犧牲，影響所及，他的弟子也都能勤生赴死，以任天下之急爲職志，只要是該做的義事，即使是赴湯蹈火也勇往直前，毫不退縮。《呂氏春秋》〈上德篇〉載墨子卒後，墨家鉅子孟勝爲行墨者之義，繼墨子之業，爲楚陽城君死難之舉：

> 墨者鉅子孟勝，善荊之陽城君。陽城君令守於國，毀璜以爲符，約曰：符合聽之。荊王薨，群臣攻吳起，兵於喪所，陽城君與焉，荊罪之，陽城君走，荊收其國。孟勝曰：受人之國，與之有符，今不見符，而力不能禁，不能死，不可。其弟子徐弱諫孟勝曰：死而有益陽城君，死之可矣。無益也，而絕墨者於世，不可。孟勝曰：不然，吾於陽城君也，非師則友也，非友則臣也。不死，自今以來，求嚴師必不於墨者矣，求賢友必不於墨者矣，求良臣必不於墨者矣。死之，所以行墨者之義，而繼其業者也。我將屬鉅子於宋之田襄子。田襄子賢者也，何患墨者之絕世也。徐弱曰：若夫子之言，弱請先死以除路，還歿頭前於孟勝，因使二人傳鉅子於田襄子。孟勝死，弟子死之者，百八十三人，以致令於田襄子，欲反死孟勝於荊。田襄子止之曰：孟子已傳鉅子於我矣，不聽，遂反死之。……〔註64〕

孟勝等墨者的表現，清儒孫詒讓評曰：「彼勤生薄死，以赴天下之急，而姓名

〔註61〕《新語》〈思務篇〉。見漢・陸賈撰，《新語》（臺北：世界書局，1975），頁21。
〔註62〕見《墨子》〈耕柱篇〉，同註8。耕柱子、高石子二子之事蹟，分見前揭書頁257、260。
〔註63〕見《墨子》〈魯問篇〉，同註8。公尙過、曹公子、勝綽三子之事蹟，分見前揭書頁287、288、290。
〔註64〕《呂氏春秋》離俗覽第七卷第十九〈上德篇〉。同註3，頁8～9。

漸滅，與草木同盡者，殆不知凡幾？嗚呼！悕已。」〔註65〕就是慨嘆墨者「只見一義，不知生死」的爲義精神。

墨子及墨者一心爲義行道，全是因爲墨者能有損己利人以成大義的襟懷，因此勇於無畏而犧牲。《墨子》〈經上篇〉云：「任，士損己而益所爲也。」〈經說上篇〉釋此條曰：「任，爲身之所惡，以成人之所急。」綜合經義之言即殺身捨生，以救他人之危難。〈經上篇〉又說：「忠，以爲利而強低也。」謂凡有利天下國家者，當死生以赴。〈大取篇〉則曰：「殺一人以存天下，非殺一人以利天下也，殺己以存天下，是殺己以利天下。」墨家凡利於人者，摩頂放踵，拋頭顱灑熱血在所不辭。

墨家這種「不愛其軀，赴士之砭困。」〔註66〕的犧牲精神，梁任公在《墨子學案》一書〈第二自序語〉中曾申言其影響：

> 夫所謂「摩頂至踵利天下」者，質言之，則損己以利他而已。利億萬人固利他，利一二人亦利他也，汎愛無擇固利他，專注於其所親亦利他也。己與他之利不可得兼時，當置他於第一位而置己於第二位，是之謂「損己而益所爲」，是之謂墨道。今之匹夫匹婦，曷嘗誦墨子書，曷嘗知有墨子其人者，然而不知不識之中，其精神乃與墨子深相懸契。其在他國，豈曰無之，然在彼則爲畸形，在我則爲庸德。嗚呼！我國民其念之。此庸德者非他，乃墨翟、禽滑釐、孟勝、田襄子諸聖哲，瀝百餘年之心力以蒔其種於我先民之心識中，積久而成爲國民性之一要素焉。我族能繼繼繩繩與天地長久，未始不賴是也。〔註67〕

的確，墨家的義勇精神，創立了仗義任俠的形象，它深入民心，溶入民族血液中，對我學術文化影響深遠。時人吳錫澤甚至讚賞墨家這種偉大的行義精神爲「天地的正氣、民族的寶光。」〔註68〕可說是對墨子施教成果的肯定。

（二）墨門弟子轉型論理名家

春秋戰國時代，百家齊鳴。名家一派最重視思想方法，但又常常流爲詭辯。而墨家自墨子卒後，墨門之發展，《莊子》〈天下篇〉如此記載：

〔註65〕 《定本墨子閒詁》〈墨子後語上〉。同註8，頁22。

〔註66〕 《史記》〈游俠列傳〉云：「今游俠，其行雖不軌於正義，然其言必信，其行必果，已諾必誠，不愛其軀，赴士之砭困，既已存亡死生矣，而不矜其能，羞伐其德，蓋亦有足多者焉。」同註4，頁3181。

〔註67〕 同註56，頁3～4。

〔註68〕 吳錫澤，《中國學術思想論叢》（臺北：臺灣商務印書館，1967），頁168。

相里勤之弟子，五侯之徒，南方之墨者，苦獲、已齒、鄧陵子之屬，俱誦墨經，而倍譎不同，相謂別墨，以堅白同異之辯相訾，以觭偶不仵之辭相應。以巨子為聖人，皆願為之尸，冀得為其後世，至今不決（同絕）。〔註69〕

韓非子則說：

自墨子之死也，有相里氏之墨，有相夫氏之墨，有鄧陵氏之墨。故孔、墨之後，儒分為八，墨離為三，取舍相反、不同，而皆自謂真孔、墨，孔、墨不可復生，將誰使定後世之學乎？〔註70〕

後期的墨家分裂為相里氏、相夫氏、鄧陵氏三派。「堅白」、「同異」、「觭偶」為當時辯論的主題，「墨辯」便是完成於這個時期。他們除了對墨子十論的省思與修正外，更專注於和他人的辯難。而「墨辯」的內容，約有以下數項：

1. 對墨子十論之省思與修正，和對他家的批評。
2. 社會科學，包括人生道德和政治、經濟等。
3. 知識論與辯學。
4. 應用科學，如數學、物理、光學，和製造等。

戰國中葉以後，由於貴族政治崩潰，墨學因應時勢也有某種程度的修正，墨者由義行的實踐，漸漸轉向邏輯科學方面發展。特別在「知識論和辯學」方面，尤其獨步當代。這種發展固然是時代使然，墨子的教育尤其是重要因素。

墨子可說是古代中國邏輯思想的重要開拓者之一，由於他的啟蒙和倡導，墨家形成重邏輯的傳統，並由後期墨家建立了第一個中國古代邏輯學的體系，頗具現代邏輯學的雛型。如前所述，墨子重「辯」。「辯」的必要性、方法、技巧，「墨辯」中有進一步說明。《墨子》〈小取篇〉云：「夫辯者，將以明是非之分，審治亂之紀，明同異之處，察名實之理，處利害，決嫌疑。」透過「辯」的方式，可明察事理得到正確的知識。那麼，該怎麼「辯」呢？〈小取篇〉又說：「焉摹略萬物之然，論求群言之比，以名舉實，以辭抒意，以說出故，以類取，以類予。」「摹略萬物之然」是了解一切事物的真相，「論求群言之比」則是明瞭各種現象之間的關係。「以名舉實」乃運用「演繹法」，「以類取」則是「歸納法」。關於「辯」的技巧，則有七種方法：

或也者不盡也。假者今不然也。效者為之法也，所效者，所以為之

〔註69〕《莊子》〈天下篇〉。同註60，頁467。

〔註70〕《韓非子》〈顯學篇〉。同註1，頁1080。

法也。故中效，則是也；不中效，則非也，此效也。辟也者，舉也
（同他）物而以明之也。侔也者，比辭而俱行也。援也者，曰：子
然，我奚獨不可以然也。推也者，以其所不取之，同於其所取者，
予之也。是猶謂也（同他）者，同也，吾豈謂也（同他）者，異也。
〔註71〕

這七個法則分別是：一或、二假、三效、四辟、五侔、六援、七推。或，即
論理學所謂特稱命題 Particular Proposition。假，即論理學所謂假言命題
Hypothetical Proposition。效，則三段論法之格，Figure 足以當之。辟，論理學
所謂立證，Verification 也。侔，即比較 Comparison 之義。援，則積疊式 Sorites
之三段論法，庶幾近之。推，乃推論 Inference〔註72〕。這些技巧，「辟」同譬
喻，運用淺顯的事例來說明深奧的道理，其功效墨子說：「喻巧而理至」。「侔」
是將同一性質、同一道理的事情列舉在一起進行推論，相當具辯駁的說服力。
「援」即援用例証，以實例證明道理。「推」是用已經認識的事物推論還未認
識的事物，類似今天邏輯學中的「歸納法」和「演繹法」。足見後期墨家的論
證形式，益為豐富。

此外，墨子在知識論的見解上尤其影響深遠，方授楚《墨學源流》評論
曰：

蓋墨子本注重知識，又與其弟子多參加實際生產事業，日積月累，親
身之經歷既多，後學繼此精神，加以組織之，說明之，故成績獨為高
卓也。當時重要學派，如儒家之求知識，多在誦說，道家多重冥想，
名家則頗以文字語言為游戲，因均脫離生產關係也。惟墨家則聞見思
維之外，能動手實驗，乃有真知灼見，與他家迥殊矣。〔註73〕

說明了後期墨家實乃傳承墨子精神並發揚之。知識論的萌發，近人胡適之先生
說：「知識論起於老子、孔子，到『別墨』始有精密的知識論。」〔註74〕胡先生
所謂「別墨」，指的應是「墨辯」。「墨辯」的內容，學者各有所見〔註75〕。依孫

〔註71〕《墨子》〈小取篇〉。同註8，頁251。
〔註72〕梁啟超，《子墨子學說》附、〈墨子之論理學〉（臺北：臺灣中華書局，1971），
頁57～58。
〔註73〕同註38，頁177。
〔註74〕胡適之，《中國古代哲學史》（臺北：遠流出版公司，1986），頁169。
〔註75〕「墨辯」，究竟包括那幾篇？學者各有所見，不一而足。晉人魯勝認為：「墨辯
有上下經，經各有說，凡四篇。」（墨辯注敘）。其後汪中述學，乃謂：「經上

詒讓〈墨學傳授考〉和胡適之《中國古代哲學史》之說，〈經〉上下、〈經說〉上下和〈大取〉、〈小取〉六篇合稱爲「墨辯」。至於「墨辯」的作者，周師富美曾爲文詳加推論，於此獨有洞見：「墨辯六篇，作非一時，寫非一人，而所記亦不全是墨子時代的科學認識。但是古代一般情況，往往門弟子的著錄，都歸之該學派的創始人；而墨家又更因其嚴遵『鉅子』的緣故，皆以墨子之學歸之。」〔註76〕此說符合國情，乃中道之論。這說明了墨子和繼任的鉅子，無論其思想或行爲，對墨門弟子的影響力都是很大的。更何況，天下不可能有無根的學問，自學固然是必要的，師承的影響更是深遠。所以，儘管墨子從未著書，《墨子》書亦非出自墨子之手，但由其中推論墨子原恉，應亦可信。

墨子教育學生，注重求知的方法。求知的方法，也就是知識的來源，〈經上篇〉說有三種：

> 知：聞、說、親。〔註77〕

〈經說上篇〉釋此條曰：

> 知：傳受之，聞也；方不障，說也；身觀焉，親也。〔註78〕

這三法分別是「聞知」、「說知」、「親知」。〈經上篇〉云：「聞：傳、親。」、〈經說上篇〉釋云：「聞：或告之，傳也。身觀焉，親也。」聞知從傳授而來，一種是傳聞，間接的聞；一種是親聞，直接的聞。至於說知，荀子謂：「凡同類同情者，其天官之意物也同。故比方之疑似而通，是所以共其約名以相期也。」〔註79〕荀子所謂「比方之疑似而通」和「方不障」意近，大抵從推論而來。

至小取六篇，當時謂之墨經。」近人胡適之在《中國古代哲學史》稱：「可見今本《墨子》裏的『經·上、下』『經說·上、下』『大取』『小取』六篇是這些『別墨』作的。」（前揭書，頁164。）時人勞思光先生認爲胡適之先生遙承魯勝之說，近取汪中之言。並認爲墨辯乃指墨子書經上，經下，經說上，經說下而言。（見氏著，《新編中國哲學史（一）》（臺北：三民書局，1984），頁306。）周師富美在〈墨辯與墨學〉一文，指稱今人多從清·孫詒讓〈墨學傳授考〉和胡適之先生之說。並具引梁任公之見，推論「墨家的論理學，應包括『界說』和『定理』的經上、經下，與解釋這種『界說』『定理』的經說上、經說下，以及『講論理學的應用』的大取和小取。」（詳見《臺大中文學報》第1期（1985.11），頁189～190。）支持孫、胡二氏之說，極具參考價值。

〔註76〕 周師富美，〈墨辯與墨學〉，頁207。
〔註77〕 《墨子》〈經上篇〉。同註8，頁193。
〔註78〕 《墨子》〈經說上篇〉。同註8，頁211。
〔註79〕 《荀子》〈正名篇〉。見唐·楊倞注，清·王先謙集解，《荀子集解》（臺北：世界書局，1981），頁276。

親知即爲親身經歷，從經驗而來。這三種知識的來源，陳維德教授將之名爲「傳授法」、「推論法」、「求證法」〔註80〕，義頗相近。此三法，梁任公認爲：「秦漢以後儒者所學，大率偏於聞知說知兩方面，偏於聞知，不免盲從古人，摧殘創造力，偏於說知，易陷於『思而不學則殆』之弊，成爲無價值之空想，中國思想界之受病確在此，墨經三者並用，便調和無弊了。」〔註81〕的確，若是只偏於一隅，其結果不免盲從古人，或是流於冥想。而三者並用，就可避免以上所說的弊病。

至於知識的對象，〈經上篇〉云：

知：聞、說、親、名、實、合、爲。〔註82〕

〈經說上篇〉釋此條云：

所以謂，名也；所謂，實也；名實耦，合也；志行，爲也。〔註83〕

「名、實、合、爲」是知識的對象，也可說是對「聞說親」進一步的說明。「名」：〈經說上篇〉云：「所以謂，名也。」，即稱呼、稱謂。〈經上篇〉云：「名：達、類、私。」〈經說上篇〉釋曰：「名，物，達也。有實必待文多也。命之馬，類也。若實也者，必以是名也。命之臧，私也。是名也，止於是實也。聲出口俱有名，若姓字。」名分三種：分別是達名、類名、私名。萬物的通稱爲達名、同類事物的共稱爲類名、某一類的專稱叫私名。至於「實」：〈經說上篇〉云：「所謂，實也。」〈經上篇〉另有：「舉，擬實也。」之說。〈經說上篇〉釋曰：「舉，告以文名，舉彼實也。」這是說名實要相符。而「合」：〈經說上篇〉云：「名實耦，合也。」其意亦爲名實相符。「爲」者：〈經說上篇〉曰：「志行，爲也。」〈經上篇〉以「聞、說、親、名、實、合、爲」解釋「知」，蔡仁厚先生認爲：「在『聞說親』之後，繼之以『名實合爲』，實指述一『知識與行爲合一』之義。」〔註84〕的確，如若知識與行爲不能合一，名實不能相符，那不能算是眞知。墨子注重知行合一，墨家尤其著重實踐力行，因此特別重視「爲」。顯見墨子認爲知識應當應用於行爲，也就是能知更要能行。

〔註80〕陳維德云：「所謂『聞』，乃經傳授而知者，余名之曰『傳授法』；所謂『說』，乃經推論而知者，余名之曰『推論法』；所謂『親』，乃由經驗而知者，余名之曰『求証法』。」見氏著，《墨子教育思想研究》（臺北：文史哲出版社，1981），頁70。

〔註81〕同註56，頁39。

〔註82〕《墨子》〈經上篇〉。同註8，頁193。

〔註83〕《墨子》〈經說上篇〉。同註8，頁211。

〔註84〕蔡仁厚，《墨家哲學》（臺北：東大圖書公司，1983），頁161。

　　由於墨子的教育影響，墨門弟子看重實驗與應用。〈經下篇〉云：「知其所以不知，說在以名取。」〈經說下篇〉釋曰：「雜所智（與知通）與所不智，而問之，則必曰：『是所知也，是所不知也。』取去俱能之，是兩智之也。」其義和前引「聾者論黑白」〔註85〕意義相同，意謂光知「名」而不能「取」是不夠的，能實驗與應用，知「所知」也知「所不知」才是眞知。這種認知，和「只能意會，不可言傳」之說，大異其趣，這是墨家重科學、講方法的一貫精神的延伸。

　　至於墨家名學的價值，胡適之先生認爲墨家的名學在世界的名學史上，應該佔有一個重要位置。理由有二：

> 墨家的名學雖然不重法式，卻能把推論的一切根本觀念，如「故」的觀念，「法」的觀念，「類」的觀念，「辯」的方法，都說得很明白透切。有學理的基本，卻沒有法式的累贅。這是第一長處。
>
> 印度、希臘的名學多偏重演繹，墨家的名學卻能把演繹、歸納一樣看重。「小取篇」說「推」一段，及論歸納法的四種謬誤一段，近世名學書也不過如此說法。墨家因深知歸納法的用處，故有「同異之辯」，故能成一科學的學派。這是第二長處。〔註86〕

胡先生猶且認爲墨家在儒家的正名論，和老子、楊朱的無名論中，別尋出一種執中的名學。墨家又設爲效、辟、侔、援、推等方法，不僅可爲論辯之用，更富有科學的精神。墨家論知識，注重經驗，注重推論，墨辯中論光學、力學諸條，可爲試驗是眞正科學精神。尤其名學中論「法」的觀念，下開法家「法」的觀念，貢獻不可謂小。墨子的實用主義與三表法，後期墨家論「辯」的方法更爲精進，無論荀子、莊子、乃至孟子都受其影響，至於惠施、公孫龍，更不用說了〔註87〕。由此來看，墨門弟子體現了墨子「愛、智」兼修的精神〔註88〕，墨子的施教確實影響深遠。誠如梅貽寶先生所說：「墨子對於方法的講求，在古代哲學中，可稱獨樹一幟，是一椿可珍貴的貢獻。後期墨者對名學辯學有若干

〔註85〕《墨子》〈貴義篇〉。同註47。

〔註86〕同註74，頁199。

〔註87〕同前註，頁199～200。

〔註88〕梁任公謂：「墨學之全體大用，可以兩字包括之，曰愛、曰智，尚同兼愛等十篇，都是教『愛』之書，是要發揮人類的情感。經上下經說上下大取小取六篇，都是教『智』之書，是要發揮人類的理性，合起兩方面，纔見得一個完全的墨子。」同註56，頁37。

發明，顯然是墨子治學方法的一種引伸。」〔註89〕的是精論。

四、結　論

　　春秋戰國時代，儒家和墨家是兩個重要的學術派別；孔子和墨子俱爲「傳道、授業、解惑」化育無數英才的教育家。墨子能和孔子分庭抗禮，其原因和墨門弟子眾多，能夠宏揚師說有關。

　　墨子施教，始終是抱著「扣亦鳴，不扣亦鳴」〔註90〕的積極態度。之所以如此，乃因墨子體認到爲義的急迫性。因此，他根據受教者的特質，分設「談辯」、「說書」、「從事」三科施教。雖然，墨子「將德行、言談、道術並重，這與孔門立德行、言語、政事、文學四科的教育精神是相符的。」〔註91〕然而墨門的這種分類，卻有別於傳統貴族教育以六藝施教，可謂開教育平民化之先河，乃劃時代之創舉〔註92〕。墨子的教育，以培養學生改善社會爲目標，他教導學生「擇務而從事」，有效的運用所學去改革社會沉痾，目的在「興利除弊」，營造「是以老而無妻子者，有所侍養，以終其壽；幼弱孤童之無父母者，有所放依，以長其身。」（〈兼愛下篇〉）的理想世界。《墨子》〈修身篇〉云：「君子戰雖有陣，而勇爲本焉；喪雖有禮，而哀爲本焉；士雖有學，而行爲本焉。」其中「士雖有學，而行爲本焉。」的命題，明確肯定了學問之事乃以實踐爲根本的意義。因此，墨子施教特別講求科學的論證，注重篤學思辨與實踐，重視溝通和表達，鼓勵創新和發明。墨子尤其強調教育的效果，

〔註89〕同註29，頁4。

〔註90〕《墨子》〈公孟篇〉裡儒者公孟子對墨子說：「君子共己以待，問焉則言，不問焉則止。譬若鍾然，扣則鳴，不扣則不鳴。」墨子不以爲然，他說：「若大人爲政，將因於國家之難，譬若機之將發也然，君子之必以諫。然而大人之利，若此者，雖不扣，必鳴者也。若大人舉不義之異行，雖得大巧之經，可行於軍旅之事，欲攻伐無罪之國。有知也，君得之，則必用之矣。以廣辟土地，著稅偽材；出必見辱，所攻者不利，而攻者亦不利，是兩不利也。若此者，雖不扣必鳴者也。」顯見墨子的態度是「扣亦鳴，不扣亦鳴」，只要合乎義，他必勇於發言或實踐。同註8，頁271～272。

〔註91〕參見周師富美，〈論墨子的教育〉，收於《臺靜農先生八十壽慶論文集》（臺北：聯經出版事業公司，1981），頁981。

〔註92〕施炎平云：「這是墨子對殷周以來貴族教育傳統的一種革新。貴族教育以『六藝』教人，內容集中於『六經』，充滿了官學味道。墨子則有所突破，把辯說能力、人格素質、實用機巧的培養引爲教育之內容，開教育平民化之先河。」見氏著，《墨子的智慧（上）》（臺北：智慧大學出版公司，2003），頁297。

應該體現於學生行為的實踐。「內在的學習」和「外在的行動」當是並行不悖，而且可互為驗證。墨子不僅在知識上啟迪學生，根據學生的反應適時輔導，扮演「經師」的角色；猶且透過行動的實踐，以「言行合一」的身教，帶領學生投身社會的改良，這不啻達到「人師」的境界。

墨子的施教，從正面的意義上看，確是成功的，足以為後世法式典範；但從負面看，墨家在秦漢之後，衰微那麼迅速，亦必有值得檢討的地方。比如：墨家是有組織、有紀律的軍事團體，自己有一套「墨者之法」，有最高領袖「鉅子」，墨家之徒向心力強，絕對服從「鉅子」的領導。還有「尚同」，墨子強調「尚同而不下比」，所以被批評為有「權威主義」的傾向。愈是團結的團體，一旦組織瓦解，這個團體便潰散的更快。其次，墨子生在春秋末戰國初之亂世，為拯世濟民，倡「十論」，登高一呼，以他人格的感召，很快的成為大學派。墨子以「興天下之利，除天下之害」為宗旨，著眼於天下的公利，卻除一己之私利，節用、節葬、非樂等均以實利去衡量事物的價值，因而被批評為「功利主義」而流於淺薄。再者，墨子尚樸質，勤儉力行，犧牲奉獻，卻被莊子批評為「自苦為極」。墨子修己嚴格，督促弟子亦嚴厲，要弟子們「必去六辟」，去除情感與享受，《莊子》〈天下篇〉卻批評：「以此教人，恐不愛人；以此自行，故不愛己。……歌而非歌，哭而非哭，樂而非樂，是果類乎？……反天下之心，天下不堪。墨子雖獨能任，奈天下何。離於天下，其去王也遠矣。」墨家的衰微，與此有絕大的關係。其實，這不是墨子的失敗，關鍵在人性和環境的改變。一般人往往好逸惡勞，吃苦的耐力有限。墨家因有拯世救民，為天下奉獻的堅強意志，所以能忍受艱苦。要一般人長期刻苦耐勞，過著自苦枯燥無趣的生活是很難的。所以，墨家從「從事」轉向「談辯」，這與人性有關。而外在環境的改變，使後期墨家失去了前期墨家之願景，冷卻了救世濟民的熱忱。由於支持墨家改革濟世的崇高理想已不再，追求和平的外在環境已改變，所以墨離為三，任俠流為個人行為，已不再是墨家團體的精神標誌，倒是談辯一枝獨秀。

儘管如此，由於墨子的教育，墨門弟子以行義為其團體之目標，以犧牲奉獻為其人生之意義，積極投入社會公益，確實消弭了不少兵禍。另一方面，部分弟子傳承墨子講方法、重邏輯的觀念，將之引申成為論理的名學家，發展出墨學的宇宙論和科學思想，對中國邏輯學的發展有不可抹滅的貢獻。墨子，可說是先秦時代偉大且成功的教育家。墨子教育的方法，或可為今日教育之參考；墨子施教的精神與影響，亦可為後世之典範。

附錄四：墨、韓二子思想關係研究

摘　要

　　韓非子是戰國時期最爲晚出的思想家，韓非師事儒家荀子，復綜合前期法家法術勢並重的思想，又參酌儒、道、墨、名各家合於法治的理論，而成其一家之言。韓非子的思想，使中國由封建政治進入君主政治的理論得以確立不疑；而秦國更依其理論以結束戰國完成統一。考察韓非子的思想，於各家學派多所擷取。其中墨家墨子立法儀爲標準，對韓非以法爲客觀標準不無關係；墨子尚同思想，更爲韓非運用到絕對君權上；墨子尚功利注重實用的觀念，則被韓非引用爲循名責實之術，凡此均可見墨家墨子和法家韓非子思想的淵源關係。然而韓非並非全盤接受墨子思想，或有轉化，或有歧異，二子思想糾結頗多，梳理二子思想同異處，是爲本文討論的重點。

　　關鍵詞：墨子、韓非子、法治、功利、尚同

一、前 言

　　韓非子是先秦最爲晚出的一位思想家，也是融合各家思想而集其大成的一位法家人物。韓非的身世，司馬遷《史記》本傳謂其爲戰國亂世韓之諸公子。〔註1〕當時韓國的處境，西有秦，南有楚，東有齊，北有趙、魏。七雄之中，韓最爲弱小，又與強秦逼處。由《韓非子・存韓篇》可知，秦欲東進中原，韓先受其害；六國合縱抗秦，韓又必須成爲先驅，處境至爲艱難。

　　至於韓國國內政情，韓昭侯時，申不害相韓，政績可稱卓著。《史記・老子韓非列傳》載：「申不害者，……學術以干韓昭侯，昭侯用爲相，內修政教，外應諸侯，十五年，終申子之身，國治兵強，無侵韓者。」然而韓非於其〈定法篇〉，卻慨歎申子之失：「申不害不擅其法，不一其憲令，則姦多。……則申不害雖十使昭侯用術，而姦臣猶有所譎其辭矣。」其後歷經數世，不見任何作爲，政治爲貴族所把持，每況愈下。《韓非子・孤憤篇》云：

> 當塗之人擅事要，則外內爲之用矣。是以諸侯不因則事不應，故敵國爲之訟。百官不因則業不進，故群臣爲之用。郎中不因則不得近主，故左右爲之匿。學士不因則養祿薄禮卑，故學士爲之談也。此四助者，邪臣之所以自飾也，重人不能忠主而進其仇，人主不能越四助而燭察其臣，故人主愈弊，而大臣愈重。〔註2〕

上則重臣當道，壅斷內外，危害人主；下則五蠹之民，禍國殃民。當時韓非看到韓國削弱，曾經數度書諫韓王，可惜韓王不能用。韓非之時韓國的情況，依照《史記》所載：

> 於是韓非疾治國不務修明其法制，執勢以御其臣下，富國彊兵而以求人任賢，反舉浮淫之蠹而加之於功實之上。……寬則寵名譽之人，急則用介胄之士。今者所養非所用，所用非所養。〔註3〕

他痛恨治國者不能明法執勢以御下，使國富兵強；又悲憤姦邪諂諛之臣不容廉直之士。於是觀察古往今來政治興衰、演變得失，發憤著書十餘萬言。

〔註1〕《史記》卷六十三〈老子韓非列傳〉：「韓非者，韓之諸公子也。喜刑名法術之學，而其歸本於黃老。」漢・司馬遷撰，南朝宋・裴駰集解，唐・司馬貞索隱，唐・張守節正義：《新校本史記三家注》（臺北：鼎文書局，1981 年 8月），頁 2146。
〔註2〕見陳奇猷撰：《韓非子集釋》（臺北：世界書局，1981 年 3 月），頁 206～207。
〔註3〕同註1，頁 2147。

　　韓非師事儒家荀子，荀子特重禮教，強調師法改造作用；又以爲人性惡，並且價值觀以權威主義爲依歸，實開啓儒、法交通的大門。荀子以刑補禮的不足，韓非急於救國，遂將儒家禮法轉化爲嚴刑峻法，由是脫離儒家，轉而爲法家。韓非的時代，正值封建政治蛻變而爲君主政治，戰國七雄兼併擾攘，即將歸於一統，成爲帝國的時代。韓非認爲儒教寬緩，不切世用，反觀法家前輩思想家管仲、子產、李悝、吳起、商鞅、申不害、慎到等，或有法治理論，或有法治事功，於是潛心研究形名法術之學，他將儒、法思想融合加以轉化，並參酌儒、道、墨、名各家合於法治的理論，加以汲取，簸揚揀擇，補苴修正，融會貫通，而建立他的學說。

　　總括而言，法家思想較爲晚出，就韓非思想的遠流來說，是以道家和儒家爲本，而在行程推進上則參加有墨、法二家。蔡元培於《中國倫理學史》一書稱：

　　　　韓非子襲商君之主義，而益詳明其條理。其於儒家道家之思想，雖
　　　　稍稍有所採擷，然皆得其粗而遺其精，故韓非子者，雖有總攬三大
　　　　思潮之觀，而實商君之嫡系也。〔註4〕

韓非和墨家思想的關係也是如此。梁任公曾說：「法家者，儒道墨三家之末流嬗變匯合而成者。」〔註5〕所謂「末流嬗變」，講的正是墨家和韓非思想的淵源關係，也是本文所要探討之處。

　　韓非身處在諸家學說交光互影的時代，前輩思想家勢必對其有所影響，不可輕忽。然而由於韓非身處價值轉變的分水嶺時代，〈五蠹篇〉云：「上古競於道德，中世逐於智謀，當今爭於氣力。」彼時正是由道德文化轉而以政治法律爲重心，以禮爲規範轉而爲以法爲標準的尙「力」時期，時勢所趨再加上潮流所至，還有韓非個人獨特的身世背景、天賦異稟，因此，當他接受他家思想時，往往有所轉化，或者貌似實則大異其趣，學者若是不辨所以，往往容易有所誤解。因此，乃有撰述本文之想。

　　本篇論文僅研討韓非與墨家的思想關係，擬從法治觀念、政治制度、功利思想等三個角度切入，來了解墨、韓二子思想的淵源和影響。另一方面，擬就其他微而不顯的主張，來了解墨、韓二子思想上的歧異或轉化。藉此探討，相信可還原墨家思想的眞正面貌，並了解韓非思想的建立或轉化；也有

〔註4〕蔡元培：《中國倫理學史》（臺北：臺灣商務印書館，1991年3月），頁64。
〔註5〕梁啓超：《先秦政治思想史》（臺北：臺灣中華書局，1984年4月），頁134。

助於今人了解墨、韓二子，他們的主張之間的相同性和差異性。

二、法治觀念

（一）墨子訂定法儀為行事的標準

墨子認為天下所有人，都要有一個法儀，作為行事的標準。《墨子·法儀篇》云：

> 天下從事者，不可以無法儀。……百工為方以矩，為圓以規，直以繩，正以縣，無巧工不巧工，皆以此五者為法。巧者能中之，不巧者雖不能中，放依以從事，猶逾己。故百工從事，皆有法度。〔註6〕

天下從事者，不可以沒有法儀；沒有法儀，就不能成其事。無論士人將相，都有一定的法則。百工不分巧拙，為方以矩，為圓以規，直以繩，正以縣，百工用以度量的矩、規、繩、懸等工具，均為客觀的標準。因此墨子所謂「皆以此五者為法」，這個「法」，有「標準」的意思。而治理天下國家者也是如此，更需要一個法儀。〈法儀篇〉接著說：「今大者治天下，其次治大國，而無法度，此不若百工辯也。」士至將相，大者治天下，其次治大國，若是無「法」以為標準，那反倒不如工匠聰明了。因此無論治國或是百工行事，沒有「法儀」要想能夠成事，那是不可能有的事。

墨子又以為「天」是「至高」、「至貴」、「至智」（〈天志上〉），所以要人以「天」為「法儀」。《墨子·天志上篇》云：

> 我有天志，譬若輪人之有規，匠人之有矩，輪匠執其規矩，以度天下之方員，曰中者是也，不中者非也。今天下之士君子之書，不可勝載，言語不可盡計，上說諸侯，下說列士，其於仁義，則大相遠也。何以知之？曰：我得天下之明法以度之。〔註7〕

以「天志」為法儀，可以辨仁義，明善惡，且可為治道言行的法則，「天志」便是「天下之明法」，墨子要天下之人都「上同於天」。〔註8〕

墨子的時代，思想蓬勃發展，各家學派多半都是帶著論辯的形式來推介自己的學說，墨子亦然。但墨子重實際，他說：「非人者必有以易之，若非人

〔註6〕見清·孫詒讓撰：《定本墨子閒詁》（臺北：世界書局，1986年10月），頁11。
〔註7〕同前註，頁122。
〔註8〕見《墨子》〈尚同〉上、中、下篇，如〈尚同下篇〉：「天下既已治，天子又總天下之義，以尚同於天。」同註6，頁59。

而無以易之，譬之猶以水救火也〔俞樾墨子平議校改爲『以水救水，以火救火也。』〕，其說將必無可焉。」（〈兼愛下〉）爲了使言談或者爲文立論有一個標準，因此他提出「三法」。《墨子·非命中篇》云：

> 凡出言談由文學之爲道也，則不可而不先立義法。若言而無義，譬猶立朝夕于員鈞之上也。則雖有巧工，必不能得正焉。然今天下之情僞，未可得而識也，故使言有三法。三法者何也？有本之者、有原之者、有用之者。於其本之也，考之天鬼之志、聖王之事。於其原之也，徵以先王之書。用之奈何？發而爲刑，此言之三法也。〔註9〕

墨子以爲，若是言談沒有法儀，那就如同在運轉的圓鈞上，置設測影器量測時間一樣，是不可能的。「三法」又稱「三表」或稱「三表法」。「三表法」究竟指甚麼？〈非命上篇〉云：

> 故言必有三表。何謂三表？子墨子言曰：有本之者，有原之者，有用之者。於何本之？上本之於古者聖王之事。於何原之？下原察百姓耳目之實。於何用之？廢（讀爲發）以爲刑政，觀其中國家百姓人民之利，此所謂言有三表也。〔註10〕

「三表法」分別是「本之者」、「原之者」、「用之者」。綜合〈非命〉上、中二篇，「本之者」指的是：「考之天鬼之志、聖王之事。」；「原之者」的依據是「徵以先王之書」、「百姓耳目之實」；「用之者」是「廢（讀爲發）以爲刑政，觀其中國家百姓之利」。這三表法，業師周富美教授依其性質將之分別稱爲「歷史法」、「觀察法」、「實效法」。〔註11〕「三表法」表面上是三條證明的程序或方法，但其內裡是人在行義爲政或立論時，所依循的三條原理、原則，透過這三表法，也就可以知道人們的行事措施是否適當？「三表法」是爲客觀判斷是非利害的標準，墨子的十論——「兼愛、非攻、尚賢、尚同、節用、節葬、非樂、天志、明鬼、非命」等各項主張，都是依循此三表法而成立的。

（二）法的義涵與演變

墨子強調「法儀」，又以「三表法」爲其立論的標準。考察「法」字的義涵，東漢許慎《說文解字》釋曰：

〔註 9〕 同註6，頁 169。

〔註10〕 同註6，頁 164。

〔註11〕 參見周師富美：〈墨子的實學〉，《國立臺灣大學文史哲學報》第 22 期（1963 年 6 月），頁 92～94。

　　灋，刑也。平之如水，从水；廌，所以觸不直者去之，从廌〔註12〕

　　去。法，今文省。佱，古文。〔註13〕

依《說文》所釋，「法」的本字「灋」是刑罰的意思。「灋」具有如水平面般的公平性，傳說古人斷獄以廌獸觸不直者，所以「灋」字从水，从廌去，「法」是省文。古代封建社會，因爲「禮不下庶人，刑不上大夫。」所以刑乃是貴族統治平民的工具，刑含有秘密性、階級性，它沒有一定的標準，完全取決於施刑者自由心證。這個刑罰的「法」的義涵，到戰國中葉以後有很大的轉變。對於「法」的義涵與演變，近人胡適之解釋甚詳：

　　據我個人的意見看來，大概古時有兩個法字，一個作「佱」，从厶从正，是模範之法。一個作「灋」，《說文》云：「平之如水，从水；廌，所以觸不直者去之，从廌去」，是刑罰之法。這兩個意義都很古。比較看來，似乎模範的「佱」更古。……大概古人用法字，起初多含模範之義。《易》「蒙·初六」云：「發蒙利用刑人，用說。桎梏以往，吝。」「象」曰：「利用刑人，以正法也。」此明說「用刑人」即是「用正法」。「刑」是「刑範」，「法」是模範，「以」即是用。……又「繫辭傳」：「見乃謂之象，形乃謂之器，制而用之謂之法。」法字正作模範解（孔穎達《正義》，「垂爲模範，故云謂之法。」）又如《墨子》「法儀篇」云：天下從事者，不可以無法儀。……雖至百工從事者亦皆有法。百工爲方以矩，爲圓以規，直以繩，正以縣。無巧工不巧工，皆以此四者爲法。」這是標準模範的「法」（參看「天志·上、中、下」，及《管子》「七法篇」）。到了墨家的後輩，「法」字的意義講的更明白了。《墨辯》「經·上」說：「法，所若而然也。佴，所然也。」「經說曰」：「佴所然也者，民若法也。」……上文所引《墨辯》論「法」字，已把「法」的意義推廣，把灋佱兩個字合成一個字。《易經》：「噬嗑卦象傳」說：「先王以明罰飭法。」法與刑罰還是兩事。大概到了「別墨」時代（四世紀中葉以後），法字方才包括模範標準的意義和刑律的意義。〔註14〕

〔註12〕《說文解字》釋「廌」：「解廌獸也，似牛一角。古者決訟，令觸不直者。象形。从豸省，凡廌之屬皆从廌。」見段玉裁注：《說文解字注》（臺北：藝文印書館，1979年6月），頁474。

〔註13〕同前註。

〔註14〕胡適之：《中國古代哲學史》（臺北：遠流出版公司，1986年5月），頁321～

依胡先生之說，古時有兩個法字，一個作「佱」，一個作「灋」，古文「佱」字，是「模範」之義。墨子所講的法，是一種客觀判斷的標準，也就是法儀，是標準模範的法。但到了後期墨家，則將「法」的意義推廣，「灋」與「佱」混合，兼有刑罰和模範的意思。而這包括模範和刑律的標準，就是韓非「法」字的意思。〈經上〉說：「法，所若而然也。」〈經說上〉釋云：「法，意、規、員三也，俱可以為法。」謂意（觀念）、規（儀器）、員（圓形）三者合則可依法成形，這是「所若而然」的具體條件。這「所若而然」──「順著如此做便對」，正是法家立法的原則〔註15〕。〈小取篇〉又說：「效者，為之法也。所效者，所以為之法也。故中效，則是也；不中效，則非也。」更闡明經義。「法」是規範一切事務的標準，人們要順著規範行事，合乎規範的則是，不合乎規範的為非。「中效」比「三表法」中第一表的「考之天鬼之志、聖王之事。」的範疇更廣大、應度更客觀。

（三）韓非的法治思想

梁任公謂：「法家成為一有系統之學派，為時甚晚，蓋自慎到尹文韓非以後。然法治主義則起原甚早，管仲子產時確已萌芽，其學理上之根據，則儒道墨三家皆各有一部份為之先導。」〔註16〕法家成為一有系統的學派，是晚在戰國以後，春秋時代管仲、子產時法治思想雖已萌芽，但仍以儒、道思想為先導。戰國以降，經李悝、商鞅、申不害、慎到等人的努力，法治思想漸趨成熟。他們不但在實行上建構裴然的政績（慎到除外），在理論上樹立法學理論。韓非生於戰國末年，他集諸子政治學說之大成，整合前輩法家學說，將法、術、勢之論兼容並蓄，融會貫通，而成一有系統之法學理論。

韓非的法治思想，特別強調法的客觀性和重要性。〈用人篇〉云：

> 釋法術而心治，堯不能正一國，去規矩而妄意度，奚仲不能成一輪。
>
> 廢尺寸而差短長，王爾不能半中。〔註17〕

韓非也和墨子一樣，以客觀的規矩、尺寸等工具為標準。只不過更進一步以「正明法，陳嚴刑」（〈姦劫弒臣篇〉）的法術為治國的工具。韓非認為法的運

322。

〔註15〕參見周師富美：〈墨辯與墨學〉，《臺大中文學報》第1期（1985年11月），頁213。

〔註16〕同註5，頁132～133。

〔註17〕同註2，頁498。

用，關係一國的興衰治亂、絕續存亡，因此他說：「明法者強，慢法者弱。」（〈飾邪篇〉）。考察韓非對「法」的定義：

> 聖人之治也，審於法禁，法禁明著則官法；必於賞罰，賞罰不阿則民用。（〈六反篇〉）
>
> 明主之所導制其臣者，二柄而已矣。二柄者，刑、德也。何謂刑德？曰：殺戮之謂刑，慶賞之謂德。（〈二柄篇〉）〔註18〕

韓非所謂治國的工具的「法」，具有「賞」和「罰」的功用，國君運用此工具以「平不夷，矯不直」。法的性質，韓非習用工匠運用的工具如規矩、繩墨、權衡、斗石等來譬喻：

> 無規矩之法，繩墨之端，雖王爾不能以成方圓。（〈姦劫弒臣篇〉）
>
> 巧匠目意中繩，然必先以規矩為度；上智捷舉中事，必以先王之法為比。故繩直而枉木斲，準夷而高科削，權衡縣而重益輕，斗石設而多益少。故以法治國，舉措而已矣。（〈有度篇〉）
>
> 夫懸衡而知平，設規而知圓，萬全之道也。（〈飾邪篇〉）〔註19〕

可見，在韓非的認知裡，法就如同「繩直」、「衡懸」一般，是一種客觀性的工具。它可讓「智者弗能辭」、「勇者弗敢爭」，國君在統治時，保持客觀性、公平性。所以，法是可使「治亂決繆，絀羨齊非」，齊一百姓的唯一途徑。此外，韓非又說：

> 法者，憲令著於官府，刑罰必於民心；賞存乎慎法，而罰加乎姦令者也。（〈定法篇〉）
>
> 法者，編著之圖籍，設之於官府，而布之於百姓者也。……故法莫如顯。（〈難三篇〉）
>
> 明主之國，令者、言最貴者也；法者、事最適者也。言無二貴，法不兩適，故言行而不軌於法令者，必禁。（〈問辯篇〉）〔註20〕

綜合以上數則記載，可知韓非所講的法有幾點特性：

（1）是官府以明白曉暢的文字寫成的成文法典。

（2）官府明白公告，使民知所適從。

（3）符合人民賞善罰惡的期待，不論貴賤一體適用。

〔註18〕同註2，分見頁949、頁111。

〔註19〕同註2，分見頁250、頁88、頁310。

〔註20〕同註2，分見頁906、頁868、頁898。

成文法代表確立標準；明白公告，則代表法由含有階級性和秘密性的刑法，成爲依立法程序制定公佈的法律。除此之外，韓非又說：

> 法莫如一而固，使民知之。(〈五蠹篇〉)
>
> 法與時轉則治，治與世宜則有功。……故聖人之治民也，法與時移而禁與能變。(〈心度篇〉)
>
> 明主立可爲之賞，設可避之罰。……明主之表易見，故約立；其教易知，故言用；其法易爲，故令行。(〈用人篇〉) 〔註21〕

可見，韓非所講的法，還有「一而固」的特質，因爲若朝令夕改，必無以爲治。當然法必須適合時代需要，時代變更，法也必須隨時俱進，注重時效。法的設立，要簡易可行，適合大眾需求，避免瑣碎煩苛，使民易知易行。凡此，均爲韓非所論「法」的特色。要言之，它是「公佈的、權威的、絕對的、一致的成文法，是施之於全國上下的一律標準。」〔註22〕

胡適之對中國法理學曾有所研究與闡發，他說：

> 第一、千萬不可把「刑罰」和「法」混作一件事。刑罰是從古以來就有了的，「法」的觀念是戰國末年方纔發生的。……第二，須知中國古代的成文的公布的法令，是經過了許多反對，方纔漸漸發生的。春秋時的人不明「成文公布法」的功用，以爲刑律是愈秘密愈妙，不該把來宣告國人。……第三，須知道古代雖然有了刑律，並且有了公佈的刑書，但是古代的哲學家對於用刑罰治國大都有懷疑的心，並且有極力反對的。……法家所主張的，不是用刑罰治國。他們所說的「法」，乃是一種客觀的標準法，要「憲令著於官府，刑罰必於民心」，百姓依這種標準行動，君主官吏依這種標準賞罰。刑罰不過是執行這種標準法的一種器具。刑罰成了「法」的一部分，便是「法」的刑罰，便是有了限制，不是從前「誅賞予奪從心出」的刑罰了。〔註23〕

胡先生將「刑」與「法」的分野敘說得極清晰；並且將韓非的法具客觀性和標準性的特質，講得很清楚。的確，韓非一再強調法不是爲刑罰而設，它是

〔註21〕同註2，分見頁1052、頁1135、頁498～499。

〔註22〕參見周師富美：〈論《韓非子》「以刑去刑」說〉，《王叔岷先生八十壽慶論文集》(臺北：大安出版社，1993年6月)，頁6。

〔註23〕同註14，頁324～326。

一個準則。〈六反篇〉云：

> 明主之法，揆也。治賊，非治所揆也；治所揆也者，是治死人也。
> 刑盜，非治所刑也；治所刑也者，是治胥靡也。故曰：重一姦之罪
> 而止境內之邪，此所以為治也。重罰者，盜賊也；而悼懼者，良民
> 也。〔註24〕

法是「揆度」，它是百姓行事的標準，賞罰是法的一部分，有功的獎賞，有罪
的懲罰。賞罰的意義，不只是個人行為的鼓勵或懲治，若只懲治個人，那是
治死人，它更有著使人心生畏懼，引之為戒的作用。

　　總言之，法具客觀性、標準性的觀念，肇始於墨子、墨經、墨辯。韓非
對法的認知，即如蔡英文所說：「這種尋求可覺察的，不受任何主觀因素之干
擾的確定性的，客觀性的政治治理的憑藉，也正是貫穿韓非之思想理論的一
個主要的論旨。」〔註25〕可見墨、韓二子追求客觀標準以為法的思想是相同
的。再就韓非的「法」的義涵而言，和《墨子‧經上》所言：「法，所若而然
也。……佴，所然也。」及〈小取篇〉所說：「效者，為之法也；所效者，所
以為之法也。故中效，則是也；不中效，則非也。」意思是相同的。梁任公
謂：「所若而然，以俗語釋之，則『順著如此做便對』也。……法家所謂法，
當然以此為根本觀念。」〔註26〕，時人張素貞亦曰：「墨家論法之概念，頗為
法家所師襲。……韓非強調『治眾之法』（尹文子語）。以為法須成文公布，
雖意較狹隘，實由墨家之法推衍而出。」〔註27〕，誠為的論。

　　墨、韓二子雖然年代懸隔，然而以當時蔚為「顯學」〔註28〕的墨家而言，
其對「法」的觀念，定當有影響韓非之處。唐君毅在《中國哲學原論》中提
到：「韓非嘗言商鞅用法，則其言法之論，近宗在商鞅。然若更溯其原于先秦
他家之思想，則先秦思想中，首重法者為墨家。……法要在有客觀性普遍性，
與禮要在有種種主觀性特殊性者不同。故重客觀普遍之義或法，即正為墨家
之精神。」〔註29〕「法」的觀念至戰國中葉漸趨成熟，韓非的「法」的觀念

〔註24〕同註2，頁 951。
〔註25〕蔡英文：〈刑的傳統與韓非的法〉，《東海學報》第 26 期（1985 年 6 月），頁
　　　　65。
〔註26〕同註5，頁 133。
〔註27〕張素貞：《韓非子思想體系》（臺北：黎明文化事業公司，1993 年 8 月），頁 46。
〔註28〕見《韓非子‧顯學篇》：「世之顯學，儒、墨也。儒之所至，孔丘也。墨之所
　　　　至，墨翟也。」同註2，頁 1080。
〔註29〕唐君毅：《中國哲學原論》原道篇（臺灣：學生書局，1986 年 10 月），頁 518。

和墨經中所言「法」的性質相同，是時代思潮使然，也可能是受到墨家的影響。由韓非言法的性質，比對墨子對法的概念，二子思想之影響與淵源，似已不言而喻了。

三、政治制度

（一）墨子主張「尚同」與「尚賢」

1. 以「尚同」齊一天下之義

先秦之世，天下紛亂擾攘，彼時之政治情況，梁任公以為：「封建制度在前半期已屆末運，並霸政亦衰熄，兼併盛行，存者殆不及二十國，至後半期遂僅七國並立，最後以致混一。……各國境宇日恢，民眾日雜，前此之禮文習慣，不足以維繫，故競務修明法度，以整齊畫一其民。」〔註30〕可見，其時政治、社會變化至迅且劇，故而憂國憂民之士，無不積極尋求理想制度以為世用，諸子之學，乃應運而生。

墨子是一位哲學實踐家，「尚同」和「尚賢」是墨子的政治主張。「尚同」是理想政治的標準，「尚賢」則是拔擢優秀的人才參與政事的方法。「尚同」之義，依照胡適之的說法：

> 尚同的「尚」字，不是「尚賢」的尚字，尚同的尚字，和「上下」的上字相通，是一個狀詞，不是動詞。「尚同」並不是推尚大同，乃是「取法乎上」的意思。〔註31〕

它是統治者逐層所取法的是非標準。墨子的時代，政治混亂，兵禍連年。為救時補弊，故於社會之演進，亦即國家的起源，提出解釋，來推展其「尚同」的理想政治。關於國家的起源，墨子推想先民在未有刑政之時，「一人則一義，二人則二義，十人則十義。」人滋眾，義茲眾，天下紛亂。尤有甚者，彼時「人是其義，而非人之義」，以至於「交相非」。其結果是，小自家中父子兄弟彼此怨惡，人倫失調；大至天下之百姓，則以水火毒藥相虧害，紛亂相害如禽獸般。於是，墨子提出對治之道——「尚同」說，其目的是統一天下是非標準，維持社會國家之秩序與組織。〔註32〕

〔註30〕同註5，頁59～60。

〔註31〕同註14，頁152。

〔註32〕蔡仁厚謂：「墨子是以統一之是非標準為著眼點。他的意思，顯然以『壹同天下之義』為政治秩序或國家組織之基本功能。」參見氏著：《墨家哲學》（臺

　　當時天下紛亂，人民望治心切，天下之人於是公推「天下之賢可者」（〈尚同上〉）、「天下賢良聖知辯慧之人」（〈尚同中〉）爲天子，以「一同天下之義」，來評斷是非，消弭混亂。天子確立之後，在天子底下又設立各階級，各階級均選立賢者爲政長。天子而外，各級政長的產生，〈尚同中篇〉載之甚詳：

> 天子既以立矣，以爲唯其耳目之請，不能獨一同天下之義，是故選擇天下贊閱賢良聖知辯慧之人，置以爲三公，與從事乎一同天下之義。天子三公既以立矣，以爲天下博大，山林遠土之民，不可得而一也。是故靡分天下，設以爲萬諸侯國君，使從事乎一同其國之義。國君既已立矣，又以爲唯其耳目之請，不能一同其國之義，是故擇其國之賢者，置以爲左右將軍大夫，以遠至乎鄉里之長，與從是乎一同其國之義。〔註33〕

〈尚同下篇〉與〈尚同中篇〉所記差是，綜合兩篇記載可知：

（1）各級政長的產生，是在上位者覺得自己「其力爲未足」，故而設置的。

（2）各級政長均是「國之賢者」、「賢良、聖知、辯慧之人」，爲他們那一階級中的賢可仁人。

（3）行政系統爲：天下——國——鄉——里——家。

（4）人事系統：以天子爲最高的統治者，三公爲天子的輔佐者；其次諸侯國之國君，將軍、大夫爲國君之輔佐者；再次爲鄉長、里長、家君，構成宛如「金字塔式的政治組織」。〔註34〕

　　然而，天子是現實世界中最高的統治者，墨子怕天子權限太大變成專制，所以拿「天志」來範圍天子。墨子強調，天子如不以天的意志爲依據，那麼必將遭受到「天」的懲罰，〈尚同中篇〉云：

> 夫既尚同乎天子，而未上同乎天者，則天災將猶未止也。故當若天降寒熱不節，雪霜雨露不時，五穀不孰，六畜不遂，疾災戾疫，飄風苦雨，荐臻而至者，此天之降罰也。將以罰下人之不尚同乎天者也。〔註35〕

　　　　北：東大圖書公司，1983 年 9 月），頁 29。

〔註33〕同註6，頁 47～48。

〔註34〕參見陳師問梅：《墨學之省察》（臺北：學生書局，1988 年 5 月），頁 162。

〔註35〕同註6，頁 49～50。

所以說，「天子未得次己而爲政，有天政之」、「順天意者，兼相愛，交相利，必得賞；反天意者，別相惡，交相賊，必得罰。」（〈天志上〉）墨子要人尚同於天，消極面而言，是希望天子有所畏懼，不致爲所欲爲；就積極面而言，主要的原因，還是在「義自天出」。既以尚同爲政，則必以天的意志爲根據。那麼，古聖王所依據的天之意志爲何？墨子認爲：「天必欲人之相愛相利，而不欲人之相惡相賊也。」（〈法儀篇〉）、「又欲上之強聽治也，下之強從事也。」（〈天志中篇〉）。可見，天是欲人爲義的。換言之，天之意志即「義」。所以，天子效習古聖王，就必須以仁義愛利爲政天下，以求「興天下之利，除天下之害」。〈尚同中篇〉即云：

> 故古者聖王，明天鬼之所欲，而避天鬼之所憎，以求興天下之利。
> 是以率天下之萬民，齋戒沐浴，潔爲酒醴粢盛，以祭祀天鬼。……
> 其爲政若此，是以謀事得，舉事成，入守固，出誅勝者，何故之以
> 也，曰：唯以尚同爲政者也。〔註36〕

誠然，墨子要人尚同天，是要天子敬天事鬼，法天之德，愛利百姓，唯有如此才能使國家內政外交俱有所獲。所以，墨子的「尚同」主義，是萬民尚同天子，天子率萬民尚同於天，以求得「一同天下之義」，弭平紛亂。故而尚同爲政，乃是要求得政治社會的安定，進而增進人民的福祉。

2. 「尚賢」是進賢使能爲政

墨子的時代，私倖政治弊害甚深，墨子乃以「尚賢」之說對治。墨子認爲，利國之本，首在進賢使能爲政。「尚賢」，是德治主義，賢士對於國家社會的重要性，〈尚賢上篇〉云：

> 今者王公大人，爲政於國家者，皆欲國家之富，人民之眾，刑政之
> 治。然而不得富而得貧，不得眾而得寡，不得治而得亂，則是本失
> 其所欲，得其所惡，是其故何也？子墨子言曰：是在王公大人，爲
> 政於國家者，不能以尚賢使能爲政也。是故國有賢良之士眾，則國
> 家之治厚；賢良之士寡，則國家之治薄。〔註37〕

爲政於國家者，都希望國家富、眾、治。何以爲政者會「失其所欲，得其所惡」？究其原因，乃是由於不能以尚賢使能爲政。以墨子的觀察，「自貴且智者爲政乎愚且賤者則治，自愚賤者爲政乎貴且智者則亂。」（〈尚賢中〉）國家

〔註36〕同註6，頁50。
〔註37〕同註6，頁25。

的治亂，決定在爲政者是否是賢人；而且墨子認爲賢士多寡，和國家之治績厚薄有關。他不僅勉勵爲政者求己成爲賢人，更希望爲政者舉用大批的賢士協助治國。

墨子的學說注重的是實際人生行爲的應用，不僅講求實用，更希望能夠興利除害。〈非樂上篇〉云：「仁之事者，必務求興天下之利，除天下之害。將以爲法乎天下，利人乎即爲，不利人乎即止。」因此墨子針對政治現狀，倡揚「尚賢」與「尚同」的主張，目的即在求得政治社會人心的改良和百姓的實利。

那麼，「尚賢」的實施，究竟有什麼功效呢？〈尚賢下篇〉裡墨子以古聖王行「尚賢」之道爲例：

> 是故昔者堯之舉舜也，湯之舉伊尹也，武丁之舉傅說也，豈以爲骨肉之親，無故富貴，面目美好者哉？惟法其言，用其謀，行其道，上可而利天，中可而利鬼，下可而利人。是故推而上之，古者聖王，既審尚賢，欲以爲政，故書之竹帛，琢之槃盂，傳以遺後世子孫。〔註38〕

無論「堯舉舜」、「湯舉伊尹」、「武丁舉傅說」都是舉賢輔政，聖王以此興治天下，至今傳爲美談。墨子由此認爲「尚賢」之道，若發以爲刑政，可收「上可利天，中可利鬼，下可利人」的功效，也可革除舉用「骨肉之親，無故富貴，面目美好者」之弊，絕對是福國利民的有效措施。

（二）韓非主張尚同於君

墨子主張以尚同爲政，以求得天下同一其義，對韓非建構其政治主張當有啓發的作用。王冬珍認爲：「墨家統治的方法主張級級上同，上同於天子，天子一同天下之義，雖爲其尚賢的憑藉，卻是韓非權威主義的先導。」〔註39〕的確，考察韓非的思想，〈難三篇〉云：

> 明君求善而賞之，求姦而誅之，其得之一也。故以善聞之者，以說善同於上者也；以姦聞之者，以惡姦同於上者也；此宜賞譽之所及也。不以姦聞，是異於上而下比周於姦者也，此宜毀罰之所及也。〔註40〕

〔註38〕 同註6，頁41。
〔註39〕 參見王冬珍：〈韓非子的政治思想〉，《逢甲學報》第24期（1991年11月），頁84。
〔註40〕 同註2，頁844。

韓非認爲，賢明的君主賞善而誅姦，人民即以悅善和憎恨姦邪的心理迎合君上。不檢舉姦邪，好惡和君主不同，卻和壞人秘密串通，那就應訾毀懲罰。韓非之意和墨子「尚同」的思想有異曲同工之處，陳奇猷《韓非子集釋》注此云：「韓非亦有取於墨家思想之處」。

此外，韓非襲取「尚同」的主張爲其治國的原則，以法爲最高準繩，來廢私治亂。〈有度篇〉云：「故繩直而枉木斲，……故以法治國，舉措而已矣。法不阿貴，繩不繞曲，法之所加，智者弗能辭，勇者弗敢爭，刑過不避大臣，賞善不遺匹夫，故矯上之失，詰下之邪，……一民之軌，莫如法。」韓非要求「尚同」，與墨子「一同天下之義」的目的，並沒有甚麼不同，都是爲了平息紛爭，只是韓非以「法」來齊一百姓罷了。

韓非以「法」來達到尚同的目的，特別是商鞅治理秦國行告姦連坐之法，爲韓非所傾慕。〈定法篇〉載商鞅藉著「設告相坐而責其實」、「連什伍而同其罪」、「賞厚而信，刑重而必」種種嚴峻法條，使得秦國人民勤勞耕作而不敢偷懶，奮勇殺敵而不敢退卻，因而國富兵強。故而韓非欲使里民相坐以相闚姦情，〈制分篇〉云：

> 是故夫至治之國，善以止姦爲務。是何也？其法通乎人情，關乎治理也。然則去微姦之道奈何？其務令之相規其情者也。則使相闚奈何？曰：蓋里相坐而已。〔註41〕

於是，墨子「以一國目視」、「以一國耳聽」之法被韓非引用，便成爲絕對君權。〈姦劫弑臣篇〉云：

> 明主者，使天下不得不爲己視，天下不得不爲己聽。故身在深宮之中，而明照四海之內。……匿罪之罰重，而告姦之賞厚也，此亦使天下必爲己視聽之道也。〔註42〕

此處和墨子思想相比較之下，二子之宗旨相去甚遠。韓非主張尚同，以法爲最高準繩，張素貞引今人蕭公權語，卻認爲「尚法而無法」：

> 「至商、韓言法。則人君之地位超出法上。其本身之守法與否，不復成爲問題，而惟務責親貴之守法。君主專制之理論至此遂臻成熟，而先秦『法治』思想去近代法治思想亦愈邈遠矣。」（蕭公權中國政治思想史）韓非言法，立法權操之於君，法之興廢悉由君心出，此

〔註41〕同註2，頁1142。
〔註42〕同註2，頁247。

法果「合法」乎？社會變遷，法與時移，人君制定新法，亦能「合法」乎？如此，韓子不免「尚法而無法」，與慎到同譏也。〔註43〕由於法家在立法權不能正本清源，韓非重法術，欲求國富兵強，必集權中央。因此韓非「尚同」的終極是國君。國君掌握立法權，法的制定增刪取決於國君的心意，如此人治取代了法治，君主專制的結果就是「尚法而無法」。

相較於韓非的君主極權，墨子講「尚同」，卻是爲了求得兼愛社會的實現。我們觀察墨子的政治規範──「上同而不下比」，雖然要求大眾向上看齊，但看齊學習的對象，是各級「賢良、聖知、辯慧」的政長。而且墨子不是要人盲目的服從，因爲墨子也說「上有過，規諫之」，其意是希望上下可以情通，經由良好的溝通，來達到上下意見的交流，這點最可說明墨子並非擁護獨裁政權。更何況墨子說：「凡使民尚同者，愛民不疾，民無可使。曰：必疾愛而使之，致信而持之。」（〈尚同下篇〉），可見尚同的實踐，除了求得現實政治的具體改造，主要目的乃在「保障兼愛之施行」。易言之，也就是「上中聖王之道，下中國家百姓之利」。因此，法家商君以連坐求國治，賴告密以察姦，致使人人互不信賴，民風澆薄，影響所及，其結果絕非墨家主張尚同，以求得理想政治的推行，兼愛社會人人互致利益的本意。韓非以法求得天下同一其義、極權君主的尚同，更是和墨家墨子以「尚賢」爲基礎，經由上下情通而一同天下之義的「尚同」，大異其趣。商鞅和韓非藉墨家「尚同」的方法，施行告姦連坐的集權政治，僅藉「尚同」的外殼，而內涵、精神已迴異，可謂「取於墨，而異於墨」矣。

（三）墨韓二子思想相通之處

1. 反對私倖政治

春秋戰國之際，以階級爲主的封建政治結構日漸崩壞，墨子提倡「尚賢」，除了是對當時現實政治有所不滿之外；另一重要理由，乃是因爲王公大人習用親戚、故舊、容色佼好者。當時政權，多半把持在貴族手中。國君用人，以宗戚是尚，嬖倖是用。如胡適之所說：

> 那時的貴族政治還不曾完全消滅。雖然有些奇才傑士，從下等社會中跳上政治舞台，但是大多數的權勢終在一般貴族世卿手裡，就是儒家論政，也脫不了『貴貴』『親親』的話頭。〔註44〕

〔註43〕同註27，頁174。
〔註44〕同註31。

不僅如此，由於王公大人一意阿私「骨肉之親、無故富貴、面目美好者」，使得施政時顧此失彼，決策失當。更何況，若這些人並非智者，只是因為和王公大人有骨肉之親，影響所及，最終將使得人民「飢者不得食，寒者不得衣，亂者不得治」。除此之外，墨子以為天下之士君子，都是要求富貴而惡貧賤的。然而當時求富貴之途，莫若為王公大人骨肉之親。可是「骨肉之親」是與生俱來，非可學而能也。若士人求富貴，僅有「為王公大人骨肉之親」一途，那求富貴不啻如緣木求魚。終將抹煞個人努力求己成為賢者、智者之動能，因此墨子極度反對。

墨子眼見私倖政治如此，於是提出「尚賢」說。墨子重視賢人，〈親士篇〉云：「非賢無急，非士無與慮國，緩賢忘士，而能以其國存者，未曾有也。」可見，國無賢才或無賢才居上治國，則國不能長存，人民生命必無保障。

那麼，「尚賢」落實到現實社會有何成效呢？墨子以古聖先王「尚賢使能」為政的事蹟，來證明「尚賢」為政不是不能做到，而且是確實有利國家社會的。〈尚賢中篇〉云：

> 古者聖王甚尊尚賢而任使能，不黨父兄，不偏貴富，不嬖顏色，賢者舉而上之，富而貴之，以為官長，不肖者抑而廢之，貧而賤之，以為徒役。……然則富貴為賢，以得其賞者，誰也？曰：若昔者三代聖王堯、舜、禹、湯、文、武者是也。所以得其賞，何也？曰：其為政于天下也，兼而愛之，從而利之。〔註45〕

墨子稱許古聖王尚賢使能為政，「不黨父兄，不偏富貴，不嬖顏色」，人人各憑本事，競相為義，公平合理的取得富貴，所以三代聖王富貴為賢，得天之賞。古聖王用人之道，即是墨子所謂的：「量功而分祿，故官無常貴，而民無終賤。有能則舉之，無能則下之，舉公義，辟私怨。」（〈尚賢上篇〉），這是「尚賢」根本的精神所在。墨子也以此希望王公大人效法古聖王，為政者要修己為賢；進而積極進賢使能，鼓勵為賢，以求得政治清明。所以他說：「夫尚賢者，政之本也。」（〈尚賢上篇〉）。

《墨子》〈尚賢〉、〈親士〉兩篇一再申言三代聖王，因尊賢而得昌，三代暴王因不尊賢而國亡的史實，可為當時王公大人的殷鑑。墨子之說，雖不免有託古之嫌，然而考諸墨子之用心，蕭公權以為：

> 墨子尚賢，就大體論，乃於封建末世之舊制度中寓機會平等之新原

〔註45〕同註6，頁29～35。

則，非蕩平階級，泯尊卑貴賤之等差也。……墨子所注重者，官無
常貴，民無終賤之機會平等，所提倡者以才能定身分之合理標準，
而所欲廢置者親親愛私之不合理政策而已。〔註46〕

蕭氏之說，可稱精闢。依蕭先生之意，墨子不僅挑戰「親親愛私」的合理性，
更積極講求「機會平等」的公平性。這種「官無常貴，民無終賤」不以身分
定尊卑的精神，相當能鼓舞人心，可說是一種進步且積極的思想。在封建社
會裡，身分決定地位，墨子打破儒家「貴貴」「親親」的貴族政治封閉思想，
也有促進社會階級流動的作用。它的積極意義是：只要個人肯努力，英雄不
怕出身低，終將被社會所肯定。在講關係重人情的傳統中國社會裡，墨子的
思想突破傳統，並具有革新的意味。墨子的說法，帶給人們希望，因為機會
公平，使得更多的清流賢士，願意投身政治，而社會將得到更大的進步與繁
榮。

韓非的用人之術，也是反對私倖政治的。他並且提出官吏的任選，初任
時必須試用，按照資歷，循序遷升：

論之於任，試之於事，課之於功。（〈難三篇〉）

觀容服，聽辭言，仲尼不能以必士。試之官職，課其功伐，則庸人
不疑於愚智。故明主之吏，宰相必起於州部，猛將必發於卒伍。夫
有功者必賞，則爵祿厚而愈勸；遷官襲級，則官職大而愈治。夫爵
祿大而官職治，王之道也。（〈顯學篇〉）

明主之國，有貴臣無重臣。貴臣者，爵尊而官大也；重臣者，言聽
而力多者也。明主之國，遷官襲爵，官爵受功，故有貴臣。言不度
行，而有偽必誅，故無重臣也。（〈八說篇〉）〔註47〕

官員的任用，經過試用階段，依其表現來切實的評斷。一來表示審慎鄭重，
再者可以鼓勵官吏，並由此增加歷練的機會，得到豐富的經驗。故而〈八經
篇〉曰：「官襲節而進，以至大任，智也。」官吏的進退，以功罪為準，依能
力逐級升遷，這是明主之國應有的作為。

韓非以為明智的君主設置官職爵祿，是為了「進賢材」、「勸有功」。賢能
的人才，就讓他擁有優厚的俸祿，充任高級官吏；功勞大的臣子，就讓他擁

────────────

〔註46〕蕭公權：《中國政治思想史》（臺北：聯經出版事業公司，1984 年 4 月），頁
150。

〔註47〕同註2，分見頁 853～854、頁 1093、頁 977。

有崇高的爵位，接受優厚的賞賜。國君委任官職，要「官賢者量其能，賦祿者稱其功」（〈八姦篇〉），這樣賢能的人不矜誇才能去事奉國君，有功勞的人樂於自己的職位能遷升，自然事成功立。就如同〈難一篇〉所說：

> 卑賤不待尊貴而進，論，大臣不因左右而見。百官修通，群臣輻湊。有賞者君見其功，有罰者君知其罪。見知不悖於前，賞罰不弊於後。〔註48〕

可是當時國君用人，不去考核臣子賢或不肖，不去討論是否有功勞，只是晉用左右關說之人，甚至父兄大臣賣官鬻爵，結黨營私。使得賢者灰心懈怠，有功的人荒廢本業，對國家造成敗壞的社會風氣。〈八姦篇〉云：

> 今則不然。不課賢不肖，論有功勞，用諸侯之重，聽左右之謁。父兄大臣上請爵祿於上，而下賣之以收財利及以樹私黨。……是以賢者懈怠而不勸，有功者墮而簡其業，此亡國之風也。〔註49〕

因此，韓非認為必須「因能而授祿，錄功而與官。」（〈外儲說左下〉）、「因任而授官，循名而責實。」（〈定法篇〉），依據其能力，授與相關的官職；並依照其官職，要求其善盡職責。如果不這麼做，光聽諸侯、左右、父兄等的請託，必然百弊叢生，要成為敗亡之國了。〈主道篇〉又說：「是故誠有功則雖疏賤必賞，誠有過則雖近愛必誅。」只要有功，即便疏賤，必得獎賞；反之，只要有過，不論身分，必遭誅罰。賞罰只論功過，不問親疏，可見韓非也是反對私倖政治的。

2. 用人的有效方法

如上文所言，賢士對為政者、國家都非常重要。那麼，如何進賢使為政？墨子說：「大人之務，將在於眾賢而已。」所謂「眾賢」，也就是舉賢抑不肖，以使人民相率為賢。那麼如何「眾賢」呢？墨子提出「眾賢之術」：

> 然則眾賢之術將奈何哉？子墨子言曰：譬若欲眾其國之善射御之士者，必將富之貴之，敬之譽之，然后國之善射御之士，將可得而眾也。……然后國之良士，亦將可得而眾也。（〈尚賢上篇〉）〔註50〕

墨子以「眾其國之善射御之士」為譬，方法不外乎是「富之貴之，敬之譽之」。國家欲求德行深厚、能言善辯、道術廣博的賢良之士，也是相同的。墨子認

〔註48〕 同註2，頁801。
〔註49〕 同註2，頁153～154。
〔註50〕 同註6，頁25。

爲人性是懷賞避罰的，如果「凡我國之忠信之士，我將賞貴之，不忠信之士，我將罪賤之。」（〈尚賢下〉）自然可形成普遍爲賢的風氣。那麼，不僅可達到進賢的目的，更可教人爲賢。

除了對人才「富之貴之，敬之譽之」，墨子認爲眾賢之術要「置三本」。所謂「三本」，〈尚賢中篇〉云：

> 何謂三本？曰：「爵位不高，則民不敬也。蓄祿不厚，則民不信也。政令不斷，則民不畏也。」故古聖王高予之爵，重予之祿，任之以事，斷予之令，夫豈爲其臣賜哉？欲其事之成也。〔註51〕

「三本」分別是「爵位高」、「蓄祿厚」、「政令斷」。「爵位高」代表的是給予一定的榮寵，這代表對他的尊重，賢人可據此治民治國；也可使人民對之信服，和建立其威嚴。「蓄祿厚」是提供優厚的薪資俸祿，滿足其生活之所需，使之專心治國。「政令斷」則是全心的信賴，授予一定的權位，發號施令，如此可使民信之、畏之，收政治之效。而賢士受此禮遇，所謂「士爲知己者用，女爲說己者容」〔註52〕，焉有不爲國君效命之理？

韓非對君主領導臣民的法則，曾經感慨君主所貴重的和臣民所欲求的，都和治道相異相反，因此提出聖王的三原則──「利、威、名」，以爲國君用人之參考，〈詭使篇〉云：

> 聖人之所以爲治道者三：一曰利，二曰威，三曰名。夫利者所以得民也，威者所以行令也，名者上下之所同道也。〔註53〕

韓非以官爵名稱表示對人才的崇敬；藉等級、俸祿形成人們貴賤的基礎；以威權、利益用來施行命令，鼓勵人民效力。他並以爲，除此利祿、威勢、名義三原則，即便還有他法，也不是急要的。

可見，墨子「眾賢之術」的「三本」，與韓非所云意思相同，都是留住人才積極而有效的用人方法，是治國成敗的關鍵，墨、韓二人看法相同。

3. 重視職能相稱

墨子認爲政治事務必須仰賴專業，他說：

> 今王公大人有一衣裳不能制也，必藉良工；有一牛羊，不能殺也，

〔註51〕同註6，頁30。

〔註52〕司馬遷〈報任少卿書〉：「蓋鍾子期死，伯牙終身不復鼓琴。何則？士爲知己者用，女爲說己者容。」見謝冰瑩、邱燮友、林明波、左松超等註譯：《新譯古文觀止》（臺北：三民書局，1971年4月），頁262。

〔註53〕同註2，頁934～935。

必藉良宰。(〈尚賢中篇〉)

王公大人，有一罷馬不能治，必索良醫；有一危弓不能張，必索良
工。(〈尚賢下篇〉)〔註54〕

良工、良宰、良醫，各自在他們的專業領域，扮演其專業角色。墨子認爲「制
衣裳」、「殺牛羊」、「治罷馬」、「張危弓」，猶且需借重專業能力，政治事務當
更不在話下。其實，墨子的想法已略具分層負責、尊重專業、適才適所的觀
念。可是王公大人，不知以尚賢使能爲政，反倒用「親戚、無故富貴、面目
佼好者」，國家會亂，乃必然的結果。因此他便提出「尊尚賢而任使能，不黨
父兄，不偏富貴，不嬖顏色」(〈尚賢中篇〉)的想法。這樣的立論，學者將之
稱爲「這是必欲刷新用人體制的奇想，是中國歷史上用人理論的大革命！」。
〔註55〕

其實，墨子強調的不僅是封建政治的弊端，更突顯出貴族政治以身分定
地位，抹煞個人努力的不公平。所以說：「古者聖王之爲政，列德而尚賢，雖
在農與工肆之人，有能則舉之。」(〈尚賢上篇〉)，從這點來看，他沒有階級
的歧視，一視同仁，賢能之人不論出身貴賤，只要有能則舉用，可見墨子的
思想相當具有平等性。

韓非不但反對私倖政治，也要求官吏職能相稱。〈二柄篇〉云：

爲人臣者陳而言，君以其言授之事，專以其事責其功。功當其事，
事當其言，則賞；功不當其事，事不當其言，則罰。故群臣其言大
而功小者則罰，非罰小功也，罰功不當名也。群臣其言小而功大者
亦罰，非不說於大功也，以爲不當名也害甚於有大功，故罰。〔註56〕

「功當其事，事當其言」之「當」是「相合」之意〔註57〕。韓非認爲考核臣
屬當要求形名相符，形名指「說的話」和「做的事」。若臣下言、事、功相合，
則賞；反之，不論是「言大功小」或「言小功大」，都要責罰。韓非猶且舉了
「韓昭侯罪典冠」的寓言闡述其意：

昔者韓昭侯醉而寢，典冠者見君之寒也，故加衣於君之上。覺寢而
說，問左右曰：「誰加衣者？」左右對曰：「典冠。」君因兼罪典衣

〔註54〕同註6，分見頁32、頁39～40。

〔註55〕舒大剛：《墨子的智慧》(臺北：漢藝色研文化事業有限公司，1996年8月)，
頁85～86。

〔註56〕同註2，頁111～112。

〔註57〕邵增樺：《韓非子今註今譯》(臺北：臺灣商務印書館，1995年9月)，頁178。

與典冠。其罪典衣、以爲失其事也，其罪典冠、以爲越其職也。非
不惡寒也，以爲侵官之害甚於寒。（〈二柄篇〉）〔註58〕

典冠者見國君酒醉睡著，怕其受寒，因此逾越了分際，執行了典衣者應盡的
職責。韓昭侯將二人處分，因爲典衣者「失其事」，而典冠者「越其職」。韓
非藉此寓言，寄託了官員行事應嚴守分際，不可越職侵官之寓意，否則越俎
代庖，擾亂禮制，乃至淪於朋黨爲姦，那就不堪設想了。〈定法篇〉也說：

商君之法曰：「斬一首者爵一級，欲爲官者爲五十石之官；斬二首者
爵二級，欲爲官者爲百石之官。」官爵之遷與斬首之功相稱也。今
有法曰：「斬首者令爲醫匠」，則屋不成而病不已。夫匠者，手巧也；
而醫者，齊藥也；而以斬首之功爲之，則不當其能。今治官者，智
能也；今斬首者，勇力之所加也。以勇力之所加、而治智能之官，
是以斬首之功爲醫匠也。〔註59〕

韓非以爲斬首者若令其爲醫、匠，那麼將屋不成、病不已，是很荒謬的。韓
非以此譬喻反對商君以殺敵之功授其官職，均可見韓非要求職能相稱之意。

4. 察 姦

如上文所言，墨子的人事系統，從天子以迄於家君的選立，其目的均是
爲了「一同天下之義」。因此各級政長選立之後，政治的最高統治者——天子，
就發號施令，以使天下有同樣的是非。〈尚同中篇〉云：

天子爲發政施教曰：凡聞見善者，必以告其上，聞見不善者，亦必
以告其上。上之所是，亦必是之；上之所非，亦必非之。己有善，
傍薦之；上有過，規諫之。尚同義其上，而毋有下比之心。……是
故里長順天子之政，而一同其里之義。里長既同其里之義，率其里
之萬民，以尚同乎鄉長，……鄉長治其鄉，而鄉既已治矣。有率其
鄉萬民，以尚同乎國君，……國君治其國，而國既已治矣，有率其
國之萬民，以尚同乎天子。……察天子之所以治天下者，何故之以
也？曰：唯以其能一同天下之義，是以天下治。〔註60〕

從天子以迄於鄉、里長的政治規範，可歸納爲四點：

（1）聞見善與不善，必以告其上。

〔註58〕同註2，頁112。
〔註59〕同註2，頁907～908。
〔註60〕同註6，頁48～49。

（2）以上之所是爲是，所非爲非。

（3）己有善，傍薦之；上有過，規諫之。

（4）上同而不下比。

墨子的政治規範是透過里長統一里民的意見，而率其里民上同於鄉長；鄉長統一鄉民的意見，而率其鄉民上同於諸侯；諸侯統一全國的意見，而率其國人上同於天子。經由層層尚同，建立一共同標準，有了這個標準，各級政長率大眾一同其義，就如同「絲縷之有紀，罔罟之有綱。」（〈尚同〉上、中），所以墨子說：「唯能以尚同一義爲政，然後可矣。」唯有天下齊義，才能平亂止禍，天下治矣。

墨子所建構的人事系統和政治規範，由於墨子強調以上之是非爲是非，經常被誤以爲是極權政治。其實，在墨子的構想裡，天子是天下之最「賢可者」，其「爲刑政賞譽也，甚明察以審信」，所以才能要求人民以上之是非爲是非，取得人民的認同與信服。從天子以降，各級政長又必須與上級政長同一其義，所以，墨子的「尚同」主張，內蘊賢人政治，完全是以「尚賢」爲其根本。正如蕭公權所謂：

> 墨子雖重視政治制裁，然並不似法家諸子之傾向於君主專制。簡言之，墨家尚同實一變相之民享政治論。蓋君長之所以能治民，由其能堅持公利之目標，以爲尚同之準繩。若君長不克盡此基本之責任，則失其所以爲君長而無以治。〔註61〕

的確，墨子「尚同」之說，如不以「尚賢」爲前提，極可能淪爲專制政體。然而，各級政長正因其能行義，堅持以公利爲目標，故爲各級之政長；既爲各級之政長，因其爲行義之賢者，故可爲大眾行義之規範，大眾也才能信服，一同其義。所以，根本上「尚同」是以「尚賢」爲基礎。學者若忽略此層意義，就以爲尚同是極權，那不免厚誣墨子，也失去墨子之本意。戰國時代乃群言混亂之際，墨子鼓吹尚同賢者平亂求治，有其時空意義。墨子「尚同」之思想，本欲求得興利除弊之功效，人道精神爲其深刻內涵。

然而「尚同」之說，除了求得「一同天下之義」以消弭混亂外，的確也有「察姦」的作用。〈尚同中篇〉云：

> 故古者聖王，唯而審以尚同，以爲正長，是故上下情請爲通。上有隱事遺利，下得而利之；下有蓄怨積害，上得而除之。……是以舉

〔註61〕同註46，頁143。

天下之人，皆恐懼振動惕慄，不敢爲淫暴，曰天子之視聽也神。……
古者國君諸侯之以春秋，來朝聘天子之廷，受天子之嚴教，退而治
國，政之所加，莫敢不賓。當此之時，本無有敢紛天子之教者。……
古者國君諸侯之聞見善與不善也，皆馳驅以告天子，是以賞當賢，
罰當暴，不殺不辜，不失有罪，則此尚同之功也。〔註62〕

依墨子之意，以「尚同」爲政，其具體功效有四點：

（1）上下之情得以相通。

（2）天子之視聽如神。

（3）諸侯國君莫敢紛亂天子之教。

（4）賞當賢，罰當暴，不殺無辜，不失有罪。

在「尚同」與「尚賢」相輔爲政之下，天子可收「一視而通見千里之外，一
聽而通聞千里之遠」之成效。不僅賞罰有據，還可以發揮最大、最迅速的效
果。〈尚同下篇〉說：「聖王皆以尚同爲政，故天下治。何以知其然也？於先
王之書也，大誓之言然曰：『小人見姦巧，乃聞不言也，發罪鈞。』此言見淫
辟不以告者，其罪亦猶淫辟者也。」天子之視聽如神，天下之人將因此心生
畏懼，不敢爲非作歹。所以，聖王以尚同爲政，百姓「聞見善與不善也，皆
馳驅以告天子」，必可發揮察姦的作用，就可以天下興治。

尚同爲政對天子而言，可收神效，因爲助之視聽者眾。這種透過人民的
耳目、言談、思慮、動作來達到察姦的作用，在韓非的思想中亦可看見。〈難
三篇〉云：

故因人以知人，是以形體不勞而事治，智慮不用而姦得。故宋人語
曰：「一雀過羿，羿必得之，則羿誣矣。以天下爲之羅，則雀不失矣。」
夫知姦亦有大羅，不失其一而已矣。不修其理，而以己之胸察爲之
弓矢，則子產誣矣。〔註63〕

韓非借子產聞婦人哭聲而知姦之事，說明「因人以知人」、「知姦有大羅」這
種上告的制度。對此，陳師問梅有所闡發：

知姦之法，在韓非，最重要者，實在莫過於「因人以知姦」。……他
這裡所謂「大羅」，應即是：明主所撒的「使天下不得不爲己視，使
天下不得不爲己聽」的「里相坐」之法之「網」。這個知姦之大羅，

〔註62〕同註6，頁53～54。

〔註63〕同註2，頁861。

遠則源自墨子，近則師法商君。〔註64〕

韓非的「大羅」，是明主所撒的「使天下不得不爲己視，使天下不得不爲己聽」的「里相坐」之法之「網」。因此，如同〈定法篇〉所云：「人主以一國目視，故視莫明焉；以一國耳聽，故聽莫聰焉。今知而弗言，則人主尙安假借矣？」人主借助天下人的耳目，故視聽沒有比這樣更聰明。再加上「任典成之吏」、「察參伍之政」，天下大眾相信誰都逃不出這張「大羅」。因此，借助人民視聽，以察姦的思想，墨、韓二子倒是相通的。知姦之大羅，源自墨子，自不待言；只不過韓非察姦的手段，較之墨子更加專制而無情。

四、功利思想

（一）墨子尙功用追求實利

如上文所言，墨子爲了推行其學說，特立「三表法」。「三表法」是墨子研判是非利害的論証法，也是墨子知行合一邏輯的具體應用。「三表法」分別是「本之者」、「原之者」、「用之者」（〈非命上〉），這三表法，第一、二表以天鬼之志、先人的歷史事蹟、以及現實的人生經驗爲發言的依據，天鬼之志可以爲法儀，歷史的經驗可以溫故知新、彰往察來；現實的經驗可以切中問題，尋繹適當的理治之方。堯、舜、禹、湯、文、武是上古聖王，善政的代表。墨子以之爲言、行是非判斷的標準，所謂「持之有故，言之成理。」〔註65〕，墨子由此樹立發言的根據，而這第一表與第二表就是「義，正也。」的論證。至於第三表，強調的是理論結合現實的實施效果。具體實施時，若是對國家百姓有利，這項措施或理念就是可用的；反之，則否。墨家義、利並講，最終目的仍是要求實用。

的確，在墨子的心目中，「用」和「利」是相連的。〈節用上篇〉云：

聖王爲政，其發令興事，使民用財也，無不加用而爲者。是故用財不費，民德不勞，其興利多矣！……去無用之費，聖王之道，天下之大利也。〔註66〕

墨子的理念，雖然是推行義政，但也必須是切實有利百姓的。在《墨子·兼

〔註64〕參見陳師拱：〈論韓非之心態〉，《書目季刊》22:3，（1988年12月），頁23。

〔註65〕見《荀子·非十二子篇》。唐·楊倞注，清·王先謙集解：《荀子集解》（臺北：世界書局，1981年10月），頁58。

〔註66〕同註6，頁99～101。

愛下篇》記載，有人對墨子說：「兼即仁矣、義矣，雖然，豈可爲哉？」又說：「即善矣，雖然，豈可用哉？」墨子回答：「用而不可，雖我亦將非之。且焉有善而不可用者？」這裡可見墨子對「用」的重視，他認爲善必可用，可用者必爲善。他的善或不善，是以可用不可用做標準。這個「用」，可中萬民之「利」，就是天下之大「利」，因此墨子可說是一位實用主義者。

　　墨子的哲學，也可說是「義」的哲學，他最重視「義」。〈天志上篇〉云：「天下有義則生，無義則死；有義則富，無義則貧；有義則治，無義則亂。」天下之生死、貧富、治亂全賴是「義」，因此〈貴義篇〉云：「萬事莫貴於義」。它是天下的「良寶」（〈耕柱篇〉）、「大器」（〈公孟篇〉）。除此之外，墨子甚至將義比作人的「手足」、「性命」（〈貴義篇〉），墨子以爲就算給人冠履、天下來交換，也是不可能的。因爲，沒有人會捨棄自己至爲寶貴的手足、生命來交換身外之物，即便是許多人看重的天下。然而天底下竟有爲了求義而捨生的事，可見「義」的重要。那麼，墨家的「義」，究竟是甚麼意思呢？考察墨子對「義」的解釋：

　　　　義者，正也。（〈天志下篇〉）

　　　　義，利也。（〈經上篇〉）

　　　　義，志以天下爲芬，而能能利之，不必用。（〈經說上篇〉）〔註67〕

可知，墨子所講的「義」，包括了「正」與「利」兩個意思。另外，〈天志中篇〉記載：「義者，善政也。」說明了，墨子所講的義其實包含了政治與經濟兩面義涵。梁任公曾說：

　　　　然則彼所謂利者究作何解耶？吾儕不妨以互訓明之，曰：「利，義也。」

　　　　兼相愛即仁，交相利即義，義者宜也，宜於人也。曷爲宜於人？以

　　　　其合於人用也。墨家以爲凡善未有不可用者，故義即利，惟可用故

　　　　謂之善，故利即義。〔註68〕

他理解墨子的想法以爲：義、利可互訓，「善的」必然是「可用的」，善的代表是義，可用則是利，因此「利即義」。胡適之也有相同的看法：

　　　　儒家說「義也者，宜也。」宜即是「應該」。凡是應該如此做的，便

　　　　是「義」，墨家說：「義，利也。」便進一層說：說凡事如此做去便

　　　　可有利的即是「義」的。因爲如此做才有利，所以「應該」如此做。

〔註67〕同註6，分見頁130、頁191、頁203。

〔註68〕同註5，頁119。

義所以爲「宜」，正因其爲「利」。〔註69〕

胡先生解釋墨家的義：「凡事如此做去便可有利的，即是『義』的」，並認爲義還有「應該」的義涵。但正因其有利，所以應該如此做。並把墨子之義學稱之爲「應用主義」或「實利主義」。周師富美對墨家的「義」的看法尤爲深入，她說：

> 墨子學說也以「義」爲宗旨，貴義篇說：「萬事莫貴於義」，但他除了「應該」之義外，還切切實實地加上「利」的條件。經上篇說：「義，利也。」認爲「義」與「利」根本就是一回事。凡事除了問「應該」「不應該」之外，還要更進一步問「有利」「無利」。在墨家看來，「有利」的就是「義」的；「無利」的就是「不義」的。〔註70〕

都說明了墨子尚功用、注重實利的態度。

墨子的「義」源自涵有萬善的天，〈天志中篇〉云：「天之愛民之厚者矣。」天有愛利萬物的特性，無所不在，無所不能，因此可爲天下之明法度。人既以天爲行爲之法儀，那麼自當依天的意志來行事，天的意志有欲惡，天之所欲與不欲爲何呢？〈法儀篇〉云：

> 然而天何欲何惡者也？天必欲人之相愛相利，而不欲人之相惡相賊也。奚以知天之欲人之相愛相利，而不欲人之相惡相賊也？以其兼而愛之，兼而利之也。奚以知天兼而愛之，兼而利之也？以其兼而有之，兼而食之也。〔註71〕

天兼有天下，兼食天下。所以，天是兼愛天下，兼利天下的。既然如此，天之欲必爲人之相愛相利；反之，天之所不欲就是人相惡相賊。〈天志中篇〉又云：

> 然則天之將何欲何憎？子墨子曰：天之意，不欲大國之攻小國也，大家之亂小家也。強之暴寡，詐之謀愚，貴之傲賤，此天之所不欲也。不止此而已，欲人之有力相營，有道相教，有財相分也。又欲上之強聽治也，下之強從事也，上強聽治則國家治矣，下強從事，則財用足矣。〔註72〕

天之所不欲是「強暴寡，詐謀愚，貴傲賤」；反之，天之所欲是「有力相營，

〔註69〕同註14，頁139。
〔註70〕同註11，頁90～91。
〔註71〕同註6，頁12。
〔註72〕同註6，頁123～124。

有道相教，有財相分」。由此可知，天其實是欲人「上之強聽治」、「下之強從事」，如此才能國家治、財用足。〈天志上篇〉則曰：

> 然則天亦何欲何惡？天欲義而惡不義。……然則何以知天之欲義而
> 惡不義？曰：天下有義則生，無義則死；有義則富，無義則貧；有
> 義則治，無義則亂。〔註73〕

墨子以爲「我欲福祿而惡禍祟」，爲了趨利避害，所以要爲天之所欲。天之欲爲何？天的意志是要生、富、治。怎樣才能「生、富、治」？依墨子之見，生死、貧富、治亂均賴是義。總言之，天的意志就是要爲義。

人依天的意志行事，必然要「相愛相利」、「上強聽治，下強從事」、「有力相營，有道相教，有財相分」。因此，人的行爲必然有所取捨，這就是「權」的觀念。《墨子·大取篇》云：

> 於所體之中，而權輕重之謂權。權非爲是也，非爲非也。權，正也。
> 斷指以存撮，利之中取大，害之中取小也。害之中取小也，非取害
> 也，取利也。其所取者，人之所執也。遇盜人，而斷指以免身，利
> 也。其遇盜人，害也。斷指與斷腕，利於天下，相若無擇也。死生
> 利若，一無擇也。

「權」者，「稱之錘也，所以量輕重之器。」〔註74〕，李漁叔在《墨子選注》中釋曰：「在思考時權衡輕重就叫做『權』，這種『權』，不屬之是，也不屬於非，他只是一種正當的考慮。」〔註75〕，《莊子·秋水篇》亦云：「知道者必達於理，達於禮者必明於權，明於權者不以物害己。」都是說在事前的體認中，明白分辨利害大小，利害既明，是非自明。因此遇盜人斷指以求生是「利之中取大，害之中取小」，這就是墨子「權」的處事方法。

墨子注重實利，爲了辨別利害，因此很注重權衡。〈經上篇〉云：「利，所得而喜也。」、「害，所得而惡也。」墨子之意，大眾喜歡的事就是有利，而不喜歡的事就是有害。此外，墨子又說：「欲正權利，且惡正權害。」（〈經上〉）、「權者兩而勿偏」（〈經說上〉）、「利之中取大，害之中取小」（〈大取篇〉），一般人往往以個人好惡爲處事標準，墨子卻認爲事情的利害，不能只憑個人

〔註73〕同註6，頁119。
〔註74〕熊公哲註譯：《荀子今註今譯》（臺北：臺灣商務印書館，1988 年 1 月），頁476。
〔註75〕李漁叔：《墨子選注》（臺北：正中書局，1977 年 8 月），頁206。

好惡，還要權衡分析。凡此，都可見墨子注重權衡利害得失，因此他對人生行爲的指導，他對時局弊端所提出的針砭之道，也都是在此原則之下所提出。

（二）韓非尚權衡重利用

韓非的功利思想，梁任公在《先秦政治思想史》一書中云：「法家起戰國中葉，逮其末葉而大成。以道家之人生觀爲後盾，而參用儒墨兩家正名覈實之旨，成爲一種有系統的政治學說。」〔註 76〕可見，儒、墨二家講求「正名覈實之旨」，韓非參用以成其學說。

韓非師承荀子，荀子有「正名」之說，以「道」爲權衡的標準。《荀子・正名篇》云：

> 人之所欲生甚矣，人之所惡死甚矣。然而人有從生成死者，非不欲生而欲死也，不可以生而可以死也。故欲過之而動不及，心止之也。……欲不及而動過之，心使之也。……故人無動而不可以不與權俱。……道者，古今之正權也。離道而內自擇，則不知禍福之所託。易者以一易一，人曰無得亦無喪也。以一易兩，人曰無喪而有得也。以兩易一，人曰無得而有喪也。計者取所多，謀者從所可。
> 〔註 77〕

荀子認爲人都是欲生而惡死的，人由生而死，並非是不欲生而欲死。人的心可取捨辨別利害輕重禍福，因此人的一舉一動，不可不由心判別，不可不與「權」相俱。「道」是古今之正權，人若舍道，將不知何者爲福，何者爲禍。荀子強調「計者取所多，謀者從所可」，這便是「權」的觀念。此外，荀子又以「益理」爲標準，〈儒效篇〉云：「凡事行有益於理者立之，無異於理者廢之。」意義幾近「功用」之說。

除了承繼其師之說，韓非將「權衡」的觀念加以發揮，以人趨利避害的心理立賞、罰二柄，並將「權」運用到「立法」的準則上，〈八說篇〉云：

> 法所以制事，事所以名功也。法立而有難，權其難而事成則立之；事成而有害，權其害而功多則爲之。無難之法，無害之功，天下無有也。……出其小害，計其大利也。……先聖有言曰：「規有摩而水有波，我欲更之，無奈之何？」此通權之言也。〔註 78〕

〔註 76〕同註 5，頁 148。
〔註 77〕同註 65，頁 284～286。
〔註 78〕同註 2，頁 974～975。

這「出其小害，計其大利」，便是墨家所謂「利之中取大，害之中取小」之意，法乃權衡其利多害少而立。甚至韓非主張「嚴刑重罰」，也是在「權」的衡量下提出。〈飭令篇〉云：

> 行刑，重其輕者，輕者不至，重者不來，此謂「以刑去刑」。罪重而
> 刑輕，刑輕則事生，此謂「以刑致刑」，其國必削。〔註79〕

法家主張嚴刑重罰，固然不為人民所喜，但卻可得到國家平治；如果一味媚俗，反而可能造成國家的危亂。立法嚴苛，乃出於愛民的本意，只不過「愚人不知，顧以為暴。」（〈姦劫弒臣篇〉），其實這也是在權衡的考量下提出的。

韓非對人的言行，責求「用」和「功」，反對空泛誇張的言論，要求切實有效。他認為人主聽言，若不以「功用」為的，那麼說者多棘刺、白馬之說。言論雖然迂深閎大，並不合於「用」也〔註80〕。因此，〈問辯篇〉云：「夫言行者，以功用為之的彀者也。……今聽言觀行，不以功用為之的彀，言雖至察，行雖至堅，則妄發之說也。」可見韓非重視「功用」之一般，也可說將墨子功利主義發揮至極點。

韓非將權衡的觀念、重功用的思想應用於其學說，於政治管理上亟言君主聽言須加參驗，並責求效用，考核成果。〈八經篇〉云：

> 聽不參則無以責下，言不督乎用則邪說當上。……人主不饜忿而待合參，其勢資下也。有道之主，聽言、督其用，課其功，功課而賞罰生焉，故無用之辯不留朝。任事者知不足以治職，則放官收。說大而誇則窮端，故姦得而怨。無故而不當為誣，誣而罪，臣言必有報，說必責用也，故朋黨之言不上聞。〔註81〕

也就是依臣下的言行，考核其功用，作為官吏升遷任用的一種客觀銓敘原則。〔註82〕這種尚權衡、重利用的思想，張素貞以為：

〔註79〕同註2，頁1123。
〔註80〕《韓非子・外儲說左上》：「經二、人主之聽言也，不以功用為的，則說者多棘刺、白馬之說；不以儀的為關，則射者皆如羿也。……是以言有纖察微難而非務也；……論有迂深閎大非用也；……言而拂難堅確非功也。」法家講求實際，循名責實，諸如『棘刺』、『白馬』之說，便是不切實用的論辯。同註2，頁612。
〔註81〕同註2，頁1029。
〔註82〕參見張素貞的《國家的秩序——韓非子》參、韓非子的用術理論：「法家的功用主義在實際政治上，未嘗不是客觀有效的銓敘原則。」（臺北：時報文化，1997年1月），頁209。

我國學者一向諱言「利」，似乎談到利，便很卑污，有損光輝的人格。事實上，那個人做事不是衡量得失，趨利避害？現代民主觀念，談權必也談利，人民的權利是民主國家施政措施首先必須顧及的大前提；在國際間，國家的權益不容被忽視，國家共同的利益是全民應當一致努力去爭取的。如此說來，談利又有什麼不妥？〔註83〕

可說對韓非的思想予以正面的肯定。自從孔子說：「君子喻於義，小人喻於利。」（〈里仁篇〉）、孟子說：「亦曰仁義而已矣，何必曰利。」（〈梁惠王上〉）儒家言義而諱言利，士人均視言義者為君子，反之，言利者則淪為小人。其實，權衡利弊得失、注重功用效益並非全然是不可取的，在追求進步、益發注重實效的今日社會而言，墨、韓二子的思想，是切合現代社會需求的。時人王克奇認為：「在功利主義上，墨子和韓非是一脈相承的。……墨子思想向韓非思想的轉化，昭示了朴素狹隘的功利主義向非道德主義的歷史必然性。」〔註84〕儘管如此，韓非的「功利」思想，和墨子「實利」的主張，他們追求國家的公利的精神，其實是一樣的。

五、墨韓二子思想的歧異或轉化

（一）「兼愛交利」與「法術勢兼施」

墨學十論都是為了對治天下之亂而提出的。以墨子的觀察，他認為天下亂的根源在於社會上下之人「不相愛」，不相愛則必「不相利」而「交相惡」、「交相賊」。墨子從父子、兄弟、君臣等人倫關係去審察天下禍亂的根源，除了這些悖逆倫常之事，諸侯間的征戰、盜賊偷竊、大夫篡奪，也都是如此。人和人不相愛，在諸侯「必野戰」；在家主「必相篡」；在君臣、父子、兄弟必「不惠忠、不慈孝、不和調」。人倫不和諧，等而下之，天下之人則必陷於「強必執弱、富必侮貧、貴必傲賤、詐必欺愚」（〈兼愛中〉）的局面，天下焉有不亂之理？所以墨子肯斷的說：「凡天下禍篡怨恨，其所以起者，以不相愛生也。」

有見於此，墨子提出替代之方。〈兼愛中篇〉云：「是以行者非之。既以非之，何以易之？子墨子言曰：以『兼相愛，交相利』之法易之。」希望以

〔註83〕同前註，頁22。
〔註84〕王克奇：〈墨子與孔子、老子、韓非關係論〉，《孔子研究》（1997年第3期），頁98～99。

之破除人們自私自利的觀念，增進人和人之間和諧的關係。

「兼愛」究竟何所指？遍查《墨子》書，「兼愛」說的「兼」字，在《墨子》書中無一處有定義性的說明，僅在〈兼愛下篇〉將「兼」和「別」對舉。梁任公闡釋兼愛，他說：「墨子講兼愛，常用『兼相愛交相利』六字連講，必合起來，他的意思才明。兼相愛是理論，交相利是實行這理論的方法。」〔註85〕的確，墨子總是「愛」、「利」並舉，「交相利」是實行「兼相愛」的一個效果。墨子認為「兼相愛則治，交相惡則亂。」可以普遍地應用於人倫間的關係及社會各階層。因此，他希望以「兼相愛、交相利」去取代「交相惡、交相賊」，也就是「以兼易別」。

對兼愛的詮釋，前期的墨家認為：「愛人乃自愛」。〈兼愛中篇〉云：「夫愛人者人亦從而愛之，利人者人亦從而利之。」有互愛互利之義。後期的墨家對兼愛則有進一步的闡釋，〈小取篇〉說：「愛人，待周愛人，而後為愛人。不愛人，不待周不愛人。不周愛，因為不愛人矣。」意即將全體人類看成一個整體，整個人類為「兼」，個人為「體」，個人由整個人類分出，又與之息息相關。如果，有所愛，有所不愛，不能普遍地愛，那不叫兼愛。因此，「兼愛」可謂是「人類全整的互愛」。〔註86〕

行「兼」的結果如何呢？〈兼愛下篇〉云：「藉為人之國，若為其國，夫雖獨舉其國，以攻人之國者哉，為彼者由為己也。……然即國都不相攻伐，人家不相亂賊，此天下之害與？天下之利與？即必曰天下之利也。」從消極面而言人人互愛，不侵犯他人、他國，至少天下安寧。若從積極面而言，則可造成一個愛的社會，〈兼愛下篇〉云：

> 今吾將正求與天下之利而取之，以兼為正，是以聰耳明目，相與視聽乎？是以股肱畢強，相為動宰乎，而有道肆相教誨，是以老而無妻子者，有所侍養，以終其壽，幼弱孤童之無父母者，有所放依，以長其身。今唯毋以兼為正，即若其利也。〔註87〕

可見墨子所期待的理想國，和儒家《禮記·禮運篇》大同章所講的「使老有所終，壯有所用，幼有所長，鰥、寡、孤獨、廢疾者皆有所養。」的世界是

〔註85〕梁啟超：《墨子學案》（臺北：臺灣中華書局，1985年8月），頁8。
〔註86〕參見周師富美著：《救世的苦行者——墨子》（臺北：時報文化，1998年6月），頁163～164。
〔註87〕同註6，頁72。

相同的。

墨子以兼相愛的理論，希望對治天下的亂，進而人人交相利，以獲得天下的大治。韓非則是以法術勢兼施的方式，來協助國君統治天下。韓非信賴法治，這是由於韓非認為人性是自私自利的。故而唯有以法為治，始能匡正人性自利自為，甚至損害他人利益的行為。遍查《韓非子》書，韓非對人性自利著墨甚多，以下茲舉數例：

1. 父子自利

> 人為嬰兒也，父母養之簡，子長而怨。子盛壯成人，其供養薄，父母怒而誚之。子、父，至親也，而或譙、或怨者，皆挾相為而不周於為己也。（〈外儲說左上〉）

> 父母之於子也，產男則相賀，產女則殺之。此俱出父母之懷衽，然男子受賀，女子殺之者，慮其後便、計之長利也。故父母之於子也，猶用計算之心以相待也，而況無父子之澤乎！（〈六反篇〉）〔註88〕

人倫本是天性，但是依韓非之見，父子乃骨肉至親，猶且抱持計算之心，父母之於子女，無不「慮其後便、計之長利」，人之利己性惡，實不如鳥獸。

2. 夫妻自利

> 衛人有夫妻禱者，而祝曰：「使我無故，得百束布。」其夫曰：「何少也？」對曰：「益是，子將以買妾。」（〈內儲說下〉）

> 鄭君已立太子矣，而有所愛美女欲以其子為後，夫人恐，因用毒藥賊君殺之。（〈內儲說下〉）〔註89〕

韓非認為夫妻之間「非有骨肉之恩也，愛則親，不愛則疏。」（〈備內篇〉）貧賤夫妻自為利己，寧願守貧不願乍富，以免夫妻情疏。后妃夫人身疑疏賤，子疑不為後，因而冀其君死，甚且有鴆毒扼昧之舉。〔註90〕

3. 君臣自利

> 夫君臣非有骨肉之親，正直之道可以得利，則臣盡力以事主；正直之道不可以得安，則臣行私以干上。明主知之，故設利害之道以示

〔註88〕同註2，分見頁638、頁949。

〔註89〕同註2，分見頁581、頁598。

〔註90〕《韓非子・備內篇》云：「以衰美之婦人事好色之丈夫，則身死見疏賤，而子疑不為後，此后妃、夫人之所以冀其君之死者也。唯母為后而子為主，則令無不行，禁無不止，男女之樂不減於先君，而擅萬乘不疑，此鴆毒扼昧之所以用也。」同註2，頁289。

天下而已矣。(〈姦劫弒臣篇〉)

君以計畜臣，臣以計事君，君臣之交，計也。害身而利國，臣弗爲
也；富國而利臣，君不行也。臣之情，害身無利；君之情，害國無
親。君臣也者，以計合者也。(〈飾邪篇〉)〔註91〕

君臣無骨肉恩情，相交之道，唯在利害。彼此各取所需，以利益相結合。甚且爲謀私利，不惜招外兵以除政敵或篡謀君位，〈難四篇〉云：「桓公，五伯之上也，爭國而殺其兄，其利大也。臣主之間，非兄弟之親也。劫殺之功，制萬乘而享大利，則群臣孰非陽虎也。」〈內儲說下〉亦云：「君臣之利異，故人臣莫忠，故臣利立而主利滅。是以姦臣者，召敵兵以內除，舉外事以眩主，苟成其私利，不顧國患。」韓非由父子、夫妻、君臣等各種倫常，觀察人性，發現人際關係莫不以自私之觀點出發，以利相市，毫無仁義道德可言。等而下之，民之自利，自不待言。在〈內儲說上篇〉裡，韓非以「婦人拾蠶」、「漁人握鱣」〔註92〕來說明利之所在，民趨之。人性是「喜其亂而不親其法」(〈心度篇〉)，故而禮義不足治，唯有全心信賴法術，乃可齊民國治。

《韓非子》書中，每每法、術並舉：

操法術之數，行重罰嚴誅，則可以致霸王之功。(〈姦劫弒臣篇〉)

今人主之於法術也，未必和璧之急也，而禁群臣士民之私邪。……

主用術則大臣不得擅斷，近習不敢賣重；官行法則浮萌趨於耕農，
而游士危於戰陳。(〈和氏篇〉)

辭辯而不法，心智而無術，主多能而不以法度從事者，可亡也。(〈亡
徵篇〉)〔註93〕

雖然「凡術也者，主之所以執也；法也者，官之所以師也。」(〈說疑篇〉)，法和術是不相屬的兩個概念，但是韓非認爲，二者皆帝王治國之具，不可偏廢，應並行不悖。〈定法篇〉中韓非以「申不害徒術而無法」及「公孫鞅徒法而無術」爲例，說明法、術應相輔相成：

申不害，韓昭侯之佐也。……申不害不擅其法，不一其令，則姦

〔註91〕同註2，分見頁247、頁311。
〔註92〕《韓非子·內儲說上》云：「賞譽薄而謾者下不用，賞譽厚而信者下輕死。其說在文子稱若歐鹿。故越王焚宮室，而吳起倚車轅，李悝斷訟以射，宋崇門以毀死。句踐知之，故式怒蛙。昭侯知之，故藏弊袴。厚賞之使人爲賁、諸也，婦人之拾蠶，漁者之握鱣，是以效之。」同註2，頁521。
〔註93〕同註2，分見頁250、頁238、頁269。

多。……則申不害雖十使昭侯用術，而奸臣猶有所譎其辭矣。故託
萬乘之勁韓，十七年而不至於霸王者，雖用術於上，法不勤飾於官
之患也。……公孫鞅之治秦也，設告坐而責其實，連什伍而同其罪。
賞厚而信，刑重而必。……然而無術以知姦，則以其富強也，資人
臣而已矣。……故乘強秦之資，數十年而不至於帝王者，法雖勤飾
於官，主無術於上之患也。〔註94〕

因此韓非說：「人主之大物，非法則術也。」（〈難三篇〉），明主應該「一法而
不求智，固術而不慕信。」（〈五蠹篇〉），法、術如同度數，實是人主治國不
可或缺的重要工具。

除了法術，韓非也認為任賢不如任勢，非勢無以治國。〈姦劫弒臣篇〉云：

聖人之治國也，固有使人不得不愛我之道，而不恃人之以愛為我也。
恃人之以愛為我者危矣，恃吾不可不為者安矣。夫君臣非有骨肉之
親，正直之道可以得利，則臣盡力以事主；正直之道不可以得安，
則臣行私以干上。明主知之，故設利害之道以示天下而已矣。……
故善任勢者國安，不知因其勢者國危。〔註95〕

韓非從人性自利的觀點，認為聖人治國，必不可依恃人我相愛之道，而應確
立「利害之道，以示天下」。處在「世異則事異」、「事異則備變」的時代，要
想國家得治，國君必須深切體會「明主之治國也，任其勢。」（〈難三篇〉）、「萬
物莫如身之至貴也，位之至尊也，主威之重，主勢之隆也。」（〈愛臣篇〉）。
人君擁有權勢、威勢，其效用「無不禁」，勢的地位至為隆重尊貴，始能御下，
實現「尊君卑臣，令行禁止」的集權統治。

由此可知，墨子以人我互愛交利之法，創造良善的群己關係，求得社會
平治；韓非卻是以法術勢兼用之法，求得國治。時人魏義霞認為：「韓非參驗
的真理觀也體現了經驗實証的原則，……與墨子不同，韓非卻走向了狹隘的
效果論，他所講的實際效果著重指社會功利，即法制和耕戰之事。……更有
甚者，韓非為了鞏固君主的權勢和推行法術，勸諫君主為了達到目的可以不
擇手段，這使他的效果論由于走向極端而陷入了荒謬。」〔註96〕凡此，可見

〔註94〕同註2，頁906～907。
〔註95〕同註2，頁247。
〔註96〕參見魏義霞：〈殊途而同歸：墨子與韓非子哲學的比較研究〉，《齊魯學刊》（1997
　　　　年第3期），頁45。

二子思想同中有異，在達到目的所用的手段和方法上截然不同，大異其趣。

（二）「尚賢使能」與「信賴法術之士」

如上文所言，賢士決定國家治亂，那麼賢士的標準爲何？《說文》釋「賢」曰：「多財（作才）也。」可見，具有才德者，始可謂之「賢」。墨子所稱「賢可者」、「賢良聖知辯慧之人」、「賢者」俱爲有才德的賢人。〈尚賢上篇〉說：

> 況又有賢良之士，厚乎德行，辯乎言談，博乎道術者乎？此固國家
> 之珍，而社稷之佐也。〔註97〕

依墨子之意，「德行、言談、道術」爲賢者應具備的條件。然而治國若僅靠品德，是不夠的。特別是墨子的時代，爲宣揚學說，賢士必須能言善辯，上說下教，並且實踐「有力者疾以助人，有財者勉以分人，有道者勸以教人。」（〈尚賢下篇〉）的信念，以推動十論，使天下兼相愛獲得大治。除此三要件，王冬珍引墨子〈貴義篇〉之言，說明賢人必須有高度之理性，並且以勤和儉篤於行「義」，始可謂之。她說：

> 而墨子所謂之賢者，亦必須有高度之理性，亦唯有高度之理性，始
> 可日夜不休，以濟物爲心，且能有力相勞，有財相分，有道相教，
> 故曰：「必去六辟，默則思，言則誨，動則事，使三者代御，必爲聖
> 人。必去喜、去怒、去樂、去悲、去愛、去惡（本無去惡二字據俞
> 樾云增補之），而用仁義，手足口鼻耳目（本無目字據孫詒讓云增補
> 之），從事於義，必謂聖人。」〈貴義〉故可謂墨子所謂之「賢」，亦
> 必須儉與勤，儉以去情，勤以盡性，儉之至，六情不發，勤之至，
> 則動靜云爲無敢暇逸也。〔註98〕

的確，若非如此，絕不可能控制個人的感情與欲望，將墨家刻苦自勵、不計毀譽、不惜身殉、勤生赴死以利公的精神透顯出來。唯其如此，始能讓天下蒼生「飢則得食，寒則得衣，亂則得治」，天下之人「安生生」（〈尚賢下篇〉）。

賢人爲政，不僅能爲王公大人分憂解勞，爭取寧樂；且可使揚善懲惡，收轉移社會風氣之效。〈所染篇〉即云：「故善爲君者，勞於論人，而佚於治官。不能爲君者，傷形費神，愁心勞意，然國逾危，身逾辱。」故而國君治國，選用適當人才，爲首要之務。

以「尚賢」爲政，功效何在？〈尚賢中篇〉裡提到賢者治國，夙興夜寐，

〔註97〕同註6，頁25。
〔註98〕參見王冬珍：《墨學新探》（臺北：世界書局，1984年10月），頁171。

使得「國家治」、「刑法正」、「官府實」、「萬民富」。人民有餘力，則可以潔淨之酒醴粢盛祭祀天鬼上帝；國家富足，則可有餘裕和四鄰諸侯交接，擴展外交。可得「上者天鬼富之，外者諸侯與之，內者萬民親之，賢人歸之」之實效。

墨子一再強調尚賢使能對國家的重要，韓非在人性自利的前提下，所看到的卻是人心不能信，士賢不足恃，於是轉而棄人治而用法術。他說：

> 人主說賢能之行，而忘兵弱地荒之禍，則私行立而公利滅矣。(〈五蠹篇〉)

> 人主有二患：任賢，則臣將乘於賢以劫其君。……故人主好賢，則群臣飾行以要君欲，則是群臣之情不效；群臣之情不效，則人主無以異其臣矣。(〈二柄篇〉) 〔註99〕

可見韓非反對任賢。韓非注重「法治」，本就是對「人治」的反動。〈定法篇〉中提到法和術於君王，就如同衣、食於人，均為治國工具，不可偏廢。法家商鞅重法，慎到重勢，申不害重術，韓非兼採三家之說。韓非所稱的法，依邵增樺之見，廣義而言其實包括了勢——國家最高的權力、「術」——統馭官吏的方法、「法」——約制人民的準則〔註100〕。國家依法行政，是為常軌，若是捨法治而求人治，那是很危險的。韓非以「田氏奪呂氏於齊」和「戴氏奪子氏於宋」二例，說明「廢常上賢則亂，舍法任智則危」〔註101〕。更何況，他認為即使幸運遇到賢人，仍是不足以為治。因為純任智巧，漫無標準，不若法術放諸四海皆準。《韓非子》書中，屢言智巧之不可用，及行法的必要：

> 釋法術而任心治，堯不能正一國。去規矩而妄意度，奚仲不能成一輪。廢尺寸而差短長，王爾不能半中。(〈用人篇〉)

> 道法萬全，智能多失。……釋規而任巧，釋法而任智，惑亂之道也。
> (〈飾邪篇〉) 〔註102〕

所以韓非主張「上法不上賢」。

此外，韓非認為只要法、術、勢運用得當，中等之資便可治國。〈顯學篇〉

〔註99〕 同註2，分見頁1057、頁112。

〔註100〕 同註57，頁67。

〔註101〕 《韓非子・忠孝篇》云：「今夫上賢任智無常，逆道也；而天下常以為治，是故田氏奪呂氏於齊，戴氏奪子氏於宋，此皆賢且智也，豈愚且不肖乎？是廢常、上賢則亂，舍法、任智則危。故曰：『上法而不上賢』。」同註2，頁1108。

〔註102〕 同註2，分見頁498、頁310。

云：「夫必恃自直之箭，百世無矢；恃自圓之木，千世無輪矣。」世上雖有不待矯揉即自直之箭、自圓之木，然而良工不以爲貴，因爲「乘者非一人，射者非一發」，因此可使全國齊一的國法不可失。〈難勢篇〉又說：

> 抱法處勢則治，背法去勢則亂。……無慶賞之勸，刑罰之威，釋勢委法，堯舜戶說而人辯之，不能治三家。夫勢之足用亦明矣，而曰必待賢則亦不然矣。〔註103〕

韓非爲了建立法家的學說，不得不對儒、墨兩家加以抨擊破壞。儒、墨認爲，必待賢者而治。韓非則認爲賢者不易得，待賢而治，那不啻待越人之善游者，以救中國之溺人，必然是「溺者不濟」。這跟「待梁肉而救餓」、「待古之王良以馭今之馬」一樣緩不濟急。中材之人，處君主之位，只要操賞罰之權，不致有「人存政舉，人亡政息」的弊害。若能抱法處勢，猶中手獲良馬固車，千里也可日致：

> 夫良馬固車，五十里而一置，使中手御之，追速致遠，可以及也，而千里可日致也，何必待古之王良乎！（〈難勢篇〉）〔註104〕

於此，均可見韓非極力主張法治，堅信法術之用。他說：「威勢之可以禁暴，而德厚之不足以止亂也。」（〈顯學篇〉），求賢治民，是禍亂的根源，必須「明吾法度，必無賞罰」。他所強調的是完整的統治權，自然重視的是施行法術之士，〈孤憤篇〉云：

> 智術之士，必遠見而明察，不明察，不能燭私；能法之士，必強毅而勁直，不勁直不能矯姦。……智術之士，明察聽用，且燭重人之陰情；能法之士，勁直聽用，且矯重人之姦行。〔註105〕

「智術之士」和「能法之士」具有「遠見而明察」、「強毅而勁直」的特質，可以識破隱祕，可以矯正姦邪，他們才是韓非心目中治國眞正的良材。

然而，韓非對於智術能法之士，並非充分信任。「他又用權變之術加以利用、役使，爲君所用。他并沒有循人性好惡、賞罰可用而進入完善的法制管理体系，而僅以賞罰爲限。說穿了就是主觀的權變術占主導地位，因此他的御民術更多的是牧臣術。」〔註106〕墨子看到的是任賢的優點和向賢使能的必

〔註103〕同註2，頁888～889。
〔註104〕同註2，頁889。
〔註105〕同註2，頁206。
〔註106〕許洪順：〈韓非子的吏治思想及其現代意義〉，《四川師範學院學報》哲學社會科學版第5期（2002年9月），頁68。

要性，韓非則一味強調尚法、任勢、重術的重要性，堅行法治，即便任用法術之士，也是以權謀對待君臣關係。就尚賢使能爲政而言，墨、韓二子顯然所見不同。

（三）「非攻許誅」與「重農戰反革命」

《莊子・天下篇》曾云：「墨子汎愛、兼利而非鬥。」「汎愛、兼利」指的是「兼愛」，「非鬥」就是非攻。墨子的時代，戰爭慘烈，晚於墨子近百年的孟子還說：「爭地以戰，殺人盈野；爭城以戰，殺人盈城。」（〈離婁上篇〉）、「父子不相見，兄弟妻子離散。」、「老弱轉乎溝壑、壯者散而之四方者，幾千人矣。」（〈梁惠王下篇〉）足見戰爭使天下紛亂擾攘，墨子遂挺身宣揚反戰的理念——非攻。

「非攻」，爲何要特別標舉爲一種主義呢？梁任公以爲當時軍國主義已日見發達，多數人以爲國際上道德和個人道德不同，覺得爲國家利益起見，無論出甚麼惡辣手段都可以。〔註107〕墨子對當時社會風氣不以爲然，他認爲雖每一度戰爭中，有獲勝者，但循環往復，最後皆受其害。因此，希望能消弭國際間的戰禍，進而實現愛的國際社會。〔註108〕

「非攻」的提出，是爲了落實「兼愛」的理念，追求社會公義。〈非攻上篇〉裡陳述戰爭的不仁不義，墨子認爲攻伐一如「入人園圃，竊其桃李」、「入人欄廐、取人馬牛」、「殺不辜人，拖其衣裘、取其戈劍」，這些行爲固然在程度上有輕有重，但都是不義的。只不過一般人對小不義的偷盜行爲則知其非，對大不義的攻國掠地反不知其非。胡適之稱之爲「明小物而不明大物」，〔註109〕可說明一般人不分黑白，顛倒是非的自私心態，因此墨子疾呼天下之君子分辨義與不義之亂。

墨子極力抨擊攻伐乃類乎盜賊的行爲，而嗜攻伐者卻以攻伐可獲利爲理由，合理化其行爲。墨子乃在論攻伐爲「不義」之後，進而言其「無利」。墨子認爲，戰爭中對被攻伐者固然不利，而攻人者爲了貪求伐勝之名、遂行攻伐之事，往往阻礙了人民從事生產。百姓爲此挨餓受凍而死，各式戰備車輛消耗殆盡，牛馬糧食輟絕，百姓饑困而死的，多到不可勝數。所得反不如喪者多，因此可謂「所攻者不利，而攻者亦不利，是兩不利也。」（〈公孟篇〉）

〔註107〕同註85，頁12。
〔註108〕同註32，頁50。
〔註109〕同註14，頁149。

　　戰爭攻伐既然於義不可，於利無所得，就是天下之大害。〈非攻下篇〉進而闡述道：

> 今王公大人、天下之諸侯則不然，將必皆差論其爪牙之士，皆列其舟車之卒伍，於此爲堅甲利兵，以往攻伐無罪之國。……意將以爲利天乎？夫取天之人，以攻天之邑，此刺殺天民，剝振神之位，傾覆社稷，攘殺其犧牲，則此上不中天之利矣。意將以爲利鬼乎？夫殺天之人，滅鬼神之主，廢滅先王，賊虐萬民，百姓離散，則此中不中鬼之利矣。意將以爲利人乎？夫殺之人爲利人也博矣，又計其費，此爲周生之本，竭天下百姓之財用，不可勝數也，則此下不中人之利矣。〔註110〕

簡言之，攻伐於天、鬼、人俱不利。

　　儒、墨兩家都反戰，儒家以「不仁義」反對戰爭，墨家則以「不義」、「不利」主張非攻。但儒、墨二家都不是全盤主張弭兵的，在某種情況之下，是贊成誅討的。墨子舉了「禹征有苗」、「湯誅桀」、「武王伐紂」的事蹟來說明古聖王並不是爲爭權奪利而攻伐，而是因爲有苗、桀、紂等違天之命，故伐之。聖王以有義攻不義，墨子認爲：「若以此三聖王者觀之，則非所謂攻也，所謂誅也。」（〈非攻下〉）。聖王弔民伐罪，這是義，是兼，和非攻之旨並不相違背。儒家的孟子也有相同的看法：

> 齊宣王問曰：「湯放桀，武王伐紂，有諸？」孟子對曰：「於傳有之。」
> 曰：「臣弒其君可乎？」曰：「賊仁者謂之賊，賊義者謂之殘；殘賊之人謂之一夫，聞誅一夫紂矣，未聞弒君也。」（〈梁惠王下〉）〔註111〕

桀、紂乃殘賊仁義之人，是爲獨夫暴君，人人得鳴鼓而攻之，討而誅之，非所謂攻，乃所謂誅也。

　　墨子不但主張非攻，而且注重「守圉」。墨子率領墨者組織了一個打抱不平的團體，竭盡心力精研防禦之術，製作防守器械。而且以實際的行動，冒生命危險，奔走各國，或勸各諸侯攻伐爲義所不許，或派其弟子持守禦器械，幫助弱小國家迎敵禦寇。所以，墨子不是空談弭兵非攻的。

〔註110〕同註6，頁89～90。
〔註111〕見漢・趙歧注，宋・孫奭疏：《孟子正義》，收於《十三經注疏》（臺北：藝文印書館，1989年1月），頁42。

　　韓非承繼其師荀子性惡論，以爲人之相處乃以私利爲出發點，國際之間更無道義可言，故而於墨家思想有所轉化。〈說林上篇〉載：

> 晉人伐邢，齊桓公將救之，鮑叔曰：「太蚤。邢不亡，晉不敝，晉不敝，齊不重。且夫持危之功，不如存亡之德大。君不如晚救之以敝晉，齊實利。待邢亡而復存之，其名實美。」桓公乃弗救。〔註112〕

韓非借鮑叔牙進言，齊桓公不救邢國的故事，說明國和國之間講求的是利益，絕無道義可言。若要待他國援助，不如自我振作，因此，韓非認爲爲了求得國家的生存，唯有崇尙武力。〈八姦篇〉云：「君人者，國小則事大國，兵弱則畏強兵，大國之所索，小國必聽，強兵之所加，弱兵必服。」韓非以爲唯有武力兵強乃能強國。

　　爲了使國富兵強，韓非「禁游宦之民，而顯耕戰之士」（〈和氏篇〉）。獎勵農耕，以厚實國力，〈五蠹篇〉云：「明王治國之政，使其商工游食之民少而名卑，以寡趣本務而趨末作。」爲了勵戰，韓非從人性好利的觀點，施以重賞，以求勇夫。因爲他堅信：「利之所在民歸之；名之所彰士死之。」（〈外儲說左上〉）、「凡人之有爲也，非名之則利之也。」（〈內儲說上〉）。〈五蠹篇〉亦云：「夫耕之用力也勞，而民爲之者，曰：可得以富也。戰之爲事也危，而民爲之者，曰：可得以貴也。」凡民皆自利、好利，在名利的誘惑下，必可誘使人民殺敵。於是韓非主張以「善田利宅」、「爵祿」等利誘以易民之死命。他認爲光是空言，無濟於事。唯有崇尙武力，付諸實際的行動，才能壯大國家之實力。〈五蠹篇〉云：

> 是境內之民，其言談者必軌於法，動作者歸之於功，爲勇者盡之於軍。是故無事則國富，有事則兵強，此之謂王資。〔註113〕

凡此均可見，韓非重功利，力求國富兵強，其思想落實在實踐是重農戰，以厚實國力。這點和墨子倡兼愛主義，以非攻的思想求興天下之利，甚至奔走各國到處消弭戰爭，是不同的。

　　墨子雖然提倡非攻主義，但是對於暴君，墨子是許誅的；而韓非則是反對革命的。世人都以爲堯舜的道理是對的，韓非卻認爲，堯舜湯武違反君臣之道，擾亂後世教化。〈忠孝篇〉云：

> 堯、舜、湯、武，或反君臣之義，亂後世之教者也。堯爲人君而君

〔註112〕同註2，頁420～421。
〔註113〕同註2，頁1067。

其臣，舜爲人臣而臣其君，湯、武爲人臣而弒其主、刑其尸，而天
下譽之，此天下所以至今不治者也。〔註114〕

韓非以爲堯舜行禪讓政治，湯武革命，都是使天下不治的原因。因爲堯舜自
以爲明，以臣爲君；湯武自以爲賢，以臣伐君。影響所及，「爲人子者有取其
父之家，爲人臣者有取其君之國」，父而讓子，君而讓臣，這不是鞏固君主地
位，統一臣民的教化的辦法。他認爲賢臣是「明法辟，治官職，以戴其君」，
所謂忠臣必定「不危其君」，而「賢堯舜湯武而是烈士」，是擾亂天下的學說。
可見得，韓非認爲不論國君是否無道，都是不能挑戰、不能僭越的，這種觀
點和墨子不同，而這也正是韓非思想終究是專制思想的原因。〔註115〕

六、結　論

　　法家韓非子思想較爲晚出，是戰國末年總集各家學說於一家的思想家。韓
非原本師事荀子，然而爲因應時代變局，對當時儒、墨二家多所批評，以建立
自己的學說。韓非由反動而產生新觀念，可見儒、墨彼時固有未能貼近時代處，
然而亦可反證，儒、墨二家，在當時流布之普遍，影響韓非之深且遠。

　　雖然韓非身受法家前輩管仲、子產、李悝、吳起、商鞅、申不害、愼到
等的影響，墨子或墨家思想於法的觀念、政治制度、功利思想，莫不影響韓
非。墨家墨子強調法的客觀性，是先秦時代以法爲標準而非刑罰觀念的濫觴。
這個觀念比對韓非以法爲治，乃至法的思想，都可見其深厚淵源。墨子政治
制度中「尚同」一觀念爲韓非所擷取，墨子「尚同」的終極在至善的天，而
韓非由於受到其師荀子的影響，相信天爲自然，無以爲治，故而切斷天和人
的關係，將權力集中於人君。他又認爲任賢不如任勢，一味倚賴法術之士，
最後人君掌握立法權，終於走向極權主義。故而尚同思想，可謂貌似，實則
內涵不同。實利主義是墨子思想的特色，墨子注重實用，義、利並講。墨學
十論均是著眼於現實弊端的有效改革，目的俱爲「興天下之利，除天下之弊」。
韓非追求名實相符，講究利用的精神，與墨子注重實際、凡事權衡利害得失

〔註114〕同註2，頁1107。

〔註115〕周師富美於〈韓非思想與墨家的關係〉一文中提到：「他反對堯舜禪讓，反對
　　　　湯武革命；換句話說，也就是反對以臣爲君，以臣伐君。他認爲不論君是否
　　　　無道，君仍代表著至高、至尊、至貴的權勢，臣不可僭越，更不可討伐。這
　　　　觀點與墨子大不相同，這也正是韓非思想終究是專制思想的原因。」見《臺
　　　　大中文學報》第十期（1998年5月），頁23。

的態度，其實是相同的。

墨、韓二子雖然其思想有所淵源，然而由於兩人的情性、身世、人生際遇，再加上時代思潮迥異，因此雖然有所襲取，但也有所轉化。譬如：墨子對治天下亂源，以強調兼相愛的思想，以交相利的方式，達到群己關係的和調。然而，韓非堅信人性自利，故而棄禮治教化，以法術勢兼施的方式鞏固君權，以刑齊民。再者，儒、墨都強調德治，力求進賢使能爲政，韓非則否定賢人政治，他認爲人主只要有中等之資，倚靠權勢，信賴法術，一樣可以興治。此外，墨子的時代，兼併激烈，殺伐殘酷。在墨子看來，攻伐既是不義，也是無利。然而墨子雖然反對攻伐，卻同意誅討殘暴的國君。到了韓非的時代，他堅信國家唯有具備實力始能生存，爲了厚植國力，韓非強調農戰，以爵祿利誘人民以效死力；他又反對革命，認爲堯、舜、湯、武是亂源，人們以之爲烈士的觀念，根本是造成社會國家動盪的原因。除了打破偶像崇拜，也徹底維護了君權的完整性和唯一性。韓非的思想，乃站在君主的一方發言，韓非是徹頭徹尾的君權擁護者，殆無疑義。

由以上「法治觀念」、「政治制度」、「功利思想」三個部分剖析，我們可以發現，墨家墨子和韓非思想淵源甚深，韓非對於墨家思想實多所襲取。然而，韓非並非全盤接受，若干思想亦有所轉化，也就是雖出於墨，卻異於墨。這和韓非強調「論世之事，因爲之備」、「世異則事異」、「事異則備變」（〈五蠹篇〉）歷史是進化的思想，有必然的關係。

法家韓非子的思想，歷來毀譽參半。《史記·老子韓非列傳》太史公評曰：「韓子引繩墨，切事情，明是非，其極慘礉少恩。」時人王邦雄則以爲：「韓非實際政治之架構，若能汲取儒墨道之政治理想，並轉出今日之民主體制，則其弊端將歸消失，而其浮顯之智慧與預期之理想，將有助於吾人現代法治社會的建立。」〔註116〕均可謂睿智之見。平心而論，韓非雖然擁護君主，站在人君的立場來發言，然而其終極目標正是欲求建立一個國富兵強的國家。周師富美說得沒錯：

> 後人也常以「專制」、「獨裁」及「軍國主義」等批判韓非。實則韓非愛國愛民的熱忱、追求和平的理想，並不遜於儒、墨二家。〈姦劫弒臣篇〉有一段話說：「故其治國也，正明法，陳嚴刑，將以救群生之亂，去天下之禍，使強不陵弱，眾不暴寡，耆老得遂，幼孤得長，

〔註116〕參見王邦雄：《韓非子的哲學》（臺北：東大圖書公司，1993年3月），頁304。

> 邊境不侵，君臣相親，父子相保，而無死亡係虜之患，此亦功之至
> 厚者也。」這便是韓非的理想國，簡直與墨家的兼愛，儒家的大同，
> 毫無二致，只是韓非藉由法治以達此理想，其中過程與方法異於儒
> 墨而已。〔註117〕

儒、墨、法可謂殊途同歸，「救群生之亂，去天下之禍」，是他們共同的理想。

　　無論如何，韓非的法治思想，於中國政治思想史上，確有其不可忽視之重要地位。尤以今日，人慾橫流，狂暴之徒，知法犯法，目無法紀，禮義仁德不足治，韓非法治思想的推動，可謂此其時也。韓非雖然思想偏激，然而今人批判韓非學說，未可以偏蓋全，全盤抹煞。如能汰其弊病，存其精華，那麼韓非子之學，於治道不無參證的價值，對今日法治社會的建立，也必有其正面意義與積極的功能。

〔註117〕同註115，頁31。